Glanzlichter der Wissenschaft

Ein Almanach

herausgegeben
vom Deutschen Hochschulverband

Bibliografische Information der Deutschen Nationalbibliothek
Die Deutsche Nationalbibliothek verzeichnet diese Publikation in der Deutschen Nationalbibliografie; detaillierte bibliografische Daten sind im Internet über http://dnb.d-nb.de abrufbar.

ISBN 978-3-8282-0609-0
© Deutscher Hochschulverband 2014
Redaktion: Felix Grigat, M.A. (verantwortl.)
Dr. Michael Hartmer
Friederike Invernizzi, M.A.
Ina Lohaus
Vera Müller, M.A.
Druck: Saarländische Druckerei und Verlag GmbH, 66793 Saarwellingen

Inhaltsverzeichnis

Jede Woche ein Artikel
Wie sich das Publizieren in den Geisteswissenschaften wandelt
Peter-André Alt 7

Bilder wirken!
Was ist Kunst, was Pornografie – und was verlieren wir, wenn nichts mehr privat ist?
Der Kunsthistoriker Horst Bredekamp im Gespräch 11

Paradoxien im europäischen Hochschulraum
Für eine wissenschaftsfreundliche Reform des Bologna-Prozesses
Mathias Brodkorb...17

Reichtum gegen Wahrheit
Gerhard Casper...25

Märkische Rübchen gemischt mit Kastanien
Wohin geht die sprachliche Reise?
Heinrich Detering 31

Post-Bildung
Vom Unort der Wissenschaft
Andreas Dörpinghaus..37

Mit Neuroökonomie aus der Finanzkrise?
Christian E. Elger 43

Wer bin ich schon?
Die Datafizierung des Lebens und das Datenschutzrecht
Nikolaus Forgó..49

Die Menschheit in der Person eines jeden Menschen
Zur Theorie der Humanität
Volker Gerhardt 53

Schuld und Halbschuld
Peter Graf Kielmansegg...71

Zeitenwende
Renate Köcher 79

Der High-Tech-Frieden braucht eine neue Art von Humanismus
Rede zur Verleihung des Friedenspreises des Deutschen Buchhandels
Jaron Lanier 83

Zur Neuverhandlung des Alters in der Aktivgesellschaft
Eine soziologische Perspektive
Stephan Lessenich 99

Analphabetismus als geheimes Bildungsziel
Wenn etwas schwerfällt, bieten die Didaktiker Erleichterungen an. Doch wo
alle Schwierigkeiten umgangen werden, dort herrscht die Praxis der Unbildung.
Konrad Paul Liessmann 103

Alles Lernen war mir Leben
Viel Licht, länger werdende Schatten: Deutschlands Bildungswesen
ein halbes Jahrhundert nach Pichts Katastrophenruf
Hans Maier 109

Die Berechnung der Welt
Können Big Data-Ergebnisse Theorie und Beweis ersetzen?
Klaus Mainzer 117

Die Tiefenschichten des Lebens
Über Wert und Würde des Alters
Giovanni Maio 123

Die Verhältnisse zum Tanzen bringen
Jürgen Mittelstraß 127

Soldat ohne Staat
Herfried Münkler 135

Kommt, lasst uns noch ein paar Längsdenker mehr produzieren
Braucht die deutsche Wissenschaft noch mehr Bürokratie?
Margit Osterloh und Alfred Kieser 139

Integrationsschwierigkeiten
Die Kategorie Geschlecht in der Medizin
Bettina Pfleiderer 145

Das Nest der Bildungsaristokraten
Becker, Picht, Dönhoff und die „protestantische Mafia" der frühen Bundesrepublik
Heike Schmoll 149

Wir Europäer lesen einander immer weniger
Michael Stolleis 153

Prinzipiell wertneutral
Wer die Herrschaft der Algorithmen verteufelt, macht es sich zu einfach.
Ulrich Trottenberg 157

1914 und die Folgen
Was der Erste Weltkrieg für die Geschichte der deutschen Demokratie bedeutet
Heinrich August Winkler 161

Die Autoren 169

Quellennachweis 173

Peter-André Alt

Jede Woche ein Artikel

Wie sich das Publizieren in den Geisteswissenschaften wandelt

Der geniale Sprachwissenschaftler Kien in Elias Canettis Roman *Blendung* meidet Kongresse. Einladungen zu Tagungen schlägt er aus, Vorträge hält er nicht. Stattdessen arbeitet er über Jahre an längeren Abhandlungen, in denen er seine immense Belesenheit dokumentiert. Seine Studien, „gering an Zahl", sind „jede ein Fundament für hundert andere". Kien verkörpert den Gelehrten alten Typs, der heute nur noch ein Relikt der Vergangenheit ist. Traditionell galt die Veröffentlichung eines Buchs in einem renommierten Verlag für Geisteswissenschaftler als bester Ausweis gelehrter Leistung. Universitäre Berufungskommissionen maßen akademische Reputation nach dem Gewicht der Buchpublikationen, die die Bewerber vorlegten. Das ist vorbei – seit Jahren geht der Anteil der Monographien in den Geisteswissenschaften zurück. Diese Tendenz hat einen einfachen Grund: das wissenschaftliche System ist zum dynamischen Betrieb geworden, mit hoher Frequenz von Methodenwechseln, erheblichem Publikationsdruck und entsprechend geringer Halbwertszeit der jeweiligen Paradigmen und Themen.

Ein Tagungsvortrag, bei dem man zeigen kann, dass man *up to date* ist, scheint wichtiger als die jahrelange Arbeit an einem einzigen Buch oder einer breit angelegten ‚Abhandlung'. Hinzu kommt die wachsende Bedeutung von Drittmittelprojekten, mit den bekannten Zwängen der Antragsstellung und Koordination. Zeit für Bücher haben an den Hochschulen nur die, die sich – zumeist über eingeworbene Drittmittelvorhaben – von universitären Dienstaufgaben freistellen lassen. Zahlreiche Förderformate ermöglichen eine Beurlaubung und damit die Gelegenheit zur Arbeit an Langzeitprojekten. Auch hier aber fließt die gewonnene Muße nicht immer in die Niederschrift einer Monographie. Wer über Jahre daran gewöhnt ist, als Wissenschaftler um den Globus zu jagen, kann in einem Sabbatical nicht übergangslos zum Eremiten werden. Manche der

Auszeiten verstreichen, ohne dass Größeres zustande kommt. Die beurlaubten Wissenschaftler fliegen auf andere Kontinente, besuchen internationale Kongresse und organisieren das nächste Projekt. David Lodge lieferte vor 30 Jahren in seinen frühen Campusromanen prachtvolle Überzeichnungen des akademischen Jet Sets, in dem die Wissenschaftler keine Bücher mehr schrieben, sondern als Kongress-Stars durch die Welt hetzten. Heute erscheinen seine hellsichtigen Texte eher wie milde Untertreibungen, und die Satire ist von der Realität übertroffen worden.

Das Problem für die Geisteswissenschaften besteht darin, dass jenseits der klassischen Monographien Kriterien der Begutachtung lange Zeit kaum existierten. Die Publikation in Sammelbänden bedeutet wenig, denn hier gibt es keine klaren Indikatoren für wissenschaftliche Substanz. Ein Theologe nannte solche Bände kürzlich eine „Strafe Gottes" – jeder kommt als Autor hinein, und die eingereichten Artikel werden ohne weitere Prüfung akzeptiert. Oft handelt es sich um Buchbindersynthesen ohne thematisches Profil; das gilt für Tagungsbände, aber auch für die allerorts blühenden Festschriften, die häufig Verwertungsmedien für noch ungedruckte Vorträge sind. Immerhin gibt es in letzter Zeit Ansätze zur Korrektur dieser Praxis. Viele Organisatoren bemühen sich, Sammelbände stärker über Schwerpunktbereiche als über Anlässe zu steuern. Die Auswahl der Beiträge unterliegt schärferer Herausgeberkontrolle, man kann auch abgelehnt werden. Es geht nicht um die Dokumentation von Tagungsreferaten, sondern um gehaltvolle Artikel. Beiträge, die auf der Konferenz nicht überzeugten, werden im Druck durch zusätzlich angefragte Manuskripte anderer Autoren ersetzt. Ebenso entscheidend wie solche Schritte ist aber die Beschränkung der Sammelbandpublikation selbst. Weniger wäre hier mehr, und nur strikte Auswahl der Vorhaben hilft weiter. Dass in den Naturwissenschaften gedruckte Kompendien dieser Art keine Rolle mehr spielen, muss kein Argument sein, das Genre in den Geisteswissenschaften völlig aufzugeben. Aber jeder Band, der erscheint, sollte streng vorgeprüft sein. Andernfalls dauert im Veröffentlichungsbetrieb jene Maßlosigkeit fort, die Hegel lakonisch als „Hinausgehen" der quantitativen Natur über die „Qualitätsbestimmtheit" definierte.

Bei Zeitschriftenpublikationen zählt in den Geisteswissenschaften die Reputation des Journals als Gradmesser. Nur wie kommt diese Reputation zustande? Zunächst durch den akademischen Rang der Herausgeber. Dann durch akademische Tradition des Periodikums und seinen Einfluss auf zentrale Fachdebatten; in einigen Teildisziplinen – längst nicht allen – auch durch internationale Wirkung der Beiträge. Was in den Naturwissenschaften üblich ist, fehlt aber in den Humanities zumeist: ein halbwegs objektives Verfahren, bei dem die Gutachter nicht wissen, wer den jeweiligen Text verfasst hat, und die Autoren die Namen der Gutachter nicht kennen. Solche „double blind reviews" sichern für beide Seiten Vertraulichkeit, sie verhindern, dass nach Status und Netzwerken entschieden wird, allein mit Rücksicht auf persönliche Beziehungen. Nur knapp 20 Prozent der in Deutschland erscheinenden geisteswissenschaftlichen Journale operieren mit Begutachtungsverfahren, die solchen international üblichen Standards entsprechen.

Dass man sich bei der Substanzsicherung auf verbindliche Regelungen einigen muss, steht außer Frage. Sie sind nicht allein dort erforderlich, wo der Zugang zu Veröffentlichungsmedien betroffen ist. Auch die Publikationskultur selbst steht in den Geisteswissenschaften auf dem Spiel. Es gibt Anzeichen dafür, dass die früher geltenden Prinzipien guter wissenschaftlicher Veröffentlichungspraxis in Vergessenheit zu geraten drohen. Noch vor zwanzig Jahren waren Mehrfachverwertungen bereits gedruckter Beiträge ein Tabu. Heute werden Texte oftmals doppelt, manchmal in zwei Sprachen – Deutsch, Englisch – veröffentlicht. Nur geringfügig abgewandelt, erscheinen sie an mehreren Orten, auf verschiedenen Kontinenten – zumeist ohne Hinweis auf die Erstverwertung. Solche Formen des Recyclings suggerieren Publikationsleistungen, die in Wahrheit sehr viel bescheidener sind, als es die Dokumentation auf der Website der Autoren auszusagen scheint. In ihren Schriftenverzeichnissen führen manche Wissenschaftler Sammelbände an, die sie herausgegeben, zu denen sie aber in vielen Fällen gar keine eigenen Beiträge geleistet haben. Gelegentlich werden sie sogar in der Rubrik der Monographien gelistet, als existierte kein Unterschied der Genres mehr. Das alles gehört zum Blendwerk eines auf quantitative Leistungsnachweise getrimmten Wissenschaftsbetriebs, der schon Doktoranden in das Hamsterrad des „publish or perish" zwingt. Angesichts dessen muss man sich fragen, wodurch Standards gesichert werden können, wenn die alten Standards nicht mehr funktionieren.

Die Antwort lautet: durch Konzentration und Auswahl. Kriterien seriösen Publizierens müssen früh an Doktoranden und Postdocs vermittelt werden. Dass es nicht um Tonnenideologie, sondern um Substanz geht, gehört in Kursen über die Kultur des Veröffentlichens an die Spitze der Agenda. Doktorandenschulen und Graduiertenkollegs haben die Aufgabe, verbindliche Grundsätze diszipliniertEN Publizierens zu lehren. Die Geisteswissenschaften müssen ihrem akademischen Nachwuchs zeigen, wie sie Gutes von weniger Gutem unterscheiden. Das betrifft auch Online-Publikationen und deren Evaluation. Zwar erscheinen hierzulande nur zehn Prozent der geisteswissenschaftlichen Veröffentlichungen im Open-Access-Modus, aber die Zahl ist steigend, gerade in Disziplinen wie der Linguistik, die aufgrund ihrer empirischen Anlage eine größere Nähe zu den Naturwissenschaften aufweist. Etabliert sich hier kein durchgreifendes Prüfsystem, dann entstehen neue Dimensionen eines 'Forschungsmülls', den viele produzieren, aber keiner wirklich haben will. Wenn die Community nicht im Meer der Publikationen untergehen möchte, muss sie Mechanismen der Vorauswahl etablieren, die auf strenger Begutachtung beruhen und den Zugang zu den Medien der Veröffentlichung strikt begrenzen.

Erste Gegenbewegungen zeichnen sich ab. In den amerikanischen Humanities spielt die Monographie allmählich wieder eine wachsende Rolle beim Ringen um akademische Reputation. Die großen, renommierten Universitätsverlage zahlen den Autoren – vor allem Historikern und Philosophen – nicht unerhebliche Honorare für ihre Bücher. Damit belohnen sie Konstanz und Durchhaltevermögen derjenigen, die über Jahre zentrale Themen ihrer Disziplin traktieren. Das ist kein schlechter Trend, denn er fördert Tugenden, die im Wissenschaftsbetrieb verlorenzugehen drohen: intellektuelle Geduld und Ausdauer, geistige Unabhängigkeit gegenüber Moden, dispositorische Organisation größerer Stoffmengen und stilistische Gestaltungskraft – sehr altmodische Qualitäten, die aber auch in Zeiten elektronischen Publizierens nicht verschwinden dürfen. Denn nur das erweist sich in den Geisteswissenschaften als bleibende Leistung, was ausführlich durchdacht und begründet ist. Die Art der Darstellung ist der geisteswissenschaftlichen Erkenntnis nicht äußerlich, sondern bleibt zentrales Element einer Wissenschaftskultur, die sich über Formen entfaltet. Umbrüche im Publikationssystem dürfen daher keinesfalls hingenommen werden wie ein Naturereignis. Die Geisteswissenschaften haben es selbst in der Hand, diejenigen Medien für ihre Veröffentlichungen zu wählen, die ihrem intellektuellen Anspruch am besten genügen. Canettis Romanheld Kien, der den Wissenschaftsbetrieb verachtet, war ein Sonderling. Aber das, was seine akademische Reputation begründete, sollte den Geisteswissenschaften auch heute nicht gleichgültig sein: das Schreiben gelehrter Bücher.

Horst Bredekamp

Bilder wirken!

Was ist Kunst, was Pornografie – und was verlieren wir, wenn nichts mehr privat ist? Der Kunsthistoriker Horst Bredekamp im Gespräch

Bilder können gefährlich werden, wie die aktuelle Diskussion um Kinderpornografie und Gewaltvideos zeigt. Nicht weniger heikel ist es, wenn es von einer Gefahr gar keine Bilder gibt – wie im Fall der Datenspionage der Geheimdienste. Horst Bredekamp, einer der profiliertesten deutschen Kunsthistoriker, erklärt im Interview mit der SZ, in welcher Bilderwelt wir leben und was die Auflösung der Grenze zwischen Privatem und Öffentlichem mit unserer Kultur macht.

SZ: Die größten Skandale unserer Zeit haben mit Bildern und dem Internet zu tun. Kinderpornografie und andere Gewalt im Netz produziert drastische Bilder. Auf der anderen Seite werden die Bürger im Netz ausspioniert – und können sich kein Bild davon machen, weil es scheinbar unsichtbar geschieht.

Horst Bredekamp: Das Internet ist trotz aller Gegenbezeugungen nach wie vor ein weitgehend rechtsfreier Raum, den es staatstheoretisch betrachtet gar nicht geben dürfte. Besonders in den Neunzigerjahren waren viele begeistert von der scheinbar anarchischen Selbstorganisation der Nutzer, und beiseite geschoben wurden alle Bedenken gegenüber dem geradezu steilen Anstieg von Kinderpornografie, Antisemitismus, antiwestlichem Hass und antiislamischer Verhetzung. Ein rechtsfreier Raum dieser Art aber bedeutet einen permanenten Machtkampf mit verborgenen Mitteln. Vor der einigermaßen befremdeten Enquete-Kommission „Zukunft der Medien" des Bundestages habe ich im Jahr 1997 vorgebracht: Um dem Herr zu werden, sollte es eine Weltregierung für das Internet geben, von der UNO legitimiert.

SZ: Die ist nicht in Sicht, dafür sind wir jetzt im Visier der Geheimdienste, die alle Daten sammeln.

Horst Bredekamp: Die NSA, die US-Regierung haben an einem bestimmten Punkt entschieden: Wir sind selbst diese Weltregierung und haben genau diese Funktion mit Großbritannien zusammen übernommen, im Geheimen. Die Utopie, die dann Realität wurde, ist die der Unkontrollierbarkeit – aber nicht der Nutzer, sondern der Geheimdienste.

SZ: Welche Rolle spielt, dass das Treiben der Geheimdienste nicht sichtbar ist, quasi ohne Körper auszukommen scheint?

Horst Bredekamp: Das war entscheidend für die Durchsetzbarkeit und ausschlaggebend für das Fehlen einer durchgreifenden Kritik. Das oberste Gericht in den USA hat in fataler Verkennung des Mediums im Jahr 1996 entschieden, dass die Freiheit der Meinungsäußerung höher einzuschätzen sei als die mögliche Hass-Steigerung im Internet – mit der Begründung, es handele sich beim Internetkonsum um eine Privatsache. Wenn es sich aber um ein Privatmedium handle, solle es keine gesellschaftliche Kontrolle geben. Die Geheimdienste agieren in genau diesem Sinn quasi privat und damit kontrollfrei, ohne die Spur eines schlechten Gewissens. Die Überwachung hat zudem scheinbar keinen Körper und scheint damit nicht existent zu sein.

SZ: Inzwischen aber hat die Kritik einen Körper: den des Privatmannes Edward Snowden.

Horst Bredekamp: Seit es ihn gibt, einen realen Menschen, ist die Überwachung Thema geworden. Aber der Entrüstungssturm ist trotzdem ausgeblieben.

SZ: Sie plädieren für eine demokratische Kontrolle des Netzes. Was heißt das für verletzende Bilder online – wie jene, die Sebastian Edathy und andere nutzen? Brauchen wir eine Bilderpolizei?

Horst Bredekamp: Bilder können eine ungeheuer zerstörerische Qualität entfalten. Das wird kaum thematisiert, weil eine industrielle Lobby diesen Aspekt zum Tabu erklärt. Die Menschenrechte müssten auch im Internet verteidigt werden. Das Internet ist als künstlich geschaffener Naturzustand absoluter Freiheit im Sinne des Philosophen Thomas Hobbes in manchen Bereichen ein antiwestlicher wie auch antiislamischer Hetzraum und ein Hort widerwärtiger Pornografie. Um das zu lösen und das Internet auch wieder von den Geheimdiensten zu trennen, bräuchte es Blauhelme, eine von der UN legitimierte digitale Weltregierung. Aber: mehr Kontrolle zu fordern, wagt man kaum zu denken und zu sagen. Auch ich fühle mich höchst unbehaglich, das in diesem Moment auszusprechen.

SZ: Wofür schämen Sie sich dabei?

Horst Bredekamp: Es wirkt sofort, als würde man repressiv gegen Freiheit argumentieren und sich mit totalitären Zensoren gemein machen. Niemand in unserer Gesellschaft will etwas diskutieren, was mit Kontrolle und Begrenzung zu tun hat. Unsere gesamte Kultur geht auf die Addition von Freiheit zurück; es wird allein gefragt: Wie viel zusätzliche Freiheit kann ich bekommen? Thomas Hobbes hat dagegen Gemeinschaft über den Abzug von Freiheiten definiert. Es lohnt sich, darüber wieder nachzudenken. Sonst kann sich die zerstörerische Seite unbeschränkt ausleben.

SZ: Was sollte reguliert werden: die Produktion oder auch der Konsum gewalttätiger und kinderpornografischer Bilder?

Horst Bredekamp: Bestimmte Bilder dürften gar nicht erst produziert werden, aber auch das Anschauen muss reguliert werden, denn wer schaut, wird zum Komplizen. Das ist bei Kinderpornografie genau so wie bei den Tötungsbildern aus dem Irak, für die Menschen umgebracht wurden. Die Kinder werden missbraucht, um kommerziell verwendete Bilder zu werden.

SZ: Heißt das: in dem scheinbar virtuellen Medium Internet kommt der Körper über die Gewaltbilder doch wieder ins Spiel, in aggressiver Bindung? Der Sog des Körperlichen ist umso stärker und wird perverser, je weiter alles Anfassbare im digitalen Raum verschwunden ist?

Horst Bredekamp: Ich halte ja die Trennung von analog und digital für eine Nebelkerze. Der Mensch kann nicht von seinem Körper abstrahieren. In den letzten Jahren ist eine neue Definition von Scham in die Welt gekommen; das wird nicht diskutiert, weil im Rahmen der additiven Freiheit alles gelten darf. Die Annahme, das Internet sei Privatsache, führt zu dem neuen Phänomen der Schamsenkung in der Öffentlichkeit. Es ist aber eine neue Form psychischer Belastung, dass man sich fünf Jahre später schämt für das, was man unwiderruflich weltweit preisgegeben hat.

SZ: Den Interessen eines Geheimdienstes kommt es entgegen, wenn die Schamgrenzen gesenkt sind?

Horst Bredekamp: Genau. Wir unterscheiden nicht mehr zwischen Privatheit und Öffentlichkeit, und wenn das Persönliche nicht geschützt ist, wird auch die widergesetzliche Kontrolle erlaubt. Das ist die bitterste Konsequenz der letzten 15 Jahre. Was wir gerade erleben, ist ein kolossaler zivilisatorischer Rückschritt. Der Soziologe Norbert Elias hat einst beschrieben, wie der Prozess der Zivilisation seit dem Mittelalter darin besteht, Distanzräume zu gewinnen zwischen Mensch und Welt. Ob dies historisch immer korrekt ist, sei dahingestellt, aber es gilt als Grundkategorie. Der Kunsthistoriker Aby Warburg nennt das den „Denkraum der Besonnenheit". Heute gibt es auf allen Ebenen den Versuch, diesen Distanzraum zu zerstören. Alles Private wird öffentlich, und an Stelle von Haltung tritt die Entäußerung billiger Gefühle.

SZ: Und alle machen wir mit, stellen Urlaubsfotos auf Facebook, teilen Adressbuch und Aufenthaltsorte mit Twitter, bloggen, wie wir uns gerade fühlen?

Horst Bredekamp: Es gibt auch Gegenbewegungen, eine neue Schüchternheit. Junge Leute schauen bewusst kein Fernsehen, Menschen finden sich zu Lesegruppen zusammen, als gelte es, Verlorenes zu retten wie in der Spätantike im Kloster des Cassiodor, wo das antike Wissen vor dem Verlust bewahrt wurde. Etwas wissen zu wollen, das ist Distanznahme zur Welt. Vielleicht zieht auch ein neuer Bildersturm auf.

SZ: Welche Rolle spielt dabei die Kunst?

Horst Bredekamp: Im Internet sind 80 Millionen Geschlechtsakte in einer halben Sekunde abrufbar. Die Kunst kann da nur in Distanz gehen, kann bewusst machen. Vielleicht bekommt sie noch eine ganz andere Aufgabe: nämlich das Verbotene zu tun, indem sie ethisch argumentiert. Ai Weiwei ist hierfür ein Beispiel. Er zeigt auf eine minimalistische, aber auch sehr deutliche Weise politische Äußerungen, die mit Werten zu tun haben. Das hätten wir noch vor ein paar Jahren als Politkitsch abgetan. Jetzt wird das mit großem Ernst und tiefer Beeindruckung wahrgenommen. In dem Nachbau seiner Gefängniszelle in seiner Berliner Ausstellung etwa spielt er mit dem Phänomen des Distanzverlustes. Er greift auf, wie Privates gerade exponiert wird, und wendet es in die Gegenrichtung. Und plötzlich wird die Kunst zur Überraschung der Kunstwelt ethisch.

SZ: Früher wollte die Kunst oft die Distanz zum Betrachter verringern. Viele der alten Maler, etwa Caravaggio, bemühten sich um Figuren, die den Betrachter mit Gesten und Blicken möglichst direkt ansprechen.

Horst Bredekamp: Aber das geschah immer aus dem geöffneten Denkraum der Besonnenheit heraus, aus dem Anderssein des Bildes. Es gab immer den Zwischenraum zwischen Bild und Betrachter. Gäbe es den nicht mehr, würde sich die Kunst den kommerziellen Internetbildern und der RTL-Wüste angleichen. Wenn alles eins ist, privat und öffentlich, verboten und erlaubt, dann gibt es keinen Reflexionsort. Ob es gelingt, neue Distanzräume zu schaffen, ist in letzter Konsequenz eine Frage auf Leben und Tod.

SZ: Edathy beruft sich auf die Kunstgeschichte des Aktes, um den Konsum von Kinderbildern zu erklären. Was unterscheidet, sagen wir, Caravaggios barockes Amor-Gemälde und die Fotos auf Edathys Computer?

Horst Bredekamp: Im alten Gemälde ist keine Überlegung je am Ende. Es bietet einen Reflexionsraum. Kunst zeigt die Hölle, die wir alle in uns haben, wie auch die Gegenwelt der Utopie. Die bloßstellenden Kinderbilder im Netz dagegen produzieren eben diese Hölle. Und: die Kunst ist nicht rein kommerziell, sie unterliegt keinem Zweck. Sie ist in ihrem Wesen frei. Auch wenn er einen Auftraggeber hat, wird der Künstler eigensinnig handeln.

SZ: Was passiert dagegen bei Pornos und Gewaltvideos?

Horst Bredekamp: Das sind unmittelbarste körperliche Angebote. Es ist wie eine Droge. Die US-Armee setzt mit Gewaltvideos die angeborene Tötungshemmung ihrer Soldaten herunter. Und wenn dieselben Firmen dann distanzlose, gewalttätige Videospiele für den großen Markt herausbringen, sollen die nichts bewirken, wie die Unterhaltungsindustrie und manche Wissenschaftler sagen? Das scheint mir zutiefst unlogisch zu sein. Bilder wirken!

SZ: In den USA wird gerade über die brutale und besonders explizite TV-Serie „Game of Thrones" debattiert. Früher waren es dagegen die Künstler, die immer noch ein weiteres Tabu brechen mussten. Haben die kommerziellen Bildermacher von ihnen gelernt?

Horst Bredekamp: Serien wie „Game of Thrones" liegen womöglich jenseits der Grenze, die man in zehn Jahren noch für akzeptabel halten wird. Und die Kunst? Sie müsste aus der Logik des gegenwärtigen kulturellen Umfelds heraus eine Avantgardefunktion bekommen, wenn sie nicht mehr provoziert (lacht).

SZ: Viele Künstler noch der Spätmoderne sahen das anders. Gerade ist der Maler Balthus wegen seiner Fotografien aufreizend posierender junger Mädchen in der Diskussion. Was macht man mit solchen Bildern, die vielleicht Kunst sind, aber eben auch kinderpornografische Züge tragen?

Horst Bredekamp: Zulassen natürlich, hier hält der Schutzraum der Kunst. Man muss es allerdings nicht auf eine so widerwärtige Weise präsentieren und offensiv herzeigen, wie das gerade in einem Bildband geschehen ist.

SZ: Ist im geschützten Raum der Kunst alles erlaubt?

Horst Bredekamp: Jeder, der einmal gemalt wurde, weiß, dass zwischen Maler und Modell eine starke asymmetrische Beziehung entsteht, wie bei einem Psychiater. Das ist noch kein Missbrauch, aber wie will man das immer so genau wissen. Der Bildhauer Benvenuto Cellini gehört nach unseren Standards verboten, er hat drei Morde begangen, sein Modell geschlagen, gepeitscht, vergewaltigt, und zugleich eine schöpferische Beziehung aufgebaut. Oder denken Sie an den Surrealisten Hans Bellmer und seine prekäre Beziehung zu seiner Gefährtin, der Zeichnerin Unica Zürn. Wie will man das menschlich bewerten? Deshalb aber die Werke dieser Künstler aus dem Museen abzuhängen, ist keine Lösung für die Bilderprobleme unserer eigenen Zeit. Die Werke von Cellini und Bellmer erschließen einen Denkraum, bieten Möglichkeiten der Bewältigung. Sie sind nicht identisch mit dem, was sie zeigen.

SZ: Gibt es denn im Internet keine Bilder, die das leisten?

Horst Bredekamp: Große Kunst braucht immer ein Element der Störung eines Systems. Das gibt es auch im Internet, junge Künstler zum Beispiel, die systematisch Internetbilder zerschießen. Wir haben jetzt über die Rechtlosigkeit und die Verhetzungsqualität des Internet gesprochen – die entstanden ist, weil das Internet als schützenswerter Privatraum definiert wurde, de facto aber einem Säurebad gleichkommt, in dem die Grenzen zwischen Privat und Öffentlich sich auflösen. Es gibt aber großartige Internetkunst, nur wen interessiert deren Geschichte? Wer kennt noch kritische Partisanen wie „absurd.org" aus den Neunzigerjahren? Solche Kunst wird von Enthusiasten gesammelt, aber wo ist die Unterstützung, die auch nur die technischen Einsatzmöglichkeiten auf Dauer bereithält?

SZ: Leben wir in einer Zeit des Vergessens?

Horst Bredekamp: Mit der Grenzaufhebung von Privat und Öffentlich verschwindet auch die Grenze zwischen Gegenwart und Erinnerung. Sogar die großartige, kritische Internetreflexion von Künstlern ist schnell vergessen.

Das Interview führte Dr. Kia Vahland.

Mathias Brodkorb

Paradoxien im europäischen Hochschulraum

Für eine wissenschaftsfreundliche Reform des Bologna-Prozesses

Am 25. Mai 1998 verpflichteten sich die Wissenschaftsminister von Deutschland, Frankreich, Großbritannien und Italien in der so genannten „Sorbonne-Erklärung", der wirtschafts- und währungspolitischen Union ein „Europa des Wissens" zur Seite zu stellen. Nur ein Jahr später wurde in der „Bologna-Erklärung" das Vorhaben der Schaffung eines „Europäischen Hochschulraums" näher konkretisiert. Die Grundidee klang bestechend: Durch eine Harmonisierung der Studienstrukturen und -abschlüsse sollte Studierenden wie Absolventen künftig ganz Europa offenstehen. Die ersten beiden Semester in Hamburg studieren, dann für ein Jahr nach Madrid gehen und die Bachelorarbeit in Cambridge schreiben – ohne Zeitverlust und ohne bürokratische Hürden. Und alle Abschlüsse würden in allen Mitgliedsländern nicht nur an allen Hochschulen, sondern auch auf dem Arbeitsmarkt anerkannt. Gemäß „Bologna-Erklärung" aus dem Jahr 1999 sollte dies über zwei Kriterien gewährleistet werden: durch die quantitative Messung des individuellen Studienaufwands mit Hilfe des „European Transfer Credit System" (ECTS) sowie durch die qualitative Sicherung von Mindeststandards in der Hochschulausbildung (Akkreditierung).

Allerdings ist das nur die Hälfte der Geschichte. Denn das deutsche Hochschulsystem hatte bereits seit Jahrzehnten auch ohne „Bologna" ausreichend Schwierigkeiten mit sich selbst. Da wäre zum Beispiel die Bildungsexpansion: Arbeiterkinder sollen und müssen diskriminierungsfrei Zugang zu höherer Bildung erhalten. Allerdings führte der massive Anstieg der Studierendenzahlen zu einer erheblichen Veränderung der Studierendenstruktur. Die Wissenschaftsorientierten unter ihnen waren fortan eher in der Minderheit. Die Mehrheit, und zwar nicht nur Arbeiterkinder, erwartete hingegen schlicht eine Berufsausbildung auf hohem akademischem

Niveau – von der, insbesondere zu Zeiten des Ausbildungsplatzmangels, auch nicht ganz kleinen Gruppe der Desorientierten ganz zu schweigen. Die einzig logische Schlussfolgerung aus dieser Entwicklung wäre ein massiver Ausbau der Fachhochschulen gewesen. Allerdings hätte dies explodierende Wissenschaftsetats oder einen empfindlichen Rückbau der Universitätslandschaft zugunsten der Fachhochschulen erfordert. Beides schien kaum durchsetzbar. Also kam es zu einem faulen Kompromiss: Die Fachhochschulen wurden nur ein bisschen ausgebaut und die Universitäten blieben überfüllt.

Angesichts dieser Situation kam der „Bologna-Prozess" wie gerufen. Denn dieser sah unter anderem die Ersetzung der herkömmlichen Diplom-, Magister- und Staatsexamensstudiengänge (acht bzw. neun Semester) durch den Bachelor (in der Regel sechs) und den Master (in der Regel vier Semester) vor. Würde die Mehrheit nur den Bachelor absolvieren, so die Überlegung und Absicht vieler Hochschulplaner, könnte die Regelstudienzeit deutlich reduziert und somit bei gleichen Kapazitäten eine größere Anzahl von Absolventen „produziert" werden. Mit anderen Worten: Durch die Einführung des Bachelors wurde die Fachhochschule strukturell in die Universität integriert.

Allerdings ging, wen wundert's, das Kalkül nicht auf. Wie überfüllte Hörsäle sowie ein angeblicher Mangel an Forschungsexzellenz ausgerechnet dadurch behoben werden sollten, dass man Hochschullehrer mit selbst unter den härtesten Bologna-Anhängern als Geldverschwendung und unsinnig angesehenen Akkreditierungsverfahren und die Studierenden mit einer Verschulung des Studiums behelligt, bleibt das große Geheimnis der Bologna-Euphoriker. Während früher also die vorwiegend berufsorientierten Studierenden mit Ansprüchen, Strukturen und Programmen genervt wurden, die für sie so mitunter gar nicht gedacht waren, werden nun umgekehrt forschungsorientierte Studierende sowie deren Hochschullehrer mit der Fortsetzung der Schule mit anderen Mitteln konfrontiert.

Um diese groteske Situation zu übertünchen, schmeißt der politische Raum regelmäßig die „Reformphrasendreschmaschine" (Jürgen Kaube) an. Ausgerechnet die viel gepriesene Modularisierung der Lehrinhalte verrät dabei ein bemerkenswertes Bildungsverständnis: Demnach ließen sich in den einzelnen Disziplinen die Forschungsstände und Methoden sauber und akkurat in verschiedene Bestandteile zerlegen. Die Universität als „akademisches IKEA zum Selber-Zusammen-Bauen" (Hans-Jürgen von Wensierski). In Wahrheit steckt dahinter allerdings, in Kompetenz-Neusprech verpackt, nichts anderes als die fade und aufgewärmte Suppe des „Nürnberger Trichters". Schlückchen für Schlückchen sollen Studierende eine Suppe zumindest zweifelhafter Beschaffenheit auslöffeln.

Und das ist kein Zufall. Hinter all den schönen und wohlfeilen Programm- und Zielbeschreibungen, hinter der Exzellenzinitiative ebenso wie hinter dem Bologna-Prozess verbirgt sich nicht zuletzt auch ein Projekt wirtschaftsfreundlicher Zurichtung des deutschen Wissenschaftsbetriebs. Denn dies alles darf nicht unabhängig von der so genannten „Lissabon-Strategie" gedacht werden, Europa zum „wettbewerbsfähigsten und dynamischsten wissensgestützten Wirtschaftsraum der Welt" zu machen. Kein Wunder also, dass die anwendungs- und wirtschaftsrelevante Forschung gegenüber der Grundlagenforschung einen immer größeren Stellenwert erhält und die Ausrichtung der Hochschulausbildung auf unmittelbar arbeitsmarktrelevante Qualifikationen (employability) zu den wesentlichen Zielstellungen des Bologna-Prozesses zählt. Ob derartig konditionierte Studiengangprogramme langfristig allerdings die Wettbewerbsfähigkeit Deutschlands befördern und nicht vielmehr beschädigen, wäre eine ganz eigene Debatte wert.

Der Bologna-Prozess löst aber nicht nur die größten Probleme des deutschen Wissenschaftssystems nicht, er ist auch noch auf offenkundige Weise selbstwidersprüchlich. Das beginnt zum Beispiel mit der Tatsache, dass sich ausgerechnet die politische Klasse – übrigens mit Recht – häufig einer Umstellung der Studiengänge mit herkömmlichen Abschlüssen auf das Bachelor- und Master-System verweigert. Aus Qualitätsgründen! Kein Politiker will von einem Bachelor-Mediziner operiert oder von einem Bachelor-Juristen vor Gericht vertreten werden. Schon gar nicht wollen die meisten Politiker, dass die eigenen Kinder von Bachelor-Lehrern unterrichtet werden. Und auch im öffentlichen Dienst erreichen Bachelor in der Regel nicht den höheren Dienst. Da verwundert es dann nicht, dass extra-legales Handeln unter deutschen Professoren zunehmend Volkssport wird. Es ist ein offenes Geheimnis, dass den Bologna-Vorgaben zwar häufig auf dem Papier Genüge getan wird, diese in der Hochschulpraxis, wenn die Akkreditierungskarawane weitergezogen ist, jedoch bisweilen völlig unterlaufen werden – übrigens nicht selten zugunsten und im Einverständnis mit den davon betroffenen Studierenden. Das dadurch entstehende Problem für die Hochschulpolitik und -Verwaltung ist schier unauflösbar. Wie will ein Politiker einem Professor überzeugend deutlich machen, dass sich dieser an Regeln halten muss, die die Politik in bestimmten Bereichen selbst nicht gelten lassen will?

Aber damit der Widersprüche nicht genug. Ein Großteil der Bologna-Frustrationen resultiert vielmehr aus der Tatsache, dass von den Hochschullehrern einfach Unmögliches verlangt wird. So sollen die Hochschulabschlüsse zwar einerseits europaweit anerkennungsfähig sein, was schon aus logischen Gründen im strikten Sinne nur geht, wenn sie auch inhaltlich gleichartig gestaltet sind, andererseits sind aber auch die deutschen Hochschulen gehalten, im Sinne der stärkeren Wettbewerbsorientierung einzigartige Studienprogramme und Forschungsprofile auszubilden. Beides jedoch, postmoderner Unterschiedlichkeitsfetisch und moderner Gleichheitswahn, ist gleichzeitig und im Hinblick auf die gleiche Sache schlicht nicht erreichbar. Wirklich gleichartig und damit im echten Sinne gegenseitig anerkennungsfähig und mobilitätsfördernd könnten Studienprogramme nämlich nur sein, wenn sie im Rahmen europäischer Curricula strikt vereinheitlicht würden. In Brüssel würde das ein paar dutzend Arbeitsplätze mehr schaffen und im Europa der Wissenschaften gewiss schiere Verzweiflung auslösen. An die Stelle der kulturellen Vielfalt des europäischen Wissenschaftssystems träte ein standardisierter Einheitsbrei an Modewissen. Das Modularisierungs-IKEA würde um ein Studienprogramm-Mc-Donalds erweitert.

Allerdings gilt auch für den Bologna-Prozess die Regel: Keine Reform kann so schlimm sein, dass sie aus guten Wissenschaftlern schlechte macht. Aber es ist eben auch leider der umgekehrte Zusammenhang richtig: Keine Reform dieser Welt ist so mächtig, dass sie aus nicht ganz so guten Wissenschaftlern exzellente machen könnte. Die ewige und dennoch aussichtslose Hoffnung auf die Wunderwirkungen von Strukturreformen verkennt den elementaren Zusammenhang zwischen Wissenschaft und dem Charakter der in ihr Tätigen. Einem geregelten Arbeitsalltag und der strikten Einhaltung der 40-Stundenwoche jedenfalls verdanken wir kaum eine der großen wissenschaftlichen Entdeckungen der Vergangenheit. Und auch in Zukunft werden die besten Studierenden nicht jene sein, die ihren Arbeitsaufwand pedantisch an 30-ECTS-Punkten im Semester ausrichten.

Mit anderen Worten müsste es in einer wirklichen Wissenschaftsdebatte um das Problem der „Elitenbildung" gehen. Und um gleich präventiv jedwede Form von Missverständnis zu verhindern: Natürlich ist das Wort „Elite" umstritten und aufgrund unterschiedlicher Kontextualisierung leicht missverständlich. Nicht jeder, der eingebildet daherkommt, ist deshalb schon „Elite". Der damit verbundene Begriff trägt im akademischen Bereich lediglich der Tatsache Rechnung, dass die Suche nach der Wahrheit eine äußerst anspruchsvolle Tätigkeit ist und in einer arbeitsteiligen Gesellschaft nicht von jedem auf höchstem Niveau geleistet werden kann, sondern herausragende kognitive, motivationale sowie soziale Eigenschaften verlangt. So schön es wäre, dass diese Eigenschaften auf alle in gleicher Weise zuträfen: So ist es nicht. Auch hinter der Einführung der Exzellenzinitiative unter Rot-Grün steckte in Wahrheit daher nichts anderes als eine verkappte Elitendebatte. Allerdings wurde diese schlicht von den Subjekten auf die Strukturen verlagert – und fortan von „Exzellenz-Universitäten" gesprochen. Was aber, so muss man doch fragen, macht denn eine Universität zu einer exzellenten, wenn nicht die in ihr tätigen exzellenten Wissenschaftler, also eine akademische Elite? Und diese ist in jeder Universität – auch in jeder Exzellenz-Universität – eine Minderheit, von deren Ruf die Mehrheit unverdientermaßen profitiert. Ein klassisches Trittbrett-Phänomen also.

An dieser misslichen Gesamtsituation könnte sich nur etwas ändern, wenn wieder der individuelle Leistungsanspruch, der an Professoren und Studierende adressiert wird, in den Vordergrund wissenschaftspolitischer Diskussionen gerückt würde. Seien wir doch einmal ehrlich: Nicht selten benoten gestandene Oberstudienräte an deutschen Gymnasien ihre Schüler strenger als viele Hochschullehrer ihre Studierenden – jedenfalls in manchen Fächern. Am meisten leidet darunter ausgerechnet das Lieblingskind der Bologna-Reform, der Bachelor-Abschluss, der bisweilen als „Studienabbruchzertifikat" (Stefan Kühl) gilt. Am ungerechtesten ist dies übrigens ausgerechnet Bildungsaufsteigern aus der „Arbeiterklasse" gegenüber, die sich ihren Erfolg hart erkämpfen mussten. Mit der Inflationierung akademischer Zeugnisse wird ausgerechnet die Leistung von Bildungsaufsteigern unkenntlich gemacht und damit eklatant entwertet.

Ein einfaches Reformprogramm in drei Akten

Dabei wäre eine wissenschaftsfreundliche Reform gar nicht so schwer und man müsste dabei nicht einmal zentrale Elemente des Bologna-Prozesses wie die Bachelor-Master-Struktur in Frage stellen. Im Kern geht es um folgende Punkte:

ECTS-Punkte: Das vielleicht größte Paradoxon der Bologna-Reform besteht darin, die internationale Flexibilität bei der Anerkennung von Studienleistungen ernsthaft durch detaillierte bürokratische Verrechnungsverfahren erreichen zu wollen. Detaillierte bürokratische Vorgaben und Flexibilität lassen sich logischerweise nicht sinnvoll miteinander vereinbaren. Der Soziologe Stefan Kühl hat in seiner Studie „Der Sudoku-Effekt" die Konsequenzen dieses Paradoxons vor Augen geführt. Selbst die Erfinder und administrativen Anwender des ECTS-Systems müssen zumindest eine Ahnung davon gehabt haben, dass mit zu strikten Vorgaben das ganze System zum Erliegen kommt. Anders ist jedenfalls nicht zu erklären, warum je Semester in Europa 25-30 Wochenstunden und keinesfalls überall einheitlich 30 Wochenstunden zu studieren sind, um 30 ECTS-Punkte anrechnen zu können. So kann man in Ländern wie Österreich und Spanien theoretisch mit einem Sechstel weniger Arbeitsaufwand als in Deutschland einen international anerkennungsfähigen Bachelor oder Master erwerben – um von der Tatsache, dass sich hinter 30 ECTS-Punkten auch ohne diese Regelung höchst unterschiedliche Arbeitsaufwände verbergen können, ganz zu schweigen. Das derzeitige ECTS-Punktesystem vereinfacht nicht die Studienorganisation und Anerkennungsfähigkeit von Studienleistungen, sondern führt vielmehr zum glatten Gegenteil. Dies alles könnte vermieden werden, wenn die ECTS-Punkte auf das reduziert würden, wozu sie ursprünglich erfunden wurden: auf eine Kunstwährung im Außenverhältnis. Worin bestünde also das Problem, in ganz Europa großzügig die während eines Semesters erbrachten Studienleistungen einfach mit 30 ECTS-Punkten zu bewerten und im hochschulischen Binnenverhältnis zu Semesterwochenstunden zurückzukehren? Ein solcher Schritt würde die internationale Mobilität der Studierenden nicht behindern, sondern befördern und zudem umfassende Probleme im innerhochschulischen Verkehr bei der Konstruktion arithmetisch kohärenter und kombinatorisch miteinander kompatibler Studienprogramme vermeiden. Hochschullehrer könnten so von der wenig geliebten Aufgabe befreit werden, Studiengangsplanungs-Sudokus zu lösen und sich wieder verstärkt um ihre eigentliche Aufgabe kümmern: Forschung und Lehre.

Modularisierung: Mit dem Verzicht auf die ECTS-Währung im Binnenverhältnis der Hochschulen würde jedoch automatisch auch die Notwendigkeit der Modularisierung der Studienprogramme entfallen. Über die Frage, ob sich wissenschaftliches Wissen und in welchen Fächern überhaupt sinnvoll „portionieren" lässt, sind mittlerweile meterweise Bücher vollgeschrieben worden. Als noch elementarer erweist sich allerdings die Frage, wozu dies überhaupt in der Sache erforderlich ist. Reicht es nicht völlig hin zu definieren, über welches Fachwissen und welche „Kompetenzen" ein Bachelor in Physik verfügen soll und daraus eine geschlossene und curricular kumulative Kette von Lehrveranstaltungen abzuleiten? Wozu ist es notwendig oder sinnvoll, diese Kette ihrerseits in wie viele Untereinheiten auch immer zu unterteilen? Wenn es um die bloße Möglichkeit gehen soll, die Anerkennung erbrachter Studienleistungen flexibel zu handhaben, geht das auch viel leichter: mit schlichter Großzügigkeit – eben jener Großzügigkeit, die im Bologna-System ohnehin mit der Regelung angelegt ist, dass 30-ECTS-Punkte zwischen 25-30 Arbeitsstunden repräsentieren dürfen. In einem flexiblen Studiengangsystem erwiese sich die Modularisierung folglich schlicht als überflüssig. Und sie wäre – eine anspruchsvolle Bewertung durch Hochschullehrer vorausgesetzt – auch ganz gefahrlos, denn letztlich muss sich jeder Studierende seiner Abschlussprüfung stellen und sie bestehen – oder eben auch nicht.

Akkreditierung: Die Akkreditierung von Studiengängen gehört bekanntermaßen zu den am wenigsten geliebten Teilen der Bologna-Reform, und das ist alles andere als unverständlich. Dazu muss man sich lediglich die Rahmenbedingungen vor Augen führen: Der Staat gibt, zumindest in einigen Bundesländern, die Genehmigung von Studiengängen letztlich auf der Grundlage verfassungsrechtlich höchst problematischer Voraussetzungen an private Dritte ab. Diese legen die meist sehr weit gefassten politischen Beschlüsse nicht nur höchst unterschiedlich aus und schaffen so für die einzelnen Hochschulen de facto sehr unterschiedliche Akkreditierungsbedingungen, sondern sorgen an den Hochschulen durch die Auswahl der Akkreditierer, die sich ihrerseits freilich nicht akkreditieren lassen müssen, bisweilen für miese Stimmung. So sind Fälle keinesfalls selten, in denen der jeweiligen Kommission nur ein sachkundiger Fachvertreter angehört, der dann bisweilen sein persönliches Fach-Verständnis zum alles entscheidenden Beurteilungsmaßstab erhebt – ganz so als ob es in den Fächern nicht einen Streit der Schulen gäbe und wissenschaftlicher Fortschritt nicht gerade aus dieser Vielfalt in der Einheit resultierte. Allerdings stellen sich alle Hochschullehrer auf diese Randbedingungen ein: So werden durchaus absichtsvoll regelmäßig große Konvolute an Studiengangs- und Modulbeschreibungen unter Anwendung einer eigens dafür kreierten Bologna-Poetik vorgelegt. Dies hat, einmal abgesehen vom nervenaufreibenden Entstehungsprozess dieser Machwerke, immerhin zwei Vorteile: Zunächst macht es dies den Akkreditierern in der Regel schon rein zeitlich unmöglich, alle Dokumente sorgsam zur Kenntnis zu nehmen und erhöht so die Akkreditierungswahrscheinlichkeit. Kombiniert mit dem butterweichen postmodernen Kompetenz-Neusprech in den Modulbeschreibungen hat jeder Hochschullehrer außerdem, wenn die Karawane weiter gezogen ist, bei der konkreten Planung seiner Lehrveranstaltungen die Möglichkeit, unbemerkt einfach so weiter zu machen wie bisher.

Das vielleicht fragwürdigste Moment der Akkreditierung ist aber ein anderes. Wenn man es recht bedenkt, hätten alle Professoren in Deutschland das Recht, ziemlich beleidigt zu sein. Obwohl sie in einem aufwendigen Qualifizierungsprozess und einem hoch kompetitiven Verfahren ausgewählt werden, wird ihnen durch die derzeitige Form der Akkreditierung tendenziell die Kompetenz abgesprochen, als Hochschullehrer auch nur das Elementarste leisten zu können: nämlich einen fachlich und organisatorisch kohärenten Studiengang zu entwickeln. Detlef Müller-Böling hat daher schon vor vielen Jahren die dazu passende Frage gestellt: „Wer glaubt eigentlich, dass deutsche Professoren nicht einmal Mindeststandards genügen könnten?" Diese kritischen Anmerkungen sollten dabei keinesfalls missverstanden werden. Gewiss ist an deutschen Hochschulen nicht alles Gold, was glänzt. Die HRK hat jedoch einen ernstzunehmenden Vorschlag unterbreitet, um die mit der Akkreditierung verbundenen Probleme lösen zu können, ohne die Vorteile einer externen Begutachtung der Studienprogramme aufgeben zu müssen, nämlich die Umwandlung der Akkreditierung in ein Auditverfahren. Der „Aktionsrat Bildung" hat diesen Vorschlag in der Veröffentlichung „Qualitätssicherung an Hochschulen: von der Akkreditierung zur Auditierung" fachlich überzeugend ausbuchstabiert. Die Hochschulleitungen könnten in diesem Modell bei einer Auditierungsstelle die Begutachtung eines Studienganges in Auftrag geben mit dem Ziel, Schwachstellen von Studienprogrammen im Sinne einer kollegialen Beratung aufzudecken. Dieses Dokument könnte dem betreffenden Fachbereich zur Selbstreflexion sowie der Hochschulleitung zur Hochschulsteuerung übergeben werden. Welche fachlichen Schlussfolgerungen aus solchen Dokumenten zu ziehen wären, könnte man dabei grundsätzlich den Hochschulen selbst überlassen – Freiheit von Forschung und Lehre eben!

Eine Frage des Willens – und des politischen Mutes!

Alle Reformvorschläge müssen sich am Ende des Tages die Frage nach ihrer Realisierbarkeit gefallen lassen. Die hier unterbreiteten Vorschläge sind sachlich betrachtet weder sehr kompliziert noch kostspielig, im Gegenteil. Sie setzen nur eines voraus: die Bereitschaft sich einzugestehen, es bei den Reformen der letzten Jahre etwas übertrieben zu haben. Aber ausgerechnet dies ist keine Kleinigkeit. Tausende Bologna-Anhänger in Politik, Ministerialverwaltungen und Hochschulen müssten hierzu die Bereitschaft entwickeln, im Interesse der Hochschulen eigene Fehler aufzuarbeiten. Fehler allerdings sind menschlich und angesichts eines solch anspruchsvollen Reorganisationsprojektes, wie die Bologna-Reform es ohne Zweifel war und ist, auch unvermeidlich. Schlimmer als jeder begangene Fehler ist allerdings ein Fehler, den man sehenden Auges nicht korrigiert.

Neben diesen eher emotional gefärbten Hindernissen einer wirklichen Reform der Reform stünde ein solcher Prozess jedoch vor enormen Schwierigkeiten der institutionellen Verfasstheit der Bundesrepublik Deutschland. Kein Bundesland könnte es sich leisten, hier auf eigene Faust Reformen einzuleiten, ohne über die Akzeptanz der anderen Bundesländer zu verfügen, weil ansonsten die deutschlandweite Anerkennungsfähigkeit der Studienabschlüsse zur Debatte stünde. So wie die Bologna-Reform im Gleichschritt der Länder eingeleitet wurde, sind größere Korrekturschritte ganz nach dem Muster des Gefangenen-Dilemmas auch nur im Geleitzug der einzelnen Bundesländer und damit im Rahmen der KMK möglich. Die Wahrscheinlichkeit, dass sich die Gelegenheit für einen solchen Schritt ergeben wird, ist hoch. Kaum jemand rechnet damit, dass die vor dem Bundesverfassungsgericht anhängigen Verfahren gegen die derzeitige Form der Akkreditierung nicht zumindest in wesentlichen Teilen zugunsten der Antragsteller ausgehen werden. Sollte dieser Fall eintreten, würde der Politik ohnehin von höchster Stelle bescheinigt werden, schwere Fehler begangen zu haben. Dies wäre für den politischen Raum der geeignete Zeitpunkt, zwei Fliegen mit einer Klappe zu schlagen und die Gunst der Stunde für eine Generalreform zu nutzen. Wir sollten den Mut dazu haben!

Gerhard Casper

Reichtum gegen Wahrheit

Was geschieht mit Bildung, wenn Studenten nur reich werden wollen? Wer braucht in Zeiten der digitalen Revolution noch Geisteswissenschaften? Wer Hörsäle? Ein Gespräch von Christine Brinck mit Gerhard Casper, dem früheren Präsidenten der Stanford University, der Alma Mater des Silicon Valley.

SZ: Professor Casper, Sie kennen das deutsche und das amerikanische System. Sie haben jüngst ein Buch herausgebracht, das sich mit den neuen Herausforderungen an die Universität befasst (The Winds of Freedom, Yale University Press). Ist die amerikanische Universität, die 17 der Top 20 der Welt stellt, in der Krise?

Gerhard Casper: Die Finanzierung der öffentlichen Universitäten ist scharf zurückgeschraubt worden. Wie in Deutschland hat der Bund keine Zuständigkeit für das Hochschulwesen. Universitäten, die 60, 70 Prozent ihres Budgets vom Staat erhielten, kriegen heute nur 10 oder 20 Prozent. Erstklassige öffentliche Universitäten wie die University of Michigan werden praktisch zu privaten Universitäten. Die Mittelverkürzung hat vor allem dazu geführt, dass diese Universitäten ihre Gebühren angehoben haben – viel stärker als die privaten.

SZ: Das Hauptproblem ist also der neue Geiz der öffentlichen Hand.

Gerhard Casper: Nehmen wir die University of California, die wohl beste öffentliche Universität der Welt...

SZ:... mit Berkeley, UCLA, San Diego...

Gerhard Casper: ... wurde so gut, weil der Staat sie sehr großzügig unterstützt hat.

SZ: Kann die University of California denn den Rückgang durch mehr Gebühren und Forschungsgelder vom Bund kompensieren?

Gerhard Casper: Die höheren Gebühren helfen zum Teil. Die Bundesforschungsgelder helfen seit Langem, aber die Last liegt nun auf der Einwerbung privater Mittel. Berkeley hat zwar gelitten, aber es bleibt doch ein ernsthafter Wettbewerber. Stanford muss weiter damit rechnen, dass Graduierte und Professoren nach Berkeley statt zu uns gehen. Das gilt auch für all die guten öffentlichen Universitäten im Mittelwesten, also Michigan, Wisconsin, Illinois – sie leiden, aber sie sind immer noch gut.

SZ: Was unterscheidet das amerikanische vom deutschen System?

Gerhard Casper: Der Hauptunterschied, zumal zwischen den amerikanischen Spitzen-Unis und den deutschen Hochschulen, liegt in der Vermittlung von Lehre und Forschung. Vor allem wollen wir den Studenten den direkten, nicht hierarchischen Zugang zu ihren Professoren bieten. 70 Prozent aller Lehrveranstaltungen in Stanford haben weniger als 20 Studenten. Wir nehmen Studenten schon in den frühen Jahren als Teilnehmer am Wissenschaftsprozess und in der Forschung sehr ernst. Viele Deutsche, die hier ein paar Jahre geforscht haben, bleiben wegen des Lehr- und Forschungsklimas. In der interdisziplinären neuen Welt ist diese Offenheit, das Nichthierarchische des amerikanischen Systems vielleicht seine größte Stärke. Das zeichnet Stanford und Harvard und Yale aus.

SZ: Stichwort Interdisziplinarität. Werden nicht die Hochschulen immer schmalspuriger, insbesondere seitdem an den meisten Colleges das „Kern-Curriculum" abgeschafft worden ist?

Gerhard Casper: Die geisteswissenschaftlichen Pflichtfächer für Undergraduates werden heute anders gesehen. Die Studenten sollen die Breite dadurch erreichen, dass sie tun, was sie interessiert. Immer noch muss jeder Student in Stanford eine Reihe von Geistes- und Sozialwissenschaften belegen, dazu gehört auch immer eine Ethikvorlesung. Des Weiteren ermöglichen wir es den Studenten, die ein populäres Studium wie Computerwissenschaften gewählt haben, ein Nebenfach hinzuzufügen. Also etwa: Informatik im Hauptfach, französische Literatur als Nebenfach.

SZ: Trotzdem wird Stanford als „Techie School" gesehen. Mehr als ein Viertel der Bachelor-Abschlüsse im letzten Jahr wurden in Computer Sciences und Engineering vergeben. Fast ein Drittel der 2000 Neuzugänge haben Computer Sciences als Hauptfach angegeben. Die Nähe zu Silicon Valley ist offensichtlich eine Verlockung. Werden die Geisteswissenschaften zum Stiefkind?

Gerhard Casper: Dieser hohe Prozentsatz ist ein Phänomen der allerletzten Jahre und spiegelt die hervorgehobene Rolle der technischen Fächer. Silicon Valley spielt natürlich eine Rolle. Außerdem zieht es Eltern und Studenten zu den Fächern, mit denen man Geld verdienen kann.

SZ: Bei den hohen Studiengebühren ist es kein Wunder, dass die Eltern eine hohe „Rendite" wollen.

Gerhard Casper: Weltweit heißt es jetzt, dass Studenten unternehmerisch und innovativ sein sollen. Also ist es verständlich, dass sie sich der Informatik oder interdisziplinären Biologie zuwenden.

SZ: Die hohe Zahl von Informatikern ist also kein Problem?

Gerhard Casper: Das Computer Science Department offeriert jetzt interdisziplinäre Kurse, wo die Professoren zusammen mit Lehrern aus anderen Disziplinen gemeinsam versuchen, ständig den Horizont der Studenten zu erweitern. Da wird sehr viel experimentiert, und ich hoffe, dass dabei viel Gutes herauskommt. Werden die Geisteswissenschaften zum Stiefkind? Die Antwort ist Ja und Nein. Ich bin kein Freund von Rankings, aber das führende britische Ranking, Times Higher Education, hält die Geisteswissenschaften in Stanford nun schon im zweiten Jahr für die besten der Welt – vor Harvard, Oxford, Cambridge und Chicago. Das Stiefkind floriert also. Nur: Die Studenten wählen diese Fächer häufig nicht mehr als Hauptfach.

SZ: Sie leisten sich den Luxus, dass Sie in den Geisteswissenschaften oft genauso viele Hauptfachstudenten wie Professoren haben. Undenkbar in einer deutschen Universität.

Gerhard Casper: Das stimmt, und es fragt sich, wie lange man sich das noch leisten kann. Die Studenten sind heute, anders als vor vierzig Jahren, an einer Ausbildung interessiert, mit der man „was anfangen" kann...

SZ: Die Suche nach der Wahrheit motiviert nicht mehr?

Gerhard Casper: Hat sie das je bei einer Mehrheit der Studenten getan? Natürlich spielt die Wahrheitssuche eine große Rolle in den Naturwissenschaften. Wenn die Studenten erst einmal anfangen, etwas verstehen zu wollen, wird ihre Neugier geweckt, die die Forschung beflügelt, was ja Wahrheitssuche ist. Als Präsident von Stanford habe ich Reformen durchgeführt, die genau auf diese Neugier zielten: Seminare mit 15 Studenten, die ihnen schon im ersten Jahr vermitteln sollten, dass sie Teil der Forschungsfamilie sind. So erhielten sie die Möglichkeit, sich für etwas zu begeistern.

SZ: Was ist mit denen, die weder neugierig noch begeistert sind – die vom schnellen Reichtum durch die nächste App träumen?

Gerhard Casper: Megaerfolg und Jungunternehmertum sind zum Teil jenen Medien zu verdanken, die einzelne Aspekte Stanfords hochgespielt haben. Die Wirklichkeit ist anders. Die meisten unserer Studenten versuchen nicht, Start-ups zu gründen, sondern der Gesellschaft zu dienen, gerade auch in den MINT-Fächern (Mathematik, Informatik, Naturwissenschaft und Technik). Dort geht es um Technologien, die zum Beispiel den Armen helfen. Etwa um die Inkubator-Tasche, in der Neugeborene in unzugänglichen Regionen über große Strecken transportiert werden können. Solche Dinge bewegen die Phantasie der Studenten, nicht das Profitstreben.

SZ: Stanford als Zulieferer für Silicon Valley ist eine verzerrte Wahrnehmung?

Gerhard Casper: Wir sind keine Zulieferer. Wir sind allerdings eine Quell der Kreativität, die durch unsere Ehemaligen im Valley verkörpert wird.

SZ: Wird der Einfluss des Silicon Valley, der Wirtschaft überhaupt, überschätzt?

Gerhard Casper: Da wird vieles falsch gesehen. 30 Prozent unseres Haushalts kommen vom Bund. Wir bekommen eher wenig von der Wirtschaft. Von dem Geld allein könnten wir nicht überleben. Wenn aber der Bund morgen den Geldhahn zudreht, können wir unsere Forschungstore schließen. Der Bund kürzt aber jetzt schon, sodass die Universität zunehmend eigene Mittel aufbringen muss – aus unserem Stiftungskapital oder aus Spenden der Alumni. Zweckgebundene Mittel, die den Wünschen der Geldgeber dienen, gibt es bei uns kaum.

SZ: Keine Dienstmagd der Privatwirtschaft?

Gerhard Casper: Die tut wenig für uns. Wichtig sind allerdings jene Absolventen, die viel Geld in der Wirtschaft verdient haben und jetzt ihre Dankbarkeit zeigen wollen. Selten kommen diese Spenden mit Bedingungen, die man nicht akzeptieren kann. Ich habe aber in meiner Zeit auch schon mal Millionen abgelehnt, weil der Spender zu spezifische Erwartungen hatte.

SZ: Dem Besucher aus Europa fallen neben der Parklandschaft der Universität vor allem die vielen geradezu professionellen Sportstätten auf, ein Stadion mit 50 000 Plätzen. Wenn Stanford eine Nation wäre, habe ich gelesen, hätte es bei den Olympischen Spielen in London den neunten Platz belegt.

Gerhard Casper: Aber die Betonung, die wir auf die Künste legen, sieht man nicht sofort. Das ist für Deutsche häufig unverständlich, weil es in Deutschland separate Kunst- und Musikhochschulen gibt. In Amerika sind die meistens Teil der Universität. Wir haben ein Museum, wir unterrichten Kunst und Musik. Wir haben gerade eine neue Konzerthalle gebaut und sind dabei, ein zweites Museum zu errichten.

SZ: Was soll denn in diesem Museum zu sehen sein?

Gerhard Casper: Die Anderson Collection, die bedeutendste Privatsammlung moderner und zeitgenössischer amerikanischer Kunst an der Westküste wird uns geschenkt. Wir haben sehr viel Geld in die Künste gesteckt. Das strahlt in alle Bereiche der Universität aus. Die Sorgen um die Teilung der Universität und die Herrschaft bestimmter Fächer ist ein Klischee.

SZ: Die Unwucht zwischen den „harten" und „weichen" Fächern wird schon länger beklagt. Ist da nicht doch ein Kulturwandel im Spiel?

Gerhard Casper: Weltanschauungen haben sich geändert. Manches ist sicherlich den Schulen zuzuschreiben, die immer stärker auf die MINT-Fächer ausgerichtet werden. Ich bin häufig schockiert, wie wenig die neuen Studenten von Geschichte, Philosophie oder Literatur wissen. Wir können keinen Nachhilfeunterricht geben. Das Pflicht-Curriculum sorgt immer noch ein bisschen dafür, aber das ist mehr ein Schimmer von diesem und jenem. Es ist immer weniger von dem, was man in Deutschland früher unter Allgemeinbildung verstanden hat. Vermutlich geht deren Gewicht auch in Deutschland zurück. Man kann nicht mehr auf Kenntnisse zählen, die allen gemeinsam sind.

SZ: Anderseits wird beklagt, dass College-Absolventen nicht genügend auf das Berufsleben vorbereitet sind. Gilt das auch für Stanford?

Gerhard Casper: Technologietransfer entsteht hier durch die ausgezeichnet ausgebildeten Graduate-Studenten. Sie wissen, wie man argumentiert, was neu ist, worüber nachgedacht wird. Das läuft immer noch sehr gut. Im Bereich Fachhochschulen, Fach- und Berufsschulen kann man viel von Deutschland lernen. Die Community Colleges versuchen es und arbeiten mit der örtlichen Wirtschaft zusammen. Aber das kommt dem, was Deutschland bietet, nicht nahe.

SZ: Ist die deutsche Lehrlingsausbildung nicht der Neid der Welt?

Gerhard Casper: Wahrscheinlich. Deutsche Unternehmen, die in den USA produzieren, beginnen sie gerade hier einzuführen.

SZ: Die Obama-Regierung will die Universitäten durch ein staatliches Ranking kontrollieren. Kann man so überhaupt Probleme wie zu hohe Studiengebühren oder beunruhigende Abbrecherquoten in den Griff kriegen?

Gerhard Casper: Was die Regierung plant, ist gefährlicher Unsinn. Gefährlich, weil der Staat es macht, Unsinn, weil es tertiäre Ausbildung auf wenige, vor allem finanzielle Kriterien reduziert, etwa den Verdienst der Absolventen. Die Gewichtung der Ranking-Kriterien wird immer willkürlich sein. Mir schaudert vor den Fehlern, die man machen wird, und vor der Irreführung, was Bildungswerte betrifft.

SZ: Die digitale Fernlehre, Schlagwort „MOOCs", sollen Kosten senken. Angesichts der gigantischen Teilnehmerzahlen – kommt das Ende des Hörsaals?

Gerhard Casper: Keine Frage, dass IT und Online-Learning eine immer größere Rolle spielen werden. Ich halte etwa Coursera für einen der wichtigsten Veranstalter, weil sie Rückkopplung machen und die Studenten in den Lehrbetrieb einbeziehen. Auch an den Spitzenuniversitäten wie Stanford wird Online-Lernen eine starke Präsenz haben. Wir wissen nur noch nicht genau, wie. Es wird viel experimentiert, insbesondere mit dem „gespaltenen Klassenzimmer": Vorlesung online, dann individuelle Arbeitsgruppen mit Mentoren oder Professoren. Wie aber werden die Arbeitgeber darauf reagieren, wenn jemand einen Online-Kurs in Robotics oder Künstlicher Intelligenz mit einem Leistungsnachweis besteht, den er dann in seinem LinkedIn-Profil anführt. Werden Arbeitgeber Spezialkenntnisse einer breiteren Ausbildung vorziehen? Der Einfluss auf das Hochschulwesen ist im Augenblick unabsehbar.

SZ: Kein Ende der klassischen Universität?

Gerhard Casper: In der entwickelten Welt wird es auf absehbare Zeit keine dramatischen Änderungen geben, obwohl Online-Learning eine größere Rolle spielen wird. Das wird hohe Neuinvestitionen verlangen. Zunächst wird Cyberlearning wahrscheinlich seine größte Wirkung bei der Ausbildung von Menschen in den Entwicklungsländern entfalten.

Heinrich Detering

Märkische Rübchen gemischt mit Kastanien

Wohin geht die sprachliche Reise?

Der Magen der deutschen Sprache, das zeigt der auf breiter Datenbasis gründende, mit viel Scharfsinn erarbeitete „Erste Bericht zur Lage der deutschen Sprache" mit beruhigender Überzeugungskraft, hat gerade in den letzten hundert Jahren erstaunlich viel verdaut. Und es ist dem Deutschen – um im Bilde zu bleiben – meistens sehr gut bekommen. Viel besser, als diejenigen argwöhnen, die bei jeder neuen Speise gleich vor Übelkeit, Brechreiz und Kollaps warnen. Nie war der Wortschatz unserer Sprache so umfangreich und differenziert wie heute, keineswegs haben die Merkmale einer bürokratischen Amtssprache überhand genommen, fremdsprachliche Wörter wie die viel beargwöhnten Anglizismen hat das Sprachsystem des Deutschen sich ebenso selbstbewusst einverleibt und angeeignet, wie es das in früheren Jahrhunderten mit dem Lateinischen und dem Französischen getan hat.

Nun haben uns, der Deutschen Akademie für Sprache und Dichtung, auch wohlmeinende Kritiker beharrlich daran erinnert, dass Sprachsystem und Sprachgebrauch zwei grundsätzlich zu unterscheidende Bereiche bilden und dass die erfreuliche Stabilität des einen nicht automatisch einen Optimismus im Blick auf das andere begründen könne.

Gleichwohl könnte die Einsicht in die Stabilität des ersteren uns doch an das Motto Papst Johannes Pauls II. erinnern: „Habt keine Angst." Zum Beispiel vor einem von innen kommenden Sprachverfall, etwa in den diversen Erscheinungsformen dessen, was man verallgemeinernd Jugendsprache nennt. Die einfallsreichen Ausdrucksformen der Jugendsprache in den Kurz- und Kürzestformen von SMS und Twitter, in den diversen Umgangs- und Szenesprachen, in dialektähnlichen Formen wie die türkisch-deutsche *Kanak Sprak*: wo Kulturpessimisten nur ein Abgleiten in ein Schrumpfdeutsch wahrnehmen, da ließe sich, tritt man nur ein paar Schritte zurück, auch eine „Kultur des Witzes" erkennen – sehr anders in ihren Ausdrucksformen, aber oft keineswegs weniger geistreich und witzig als in den Moden von Spätaufklärung und Rokoko, für die diese Formel einmal geprägt worden ist.

Migration und sprachliche „Überfremdung"

Habt keine Angst, zum Beispiel vor der vermeintlichen sprachlichen ‚Überfremdung'. Im Saarland, so war vor wenigen Wochen zu lesen, besinnt sich die Bildungspolitik wieder auf die Vorzüge der Grenzlage zu Frankreich, darum soll die Zweisprachigkeit nicht nur in den Schulen, sondern auch im Alltag von Behörden, Restaurants, Kinos gestärkt werden. Und in der Lausitz wollen die politisch Verantwortlichen künftig ihre Anstrengungen erheblich verstärken, die Kultur und Sprache der sorbischen und wendischen Minderheit zu fördern und lebendig zu erhalten. Aus meiner eigenen Berufserfahrung könnte ich ein weiteres Beispiel hinzufügen: die wachsende Neugier auf die und Zuneigung zu den Sprachen der friesischen und der dänischen Minderheiten in Schleswig-Holstein. Diese Entwicklungen sind, glaube ich, keine Nebensachen, keine Randerscheinungen in den Grenzprovinzen. Gut anderthalb Jahrhunderte lang galt die Universitäts- und Landeshauptstadt Kiel in ähnlicher Weise als Bollwerk gegen ein feindseliges Dänentum (und zwar auf beiden Seiten der Grenze), wie Saarbrücken als Bastion im Sprachen- und Kulturkampf galt und das Sorbische in deutschnational vernebelten Köpfen als landes-, wenn nicht ‚artfremd'.

Grenzregionen haben das an sich, dass sie eben vor allem als Regionen der Abgrenzung wahrgenommen werden, mehr noch: dass sich von ihnen aus das jeweils Eigene überhaupt erst konstituiert. Minderheitensprachen stören nicht nur den glatten Betriebsablauf, sie stehen jeder aus dieser Abgrenzung begründeten Nationalitätsbildung im Wege. Die Nachbarschaft mit Fremdsprachigen als Bereicherung zu erkennen, nicht wie jahrzehntelang geschehen als Bedrohung: das ist eine historisch noch immer so neuartige Entwicklung, dass der manchmal populistisch offene, manchmal klammheimliche Widerstand dagegen eine zwar dumme, aber lange Geschichte auf seiner Seite hat. Es ist immer ein schöner Anblick, wenn Bollwerke zu Brücken werden; es sieht beinahe so aus wie die Umarbeitung von Schwertern zu Pflugscharen. Aber es weckt auch die uralte Angst vor der Wehrlosigkeit.

Als ich mich, ebenfalls erst vor zwei Wochen, in einem Interview mit der dpa zustimmend zur Wahl des diesjährigen „Unwortes des Jahres" („Sozialtourismus") geäußert hatte, da erreichte mich der Brief eines empörten Zeitungslesers, eines akademischen Kollegen übrigens, der mir in scharfen Worten erklärte, es sei ihm unbegreiflich, warum ausgerechnet der Präsident einer Deutschen Akademie sich nicht gegen die, so drückte er sich aus, Einwanderung von Osteuropäern in unsere deutsche Kultur ausspreche. Der Brief zeigt, so scheint mir, dieselbe Haltung wie die alten Grenzkämpfe. Das Fremde ist danach zuerst und zuletzt das Gefährdende, weil es das Andere ist. Und die Sprachkritik wird dann neben der Verteidigung der Sozialsysteme zum bevorzugten Schauplatz der Kulturkämpfe, der Grenzkämpfe.

Die Angst der Sprachkritiker

Dabei steht die Angst vieler wohlmeinender Sprachkritiker vor dem Fremden in erstaunlichem Gegensatz zu dem Nutzen, den sie selber daraus ziehen. Dass auch die patriotischsten Sprecher des Deutschen von *Job* und *Manager* sprechen, ist unvermeidlich; dass sie eine *fenestra* öffnen und kein Windauge, das wird, natürlich, von niemandem mehr als irgendwie ‚undeutsch' wahrgenommen, so wie man auch dem „Film" seinen amerikanischen Ursprung längst nicht mehr anmerkt. Die erfolgreichen Fremdwörter, manchmal auch die Modewörter von heute sind die geschmeidigen Lehnwörter von morgen; und diejenigen Anglizismen, die tatsächlich bloß töricht und doof sind, Ausdrücke wie der *international call* für ‚Ferngespräch', verschwinden ganz von selber wieder aus einem Wortschatz, dem sie ja ohnehin nur zwanghaft von Werbeagenturen eingeflößt werden sollten. Gegen die Anglizismen haben eigenartigerweise auch diejenigen etwas, denen ein *embarras de richesse* und ein *tant mieux* elegant über die Lippen gehen. Wo das geschieht, da gilt der Widerstand eigentlich nicht den fremdsprachigen Wendungen selbst, sondern den sozialen Distinktionen, die ihr Gebrauch ermöglicht. Wieviel Angst vor der Überfremdung durch die Sprachen von, nehmen wir den Ausdruck ruhig versuchsweise auf, Armutsmigranten gilt eigentlich der Sprache und wieviel in Wahrheit nur der Armut? Das Französische als traditionelle Bildungssprache ist elegant, das Englisch-Amerikanische als ökonomische und politische Siegersprache ist schick, die Sprachen der ökonomischen Verlierer sind peinlich, werden allenfalls als Unterschicht-Phänomen wahrgenommen. Aber der Schritt vom Sprachpurismus zum ethnischen Sauberkeitsgebot ist manchmal schneller und leichter getan, als man denkt.

Ich weiß, wir reden hier nicht vom kulturellen Austausch der Intellektuellen, sondern zuerst von den Konfliktzonen der Kindergärten und der Schulen (an denen der Sprachgebrauch oft wenig vom Reichtum des deutschen Wortschatzes bemerken lässt), der Weiterbildungsanstalten und der Arbeitsämter. Und wie könnte ich der Forderung widersprechen, dass Erwachsene und Kinder, die aus anderen Ländern und Sprachen in den deutschen Sprachraum gezogen sind, die deutsche Sprache erlernen und möglichst gut beherrschen sollen? Es ist ja einfach eine Forderung der praktischen Vernunft, eine Konsequenz der sozialen Erfahrung und notabene der elementaren Rechte von Freiheit und Teilhabe. Aber wenn die Mitschüler von Türken, Polen, Russen Lust bekommen, Türkisch, Polnisch, Russisch zu lernen, dann ist die praktische Förderung dieser Lust eine gute, eine grundvernünftige Tat nicht nur für den sozialen Frieden, sondern – darauf kommt es mir an – auch für die deutsche Kultur und Sprache.

Goethe konnte kein Deutsch

Halten wir hier einen Augenblick inne und erinnern wir uns an Goethe. Erstens konnte Goethe kein Deutsch. Sein Werk gibt ein abschreckendes Beispiel für den rapiden Sprachverfall des Deutschen. Das jedenfalls war die Überzeugung vieler seiner gebildeten Zeitgenossen, lebenslang. Dass Goethes Deutsch nicht nur im *Werther* und im *Götz* mit seinen Vulgarismen, sondern auch noch in der *Iphigenie* und im *Faust* zweifellos Ausdruck einer jugendgefährdenden Sprachverlotterung war, darüber waren erstaunlich viele erstaunlich gelehrte Kritiker sich einig; daran zu erinnern hat etwas sehr Beruhigendes. „Fehler über Fehler!" klagt das Magazin der teutschen Critik 1774: „Der Goethe kann doch auch nichts machen, ohne wider die wesentlichsten Regeln zu fehlen!" Allein schon sein poetischer Schiller-Nachruf zeigt, so weiß August von Kotzebue 1805, „auf drei kleinen Blättern, dass Goethe kein Deutsch versteht. ... So viele Sprachfehler in zehn Stanzen!" Ganz zu schweigen von dem notorischen C. H. G. Köchy alias Friedrich Glover, der 1823 Goethes „Fehler ... gegen die deutsche Sprache" rügen muss und konstatiert: „So fehlerhaft schrieb vor ihm noch niemand." Sicher: Nicht jeder, der wider die alten Regeln verstößt, ist damit schon auf dem Weg zum *Faust*. Aber wer sich an die alten Regeln klammert, wird es auch nicht bis zum *Clavigo* bringen.

Zweitens setzte Goethe der Überfremdung der deutschen Sprache und Kultur durch globale Migrationsbewegungen nicht nur keinen Widerstand entgegen, er arbeitete ihnen sogar vor und trat im *West-östlichen Diwan* in der Maske eines Moslems auf, unter dem Namen „Hatem", inmitten der persisch-arabischen Welt des Islam, um sich dann in den späten chinesischen Gedichten als Pekinger Dichter zu verkleiden und mit chinesischen Schriftzeichen zu experimentieren. Kein Kanon der besten Werke, keine Bibliothek des Wahren, Schönen, Guten war es, für die Goethe das Wort „Weltliteratur" prägte, sondern es waren die globalen Wanderungsbewegungen der Menschen und Sprachen und Waren.

„Weltliteratur", das meinte die, so hoffte er, ansteckende Lust am alle bereichernden „Wechseltausch". Zeiten der Migrationen: das waren für ihn die Lehr-, die Wanderjahre der Kulturen. Und er proklamierte das in entschiedener Gegnerschaft gegen die deutschtümelnden Patrioten, gleich im Augenblick ihres ersten epidemischen Auftretens; auch sie haben ihn nach Kräften dafür gehasst. Wer also könnte uns nachdrücklicher die Furcht vor dem von innen kommenden Sprachwandel und der von außen kommenden „Überfremdung" austreiben als er? Wer sich auf die Sprache der deutschen Klassiker beruft, sollte Goethes weltliterarischen „Wechseltausch" ebenso wenig unterschlagen wie Wilhelm von Humboldts kopernikanische Wende der Sprachtheorie, derzufolge ja jede andere Sprache auch eine andere Weltansicht enthält.

Diese Weltsprachenneugier der Klassiker schließt allerdings, auch daran ist hier zu erinnern, die Selbstzufriedenheit einer einzigen, sich selbst für das Endziel der Kulturgeschichte haltenden und sich allein genügenden Sprache in jedem Falle aus – diejenige der Deutschtümler ebenso wie diejenige einer sei es französischen oder englischen oder anderen Weltsprache, deren Sprecher alle kleineren Sprachen für im Grunde entbehrlich halten. Englisch zu lernen, das war für Goethe, dank seiner Schwester Cornelia, schon im Frankfurter Elternhaus der Weg zu Shakespeare und Ossian. Aber man braucht nicht viel Phantasie, um sich vorzustellen, mit welchem Abscheu er eine Welt betrachtet hätte, die sich beispielsweise mit einer englischen Menschheitssprache hätte begnügen wollen, der ökonomischen Sparsamkeit und kommunikativen Einfachheit halber. Sprachen gab es für ihn, je länger je mehr, nur ebenso im Plural wie Literaturen und Lebenswelten. Wer sich mit einer einzigen zufriedengibt, schließt fremde Weltansichten aus der eigenen aus und macht sich damit dümmer als nötig. Und wer die eine, die Mutter-Sprache in dem Zustand festhalten wollte, in dem er sie erlernt hat, der trüge ungewollt dazu bei, sie zu einer toten Sprache zu machen.

Just keep it coming?

Also, alles gut? Lasst nur der Sprache ihren Lauf, oder neudeutsch gesagt: Just keep it coming? Auch in dem Wenigen, was ich hier angedeutet habe, gilt weiterhin die Unterscheidung von

Sprachsystem und Sprachgebrauch. Auch die witzigste Jugendsprache wird bei permanenter Wiederholung langweilig, auch die schönsten Einfälle der elektronischen Kommunikationskürzel können in Routine erstarren; und wer die Anglizismen ausschließlich für Bereicherungen hält, sollte nur ein paar Tage in den Zügen und Bahnhöfen der Deutschen Bahn oder auf den Internetseiten der Telekom oder leider auch mit manchen Selbstdarstellungen deutscher Hochschulen verbringen, um zu lernen, wie jammervoll (und wie fehlerhaft) die Einöde eines überforderten Kosmopolitismus sein kann. Und umgekehrt haben manche der vielgescholtenen Sprachpuristen wunderbare Erfindungen hervorgebracht, immer dann, wenn sie nicht nur jammerten, sondern selber schöpferisch zu Werke gingen. Dass wir zum lateinisch-französischen Moment das schöne „Augenblick" sagen können und zum Kontrakt „Vertrag", das verdanken wir demselben Barockdichter Philipp von Zesen, dem man die folgenlose Übersetzung der lateinischen Nase in den „Gesichtserker" bis heute vorhält.

Und natürlich weiß ich, dass die versöhnungsseligen Sonntagsappelle an Mehrsprachigkeit und Kulturaustausch vom gelebten Alltag manchmal so weit entfernt sind wie mein hier zu Demonstrationszwecken etwas aufgemöbelter Optimismus. Auch in Flensburg spricht nicht jeder Bürger Dänisch, auch in Saarbrücken ist die Einsprachigkeit verbreitet, auch in der Lausitz ist die Fremdenfeindlichkeit nicht ausgestorben. Und dass es in den deutschen Metropolen Stadtteile gibt, in denen vom Wunsch nach Austausch und gegenseitigem Lernen nur die Abschottung verfeindeter oder einander ignorierender Parallelgesellschaften geblieben ist: wer wollte das bestreiten?

Wissenschaftssprache: Fataler Pragmatismus

Auch der Verlust des Deutschen als einer Wirtschaftssprache und, dies vor allem, als einer Wissenschaftssprache wird gewiss nicht in jedem Fall nur mit den Erleichterungen einhergehen, die eine *lingua franca* im internationalen Austausch eben mit sich bringt. Unversehens werden wir hier gerade Zeugen einer neuen Auseinandersetzung zwischen Natur-, Wirtschafts- und technischen Wissenschaften auf der einen und Geistes- oder Kulturwissenschaften auf der anderen Seite. Warum, so fragen viele Wirtschaftsunternehmen ja mittlerweile selbst, sollten wir unsere internationalen Handelsbeziehungen nur in der ökonomischen Weltsprache abwickeln, statt wenn möglich mit Chinesen auf Chinesisch und mit Isländern auf Isländisch zu verhandeln? Und warum, so fragen viele Bildungspolitiker und manche Wissenschaftler hier mit zunehmendem Nachdruck, warum eigentlich sollten die *humanities* denn dem Vorbild der *sciences* folgen und anglophon werden? Wie sinnvoll ist hier überhaupt der Pragmatismus einer möglichst umweglosen Kommunikation?

Die erste Antwort ist: Manche Bereiche der Geisteswissenschaften öffnen sich ja fallweise durchaus dem Englischen, und mit Erfolg – die analytische Philosophie etwa oder die allgemeine Literaturtheorie, in denen die Übernationalität der Gegenstände eine *lingua franca* ihrer Erörterung verlangt und in denen Schönheit des Ausdrucks, stilistische Geschmeidigkeit über das für die Klärung der Argumentation Notwendige hinaus jedenfalls keine Rolle spielen müssen.

Die zweite Antwort aber lautet: Erhebliche Teile der *humanities*, keineswegs allein die Wissenschaften von den Künsten und der Literatur, verlören etwas für sie Lebenswichtiges, wenn sie sich mit einer einzigen Verständigungssprache begnügen wollten. Denn sie sind ihren elementaren Aufgaben nach zur Mehrsprachigkeit verpflichtet: zur möglichst großen Pluralität der, um mit Humboldt zu sprechen, „Weltansichten", die den deutschen Hegel, wie den französischen Pascal, wie den englischen Hume die jeweiligen Gegenstände immer etwas anders sehen lassen als ihre jeweiligen Übersetzungen, und zur größtmöglichen Nähe zu den Sprachkunstwerken, deren, altmodisch gesagt, Seele nicht von ihrem Sprachleib zu trennen ist. Und das gilt für alle Wissenschaften, die es mit der Kultur und den Kulturen zu tun haben.

Aber wer im *global village* reüssieren wolle, so wird den Kollegen und den Studierenden von den ökonomischen Vereinfachern dann gern eingeschärft, der oder die lasse die Finger von zeitraubenden Sprachen- und Kulturstudien und verbessere stattdessen sein oder ihr Englisch und die technologischen Kommunikationskompetenzen. Restbestände eines national diversifizierten Sprach- und Kulturwissens ließen sich dann effizienterweise von Spezialisten verwalten. Aber welche zerstörerischen Folgen diese stumpfsinnige Ökonomisierung für die Sprachkultur haben kann, für die in der Sprache sichtbar artikulierte Kultur, das zeigt sich in meinem eigenen Bereich exemplarisch – exemplarisch, weil Literatur und Literaturwissenschaften hier nur so etwas wie die Spitze eines Eisbergs bilden, der bis in dunkle und eisige Tiefen reicht.

Wenn es beispielsweise den Teilnehmern einer internationalen Goethe-Konferenz untersagt wird, ihre Vorträge in deutscher Sprache zu halten, und man sie aufs Englische verweist, notabene einschließlich der Goethe-Zitate; wenn Romantik-Konferenzen um der amerikanischen Teilnehmer willen lieber ganz auf Englisch abgehalten werden: dann läuft etwas ganz grundsätzlich schief. Gewiss, nicht jeder an diesen Werken interessierte Literaturwissenschaftler wird um des einen Werkes willen gleich dessen deutsche Originalsprache erlernen können. Aber sie sollten es doch wollen – und den Mangel als einen Verlust bemerken. Denn so einleuchtend dieser Pragmatismus erscheint, so selbstmörderisch sind seine Folgen. Wer die Werke der Dichter nicht mehr in deren eigener Sprache wahrzunehmen vermag, der liest alles mögliche – aber eigentlich liest er nicht mehr ihre Werke.

Wer die Kulturwissenschaften vor der Hegemonie einer einzigen Wissenschaftssprache schützen will, muss eben deshalb diejenige Polyglossie verteidigen, von der das Deutsche als Muttersprache der Germanistik ebenso ein Teil ist wie das Spanische ein Teil der Hispanistik. Der scheinbar so pragmatische Verzicht auf nationalsprachlichen Ballast hingegen dient in seinen Konsequenzen gerade nicht demjenigen Wechseltausch der „Weltliteratur", den zu befördern seine Absicht ist. Die pragmatische Unterordnung unter eine *lingua franca* führt ungewollt zu einer de-facto-Hegemonialisierung durch das in ihr Les- und Sagbare.

Wer dazu beitragen will, derlei für das Verhältnis zwischen dem Englischen und den (im Verhältnis dazu) kleineren Sprachen, also auch der deutschen Sprache zu verhindern, muss sich dem Automatismus seiner Hegemonialisierung widersetzen – und sich dabei seinerseits vor falschen Frontstellungen hüten. „Lasst uns", hat Goethe in den Maximen und Reflexionen notiert, „lasst uns doch vielseitig sein! Märkische Rübchen schmecken gut, am besten gemischt mit Kastanien, und diese beiden edlen Früchte wachsen weit auseinander."

Andreas Dörpinghaus

Post-Bildung

Vom Unort der Wissenschaft

Gegenwärtig befindet sich die Universität als Institution in einer Krise, obwohl sie im Selbstverständnis ignoriert wird. Die Krise entzündet sich an den Fragen, ob der Gedanke einer wissenschaftlichen Bildung, wie er vor allem von Wilhelm von Humboldt formuliert wird, derzeit einen Ort im Gefüge universitärer Forschung und Lehre findet und die Ausrichtung der Universität an dem Gedanken der Employability und des Kompetenzerwerbs den Kern dessen trifft, was Universitäten für Kultur und Gesellschaft bedeuten. Solche Fragen, vor dem Hintergrund der gegenwärtigen Lage drängend, werden als anachronistisch abgetan. Im unbewussten Krisenmanagement werden sie randständig gehalten oder rhetorisch mehr oder weniger geistesanwesend marginalisiert. In zumeist öffentlich wirksam inszenierten Diskursen ist dagegen nach wie vor überraschend viel von Bildung die Rede, die einen quasi-religiösen Status in den mit ihr verbundenen Erwartungen erhält. Sie trägt das Heilsversprechen in eine bessere Zukunft. Doch der Streit, was Bildung sei, wird so außer Kraft gesetzt und findet, wenn überhaupt, nur noch in extraordinären Gefilden Gehör. Es gehört offenbar zur derzeitigen Verwendung des Begriffs Bildung dazu, gleichsam als seine Überlebensbedingung, die Frage nach ihrer Bedeutung, die zugleich an die Wurzeln des kulturellen und gesellschaftlichen Selbstverständnisses ginge, gerade nicht zu stellen. Stattdessen wird ein Verständnis einer vermeintlichen Bildung lautstark proklamiert, das hier als Post-Bildung bezeichnet werden soll. Ihr Wesen ist das Außerkraftsetzen von Bildung durch ihre bloße Verwaltung und Kontrolle. Die Vorstellung, die zentrale Aufgabe der Universität sei die Bildung im Medium der Wissenschaft, degeneriert zu der bloßen Idee ihrer Verwaltung im Zeichen der Post-Bildung. Kurzum: Die gegenwärtige Idee der Universität ist schlichtweg nur noch ihre Verwaltung: Und zwar die Verwaltung der Wissenschaft und die Verwaltung der Verwaltung. Und in der Tat sind Reformen an Universitäten seit Jahren Verwaltungsreformen im Zeichen ihrer Ökonomisierung und Rationalisierung. Diese Post-Bildung ist dabei gänzlich wertfrei, ethisch uninteressiert, inhaltslos, reflexionsneutral, orientierungslos und partikular, dafür leistungsorientiert, kontrollbesessen und extrem evaluativ.

Die intrinsische Motivation, die Bildung mit dem Interesse an einer Sache und der unnachgiebigen Neugier verbindet, sich Fragen zu widmen, die gerade keine unmittelbare Verwertbarkeit haben, wird zu einer extrinsischen Aufforderung, den Anforderungen der Employability und der Verwertbarkeit von Kompetenzen Folge zu leisten. Die Post-Bildung wird so zu einem äußerst effizienten Instrument der Dienstbarmachung von Menschen als volkswirtschaftlich ertragreiches Humankapital vor allem unter der Ägide der OECD, der nahezu sakraler Status zukommt. Der Mensch ist nunmehr nur noch ein Mittel zu einem ihm fremden Zweck. Der Effekt war und ist bis heute ein unpolitisches universitäres Bildungssystem, das strukturell und konzeptionell Anpassungsverhalten als Verhüllung des „blinden Gehorsams" befördert, zur Unmündigkeit erzieht und nützliche Kompetenzen als grundständige pseudo-wissenschaftliche „Volksbildung" vermittelt. Der intendierte Habitus eines Lebenslangen Lerners wird zum Medium einer umfassenden Macht, die ihren Ausdruck in einer permanenten Anpassung an vorgegebene Ordnungsmuster und die Ausbildung von Kompetenzen für solche Anpassungsleistungen zum Gegenstand hat; eine neue Form biologistisch-evolutionärer Human-Metaphysik.

Kompetenz tritt an die Stelle von Bildung

Theodor W. Adorno hat bereits am Ende der 50er-Jahre verdeutlicht, dass Bildung zur Halbbildung verkommen sei. Doch die derzeitige Post-Bildung erlaubt nicht einmal mehr, anders als die Halbbildung, ein latentes, subkutanes Verständnis von Bildung, das als Folie der eigenen Unzulänglichkeit gelegentlich zu dienen in der Lage wäre. Stattdessen ersetzt Post-Bildung den Bildungsbegriff durch den operativen, positiven, evaluativen Begriff der Kompetenz, der diese Unzulänglichkeit der Halbbildung nicht einmal mehr kognitiv erlaubt, ja, kein Desiderat sieht, weil er nur noch das Gelingen kennt, gewissermaßen ein „Yes-we-can", ein dauerhaftes „I-like-it", eben kein Scheitern. Kompetenzen werden, anders als Bildung, lediglich trainiert oder eingeübt, und es ist immer nur eine Frage der Zeit, wann sie erworben werden. Somit kann die Post-Bildung die Frage nach Bildung aufheben und an Universitäten institutionalisiert werden, und zwar im Kern durch drei Mechanismen:

Kompetenzen – so der Jargon der Post-Bildung – werden als Bildung „verkauft", erstens, und die Illusion, durch sie gebildet zu sein, so zweitens, verhindert jede Möglichkeit, nach Bildung überhaupt noch zu fragen oder zu suchen. Zu diesen beiden Mechanismen gesellt sich ein dritter: Das Bildungssystem verspricht eine Gleichheit aller durch Bildung und legt damit zugleich den politischen Streit um Gleichheit aller bei, ja stellt die Ungleichheit so auf Dauer. Es blieb bis heute bei dieser Versprechung. Es geht nicht um den Einzelnen, nicht um Bildung und Gleichheit, sondern darum, das Bildungssystem und mit ihm die Gesellschaft in einem ökonomisch reduzierten Verständnis leistungsfähiger zu machen. Daher besteht die Logik der Post-Bildung darin, mit so wenig Mitteln wie möglich zu verbergen, dass es mit ihr nicht um Bildung geht. Sollte dies brüchig werden, müssen Reformen, Nachbesserungen oder neue Versprechungen her, die am Ende nur die Aufgabe haben, diese drei Mechanismen zu verbergen.

Permanente Kontrolle

Die Post-Bildung selbst unterliegt keiner Kontrolle, sie ist Kontrolle. Die Universitäten in allen ihren Bereichen – der Wissenschaft und der Verwaltung – sind zum Behufe des eigenen Heils dieser permanenten Kontrolle unterworfen. Ihr nach außen getragener Wille zur Selbstverbesserung gehört zur modernen Kontrolltechnologie der Post-Bildung. Auf ihn bezogen sind Menschen und Institutionen beständig defizitär – eine neue Erbsünde. Die Kontrolle wird so zu einer ‚fürsorglich' daherkommenden pastoralen Prozessmacht, die vermittelt, es gehe um das Heil der Beteiligten, um den Schlüssel zum Erfolg. Die moderne Selbstentzifferung des Post-Bildung-Subjekts, also die Weise, wie Menschen und Institutionen sich selbst verstehen sollen, geschieht somit nicht mehr vor dem Hintergrund eines quasi göttlichen Gebots oder Verbots, sondern lediglich in Orientierung an die potenziell geforderte Selbstbesserung und der Qualitätssicherung. Diese Kontrolle braucht allerdings radikale Sichtbarkeit.

Mit „Bologna" konnte die Universität reformiert, das heißt an die Struktur einer alles verwaltenden Kontrollgesellschaft angepasst werden. „Bologna" steht so am Ende für eine umfassende Normalisierung im Zeichen der Gleichheit im Ungleichen. Doch die Universitäten kranken am Ende nicht an Bologna, eher Symptom als Ursache, sondern vielmehr an einer Autoimmunerkrankung. Der immunologische Schutz der Universität war stets eine regulative Idee der wissenschaftlichen Bildung, der Glaube an Wahrheit und Erkenntnis sowie die leidenschaftliche Neugier in der Weltbegegnung. Die konstatierte Auflösung der Universität als Ort von Bildung, Wissenschaft und Erkenntnis erfolgt von innen, am Ende durch die Stilllegung ihrer Frage nach der Bildung des Menschen im Medium der Wissenschaft und so, in der Folge, durch ihre Entpolitisierung. Mit ihrer zunehmend fehlenden Möglichkeit der Orientierung an Bildung verliert sie ihr anachronistisches und widerständiges, d.i. ihr politisches Potenzial. Gerade gegen den Zugriff ihrer Indienstnahme formierte sich die Universität immer wieder verändert in ihrer Autonomie und Widerständigkeit. Daher betonte Wilhelm von Humboldt stets die Wichtigkeit der Selbstzweckhaftigkeit der Bildung, die er mit der politischen Autonomie der Universität sowie ihrer konstitutiven Freiheit in Forschung und Lehre zu verbinden wusste. Jede Freiheit oder Autonomie bleibt auf die Machtstrukturen bezogen, die sie einschränken oder verhindern will. Das an die Universitäten herangetragene Diktat der Nützlichkeit und der Widerstreit gegen diese Indienstnahme müssen also aufeinander bezogen bleiben. Darin ist die Universität stets der Idee nach, die als regulative quasi per definitionem nicht faktisch sein darf, politisch, und zwar im Widerstand und Widerstreit gegen ihre Bevormundung und Entmündigung. Dieser dialektische Widerstreit von wissenschaftlicher Bildung und ihrer ideologischen Festschreibung ist konstitutives Moment sowohl der Erneuerung wissenschaftlicher Erkenntnisse als auch des politischen Aufbegehrens heteronomer und restaurativer Zugriffe.

Normalisierungsdiskurs

Dieser gesellschaftliche und kulturelle Streit um Bildung wird durch die Post-Bildung, die in der Bolognareform einen vorläufigen Höhepunkt erlangt, außer Kraft gesetzt, indem sie ihn in einen universalistischen verwaltend-kontrollierenden Normalisierungsdiskurs überführt. Während der dialektische Widerstreit ein offener Prozess der mitunter wechselseitigen Beförderung ist, kennt der Normalisierungsdiskurs der Post-Bildung keine Grammatik des Begriffs Bildung, die über das Verständnis von Bildung zu verhandeln erlaubte. Das heißt, die Logik von Bildung wird der Logik der Post-Bildung machtvoll untergeordnet und nach deren Regeln gerichtet, verwaltet und somit stillgelegt. Eine im Grunde partikulare Logik also, die der Verwaltung und Kontrolle, universalisiert sich und wird zur Logik bzw. zu der Idee der Universität schlechthin. Der Normalisierungsdiskurs der Post-Bildung wahrt dabei den Anschein des Strittigen, so sind Wettbewerbe, Rankings, Akkreditierungen sowie Evaluationen (usw.) kompensatorische Inszenierungen des Streitbaren. Das Kompetenzmodell ist dabei die mehr oder weniger geheime Grammatik der Post-Bildung und soll am Ende die effektive Selbststeuerung einer permanenten Anpassung an die potenziellen, in der Regel späterhin gesellschaftlichen, insbesondere beruflich inspirierten Ansprüche und Normalisierungen etablieren.

Für Wilhelm von Humboldt war die Universität ein Ort der Freiheit in Forschung und Lehre, getragen vom gemeinsamen Interesse an wissenschaftlichen Fragen. Die Schule habe es mit fertigem Wissen zu tun, die Universität gerade nicht. Die Idee der Universität im Anschluss an Wilhelm von Humboldt ist mit der Vorstellung verbunden, Wissenschaft sei ein offener Prozess, der durch ein Nicht-Wissen getragen ist, das das Interesse und die Neugier wach hält. Doch nur inhaltliche Auseinandersetzungen mit Gegenständen, die umständlich sind und gerade nicht voraussetzungslos ergriffen werden können (Adorno), fördern Bildungsprozesse. Beschämend sind Zeiten, die solcher Erwähnung bedürfen. Es geht also bei der wissenschaftlichen Bildung nicht um die Anhäufung von mehr oder weniger nützlichen Teilkompetenzen, sondern um ein vielseitiges Interesse für diejenigen Fragen, die zur Orientierung wichtig sind und auf die Menschen gemeinsame Antworten als Sinnentwürfe suchen.

Bildung als Distanzleistung

Post-Bildung und Bildung, das wird deutlich, folgen also schlichtweg entgegengesetzten Logiken, sie sind gleichsam nicht kompatible „Programmiersprachen". Genauer: Während Post-Bildung über ihre Grammatik des Kompetenzmodells eine Anpassungsleistung intendiert, ist Bildung schlichtweg eine Distanzleistung. Bildung markiert das reflexive Moment einer Erfahrung, die zum Tribunal des bisher Gedachten wird. In seinem Fragment zur Theorie der Bildung des Menschen bezieht Wilhelm von Humboldt die für jede Erfahrung konstitutive Wechselwirkung von Begriff und Anschauung auf den Bildungsbegriff und begründet somit den unlösbaren Zusammenhang von Bildung und Erfahrung. Das Verständnis von Bildung muss sich allein aus der Reflexivität dieser Erfahrung selbst herleiten. Daher rührt Kants berühmte Warnung, dass Begriffe ohne Anschauung leer seien, also über keinerlei Gehalt verfügen. Anschauungen ohne Begriffe wiederum seien blind, das heißt, sie können sich in keiner Weise verstehend auf die Welt richten. Mit anderen Worten und verkürzt formuliert: Ohne Bildung sind Menschen quasi blind. Und Bildung ist eine Fähigkeit der Distanz, die gleichsam das Sehen erlaubt.

Diese Distanzleistung, die in nuce Resultat natürlicher begrifflicher Fähigkeiten des Menschen ist, findet ihren alleinigen Ausdruck in der Zeit, und zwar als Verzögerung (vgl. Dörpinghaus/Uphoff 2012). Mit anderen Worten: Die Verzögerung der Zeit ist diejenige Form der Distanz, die der Reflexivität der Erfahrung sowie dem Verstehen innewohnt und die notwendige Bedingung von Bildungsprozessen ist. Sie markiert als ein Grenzphänomen gerade den Übergang von der bloßen Nutzbarmachung von etwas im Kontext der Post-Bildung hin zur reflexiven Frage nach seinem Sinn und seiner Bedeutung. „Um zu reflectieren", so Wilhelm von Humboldt, „muss der Geist in seiner fortschreitenden Thätigkeit einen Augenblick still stehn" (Humboldt, W. v.: Werke Bd. V. Darmstadt 2002, S. 97).

Als begriffliche Wesen leben Menschen vor allem in einer Welt des Sinns, nicht in einer Umwelt, der sie sich lediglich stets anzupassen hätten. Die Anpassung kennt keine Wechselwirkung, keine begriffliche Gestaltung von Welt, keine Weltmodellierung, keine Neugier. Den Menschen zu behandeln, als bestünde sein Leben ausschließlich in der Anpassung an Vorgegebenes, ihm nicht die Fähigkeit der Gestaltung zu gestatten und ihn somit zu unterstützen, sein Leben „in die eigene Hand" zu nehmen, beraubt ihn ethisch einer Würde, so schwer dieser Begriff auch wiegt, die für das Zusammenleben schwer verzichtbar ist.

Freiheit in Forschung und Lehre

Universitäten berufen sich zu Recht auf Freiheit in Forschung und Lehre, die immerhin Bestandteil des Grundgesetzes ist. Doch kündigt die Statik und die juridische Festschreibung von Studienqualifikationen diese Einheit auf. Bologna ist weder mit der Freiheit von Forschung und Lehre noch mit der Einheit von Forschung und Lehre vereinbar. Die Freiheit in und die Einheit von Forschung und Lehre haben ihren Ursprung im Widerstand gegen ein vormodernes statisches Wissenschaftssystem, das Wissen an Universitäten weitgehend nur noch kanonisch reproduzierte. Dagegen war die Idee der Einheit von Forschung und Lehre, ein offenes Wissenssystem zu begründen, das sich aus der Offenheit der Forschung ergibt. Wissenschaft wird so zu einem offenen, nicht abschließbaren Prozess des Fragens und des bleibenden forschenden Interesses. Bologna ist so betrachtet ein problematischer Rückfall in die Trennung von Forschung und Lehre. Forschung sollte die Lehre dynamisieren. Stattdessen wird heute fertiges, abgeschlossenes, zur Prüfung generiertes Wissen gelehrt, das nach Humboldt auf dem Niveau des Schulunterrichts situiert ist. Vielmehr muss die Ordnung, die das Wissen feststellt, im universitären Studium aufgebrochen werden. Es darf nicht nur ein Recht auf Freiheit respektive Einheit von Forschung und Lehre geben, sondern zugleich ein Recht auf die Freiheit des Lernens und der Neugier. Studierende müssen eine kritische Haltung zur Wissenschaft haben dürfen, anderenfalls ersetzt der Glaube die Wissenschaft. Sie müssen zu selbstständigen Urteilen kommen können, nicht nur Punkte sammeln wie bei Payback. Wir sind als Lehrende Wissenschaftlerinnen und Wissenschaftler, keine Lehrerinnen und Lehrer, Studierende sind angehende Akademikerinnen und Akademiker, keine Schülerinnen und Schüler. Die wissenschaftliche Lehre ist keine schulische Lehre.

Es geht in der Überwindung universitärer Krisen stets um die Bewahrung eines wissenschaftlichen Zuganges zur Welt, der die Universitäten historisch kontingent legitimiert und eine Kulturleistung ist. Die Universität lebt von ihrer Freiheit in Forschung, Lehre und Lernen. Sie ist selbst, obwohl Institution, stets eine Werdende im Prozess der Wissenschaft und auf die Erneuerung durch die Nachkommenden angewiesen. Bildung und Lernen werden in der Post-Bildung nicht mehr als Prozess begriffen, sondern nur noch als Ergebnis, als Outcome, das nach Standards formal bewertet wird. Die Gleichheit im Ungleichen ist das Ziel. Die Bolognareform hat eine Implikations- oder Folgegrammatik, die aus ihrer Kompetenzorientierung folgt: Nicht mehr die Wissenschaften oder ihr Zugang zum Wissen strukturieren das Studium, sondern der Gedanke programmatisch inhaltsabstinenter formal-modularisierter Zusammenstellungen von quantitativer Zeit, die sogenannten Workloads, die praktische Anwendbarkeit suggerieren. Die komplexe Vorstellung dagegen eines wie auch immer vorgestellten und ausdifferenzierten Horizonts einer Wissenschaft, also eines in sich sperrigen Gebietes, das „umständlich" ist, wird obsolet. An ihre Stelle treten vielmehr additive, überprüfbare Abfolgen. Eine radikale Linearität im verschulten Gleichschritt der Kohorten. Kompetenzen sind stets partikular, sie addieren sich aber nicht zu einem guten Leben auf (Aristoteles), sondern sie erhalten ihren Sinn nur durch die Vorstellung und den Begriff der Bildung, die den Horizont und die Orientierung des Handelns ausmacht. Mit anderen Worten: Bildung ist nicht teilbar. Ein Freiraum der rekursiven Entwicklung von Persönlichkeit oder eines mündigen Ethos ist in der Post-Bildung nicht vorgesehen. Vielmehr tritt die Akkreditierung des Lebens an die Stelle mündiger Lebensführung. Universitäten werden nicht nur akkreditiert, sie sind selbst Akkredtitierungsagenturen geworden, die nur noch Kompetenzen akkreditieren. Sie akkreditieren Menschen. Der Gedanke der infiniten Akkreditierung liegt nicht fern. So besteht nicht mehr der Ruf nach einem unbewegten Beweger, wohl aber nach einem unakkreditierten Akkreditierer.

Mit „Bologna" wurde endgültig ein Systemwechsel der Universität vollzogen, der Bildung und Wissenschaft marginalisiert und selbst nur noch nach ökonomischen Gesichtspunkten, weniger nach wissenschaftlichem Wert bemisst. Universitäten verdienen nicht die öffentlichen Gelder, wenn sie zu „polizeilichen" Dienstleitern und Handlangern degradiert werden, wenn sie dem Diktat der Nützlichkeit verschrieben werden, Auftragsforschung betreiben und durch Forschungsdogmen ihre Freiheit, Kreativität und das Spielerische verlieren. Universitäten sollten ihrer eigenen Dialektik von Bildung und Post-Bildung reflexiv begegnen und als neue quasi politische Aufgabe und als Bestandteil der eigenen Wissenschaft selbst betrachten. Universitäten brauchen Freiheit, sonst sind sie das Geld nicht wert, das man ihnen permanent kürzt. Universitäten sind auf Krisen spezialisiert, an ihnen brechen immer auch wichtige gesellschaftliche und kulturelle Problemlagen auf. Umso wichtiger ist es, dass sie auf Krisen antworten. Derzeit herrscht weitgehend Stille.

Christian E. Elger

Mit Neuroökonomie aus der Finanzkrise?

Natürlich gibt es gierige Banker, und natürlich können sie manchmal nicht anders, weil ihre Persönlichkeit entsprechend ist. Die viel interessantere Frage ist jedoch, ob es auf dem Gebiet der Neurobiologie Erklärungen dafür gibt, dass eine größere Zahl der Banker in den letzten Jahren offensichtlich einem Casino-Kapitalismus verfiel, bei dem die Finanzierung von Geschäftsvorgängen in der Realwirtschaft als klassisches Kerngeschäft der Banken in den Hintergrund trat zugunsten risikoreicher, aber wesentlich gewinnträchtigerer Geschäfte auf dem Finanzmarkt. Die dort auf Kosten anderer erwirtschafteten Gewinne waren unvorstellbar hoch, ebenso die Gewinnbeteiligungen der Investmentbanker; Jahreseinkommen von mehreren zig Millionen Dollar sind noch immer keine Seltenheit.

Wikipedia umschreibt Gier als Habsucht oder Raffsucht und als übersteigertes Streben nach materiellem Besitz. In zahlreichen Kulturen wird das Streben nach mehr Besitz kritisch beäugt. Der Besitz eines hochwertigen Fahrzeugs ruft zumindest in europäischen Ländern häufig eher Misstrauen hervor – woher hat der nur das ganze Geld? –, während er in osteuropäischen Ländern oder auch in den Vereinigten Staaten eher Bewunderung auf sich zieht, da der Besitzer doch offensichtlich geschickt agiert hat. „Gier" im Sinne einer Maßlosigkeit hat bei uns einen negativen Klang; gieriges Verhalten empfinden wir in gewisser Weise als „krankhaft", weil wir dem Maßhalten eine große gesellschaftliche Bedeutung zuschreiben.

Die Frage, mit der wir uns aus neurobiologischer Sicht auseinandersetzen müssen, lautet demnach, ob gieriges Verhalten natürlicherweise in uns angelegt ist, dann aber normalerweise durch Erziehung kaschiert wird und nur unter bestimmten Umständen – zum Beispiel gewissen wirtschaftlichen Umständen – reaktiviert werden kann.

Zur Beantwortung dieser Frage trägt möglicherweise eine persönliche Erfahrung mit den Buschleuten in Namibia bei. Die San zählen zu den sogenannten Naturvölkern und haben ihr Verhalten trotz des Einflusses der modernen Zivilisation in den letzten Jahrhunderten wenig verändert. Im Rahmen einer wissenschaftlichen Untersuchung wollten wir Bonbons an die zahlreichen Kinder verschenken. Die San sind dafür bekannt, Nahrungsmittel innerhalb der Gruppe sehr gerecht zu verteilen. Wir gaben also einem der Kinder die große Tüte mit den Bonbons, welche dann tatsächlich fair geteilt wurden.

Das für uns Überraschende war, dass nahezu alle Kinder innerhalb kürzester Zeit sämtliche Bonbons aufgegessen hatten – die Mehrzahl der Kinder bekam sogar Bauchschmerzen. Ein ganz ähnliches Verhalten beobachteten wir bei Erwachsenen, wenn der Regierungs-Lkw eintraf und die wöchentliche Maismehl-Ladung in die Dorfgemeinschaft brachte. Die Lieferung wurde bereits sehnsüchtig erwartet, da die Dorfgemeinschaft seit Tagen hungerte. Die Maismenge war so ausgelegt, dass das Mehl für eine Woche reichen sollte. In unserer Gegenwart wurde die Nahrung in zwei Tagen völlig verspeist. Ein Regierungsvertreter teilte uns mit, dass dies seit Jahren so laufe.

Nach unserer obigen Definition wären die beschriebenen Verhaltensweisen ein „Verhalten ohne Maß", also ein Ausdruck von „Gier". Warum macht dieses in vielen Dingen außerordentlich kluge und maßvolle Volk dies, ohne dass die Erfahrung, anschließend über mehrere Tage hungern zu müssen, ihr Verhalten korrigiert? Fragt man die Buschleute, gibt es eine klare Antwort: „Weißt du denn, ob der Wagen mit dem Mais je wiederkommt und dann wieder so viel Maismehl mitbringt? Esse, was du bekommst, du weißt nie, wann das nächste Essen kommt."

Dieses Verhalten ist außerordentlich archaisch, und es ist keinesfalls „ohne Maß" oder gar „gierig". Man nimmt vielmehr mit, was im Moment geboten wird, weil die Zukunft zu ungewiss ist. „Gier" ist ein adaptives Verhalten bei Nahrungsknappheit. Hier wäre umgekehrt ein „maßvolles" Verhalten mit einem Überlebensrisiko für die gesamte Gruppe verbunden. Mit anderen Worten, der Mammut, der vorbeikommt, muss sofort erlegt und vollständig verspeist werden, da er nicht konserviert werden kann.

Archaische Verhaltensmechanismen sind immer noch verhaltensbestimmend und können auch das Verhalten des modernen Menschen dominieren. Gibt es in der Neurobiologie Erklärungsversuche für dieses Verhalten, und lässt sich diese Erklärung übertragen auf das Wirtschaftsverhalten von Menschen?

Das Ultimatumspiel ist wohl das Experiment, das am deutlichsten zeigt, wie Verhalten die Ökonomie bestimmt. Eine Person A erhält eine bestimmte Summe Geld, die sie jedoch mit einer ihr unbekannten Person B, die sie niemals wiedersehen wird, irgendwie teilen muss. Wenn B mit dem angebotenen Anteil unzufrieden ist und den Vorschlag zurückweist, verliert auch A sein Geld. A möchte also möglichst wenig abgeben, ohne die Zustimmung von B zu riskieren. Experimente zum Ultimatumspiel sind mit vielen sogenannten Naturvölkern durchgeführt worden. Der erfolgreich angebotene Anteil erreicht regelmäßig eine Größenordnung zwischen 45 und 55 Prozent; eine Halbierung der Summe hat die beste Chance auf Akzeptanz.

Streng ökonomisch betrachtet, ist es überraschend, dass B überhaupt irgendein Angebot von A verweigert; denn bei jeder Annahme gewinnt B ja mehr Geld als bei Verweigerung. Wir nennen ein solches Verhalten „altruistisches Bestrafen", weil B Kosten auf sich nimmt, um A für ein aus seiner Sicht unsoziales Verhalten abzustrafen. Dies hat wenig mit Ökonomie im Sinne unmittelbarer Gewinne zu tun, hier geht es eher um mittel- und langfristige Wirkungen auf das Verhalten im Sinne von Ethik, Moral und Fairness.

Die Effekte des hier als Spiel dargestellten altruistischen Verhaltens merken wir im Alltag an vielen Stellen. Fühlen wir uns durch eine Ware von schlechter Qualität um unser Geld betrogen, werden wir viel Energie aufwenden, diesen Kauf rückgängig zu machen; diese Energie kann weit größer sein als die Summe, um die es sich handelt: Wir bestrafen den Verkäufer altruistisch für den Verkauf nicht einwandfreier Waren.

Welche Not leiden die Banker?

Warum nehmen wir diese Kosten auf uns? Was geschieht in unserem Gehirn, während wir andere altruistisch bestrafen? Die Arbeitsgruppe von Ernst Fehr in Zürich hat bereits vor vielen Jahren festgestellt, dass eine zentrale, im Hirn gelegene Struktur während der altruistischen Bestrafung beim Ultimatumspiel deutlich aktiviert wird: der Nucleus accumbens, eines der Lustzentren in unserem Gehirn.

Das Belohnungssystem im Gehirn wurde in den 1950er Jahren von Olds und Millner bei Ratten entdeckt. Führt man bei einem Versuchstier eine Reizelektrode in den Nucleus accumbens ein und ermöglicht es dem Tier, sich selbst elektrisch über diese Elektrode zu reizen, hört dieses Versuchstier nicht mehr damit auf. Das durch diese Reizung ausgelöste Wohlgefühl ist offensichtlich durch nichts zu überbieten, denn selbst das Angebot von Nahrung nach einer Hungerperiode oder sexuell attraktive Reize konnten die Tiere nicht von der Selbststimulation abbringen. Heutzutage nutzt man diese Erkenntnisse zur Diagnose und Therapie der Depression, wenngleich sich hier vieles noch in einem experimentellen Stadium befindet. Beim altruistischen Strafen wird demnach eine Art Wohlgefühl oder Genugtuung erlebt, die die Kosten dieses Verhaltens locker aufwiegt!

Das Ultimatumspiel wurde vielfach untersucht mit verschiedenen Varianten. Es gibt z.B. das „Diktatorspiel", bei dem A ohne Zustimmung von B bestimmen kann, was er B abgibt; B erhält jedoch die Möglichkeit, sein Gegenüber durch eine Bestrafung wissen zu lassen, dass er mit diesem Anteil nicht einverstanden ist. Solche Experimente zeigen zum Beispiel, dass die Gabe von Testosteron bei Männern die Großzügigkeit von A bei der Abgabe reduziert, aber die Rachsucht von B – d.h. die Bestrafung „unsozialer" Teilungen – steigert.

Frauen sind in diesem Experiment weniger leicht manipulierbar als Männer: Sie zeigen auch bei wenig großzügigen Mitspielern Verständnis, und Untersuchungen der Hirnaktivität zeigen, dass Frauen bei ihren schwächer ausgeprägten Rachegedanken und Racheaktionen auch eine weniger deutliche Aktivierung des Belohnungssystems zeigen.

Wenn wir die Ergebnisse des Ultimatumspiels, der Diktatorspiele und ähnlicher Spiele interpretieren, müssen wir zu dem Schluss kommen, dass die Einforderung sozialer Fairness – auch auf eigene Kosten – ein von der Evolution und vom Gehirn belohntes Verhalten ist und von vielen Menschen um des damit verbundenen Wohlgefühls willen angestrebt wird. Das Ausbleiben von Fairness im Umgang miteinander führt zuverlässig zu Gegenreaktionen.

Wir verstehen nun noch besser, warum im Jahre 2008 das Wort „notleidende Banken" zum Unwort des Jahres wurde. Die mittels der funktionellen Kernspintomographie möglichen Untersuchungen an gesunden Menschen, bei denen eine Hirnaktivität bei einer bestimmten Aufgabe einer Hirnstruktur zugeordnet werden kann, zeigt uns, dass das Belohnungssystem für viele Dinge sehr empfänglich ist.

Dies kann so harmlos wie Schokolade sein, bei der viele Menschen nur schwer eine Einteilung schaffen und häufig die ganze Tafel auf einmal essen, auch wenn Gedanken zur Gesundheit im

Hintergrund sind und nachher ein schlechtes Gewissen entsteht. Denn Schokolade aktiviert das Belohnungssystem hervorragend! Kokain tut es auch: Kokain ist eine Substanz, die offensichtlich durch die Aktivierung des Belohnungssystems das Wohlbefinden so unterstützt, dass eine große Suchtgefahr besteht, auch wenn Menschen wie Sigmund Freud von sich behaupten, dass sie die Substanz maßvoll für sich selbst haben nutzen können. Die Aktivierung des Belohnungssystems durch Kokain ist ein gutes Beispiel, um den Suchtcharakter bestimmter Stimulationen zu verstehen. Bietet man den Menschen Geld an, führt dies auch zur Aktivierung des Belohnungssystems.

Für Rabatte ist das Hirn empfänglich

Das Wohlgefühl, Geld in barer Form zu erhalten, führt bei einer Großzahl der Menschen zu einem so guten Gefühl, dass dieses suchtartig immer wieder gesucht wird und das zu den in der Boulevardpresse bekannten Exzessen führt, wie zum Beispiel die Tüten von Bargeld, die der Vater von Steffi Graf seinerzeit mit nach Hause trug. Geldgewinne führen zu einer deutlichen Aktivierung des Belohnungssystems. Dies wird besonders deutlich, wenn man den Erwerb von Gegenständen untersucht, die mit Rabatt verbunden sind. Im Vergleich zu einem Gegenstand mit einem normalen Preis findet man im Gehirn eine durchaus verschiedene Aktivierung.

Ein Gegenstand mit einem normalen Preis führt im Gehirn zu einer Aktivierung in einer Region, die ein rationales Abwägen zwischen Preis und Leistung vornimmt und sich mit der Frage beschäftigt, ob ich dieses möchte oder nicht. Hat ein bestimmter Gegenstand jedoch eine Markierung, die anzeigt, dass ein Rabatt gegeben wird, zeigt die Messung eine Aktivierung des Belohnungssystems. Gleichzeitig wird aber die Aktivität des mittleren Stirnhirns herabgesetzt, die für die Rationalität einer Entscheidung verantwortlich ist.

Das heißt, dass die Aktivierung des Belohnungssystems hier zu einer Verminderung von hirneigenen Kontrollinstanzen des Stirnhirns führt. Das wird auch an einem Experiment, bei dem Dopamin, die Übertragersubstanz im Belohnungssystem, im Vergleich zu einem Placebo gegeben wurde. Der Effekt ist fatal: Dopamin vermindert die Risikowahrnehmung deutlich; das ist fatal bei Finanzgeschäften eines Bankers. Die Gier nach mehr könnte daher neurobiologisch so interpretiert werden, dass die Aktivierung des Belohnungssystems, insbesondere durch schnelle und unmittelbare Gewinne, so groß ist, dass die Kontrollinstanzen im Gehirn außer Kraft gesetzt sind, so dass eine Risikobeurteilung deutlich nachlässt. Dies ist eine fatale Spirale.

Wie einfach das Gehirn auf diesem „Klavier" spielt, zeigen andere Experimente. Das Angebot eines Amazon-Gutscheins von „50 Euro jetzt sofort" wird einem zweiten Angebot „70 Euro in einer Woche" meistens vorgezogen. Bei einem weiteren Experiment wurden die Angebote allerdings in einer geänderten Reihenfolge angeboten: Zunächst wurde ein Amazon-Gutschein in 14 Tagen offeriert; erst dann wurde mitgeteilt, man könne auch sofort einen Gutschein erhalten, dann aber nur über 50 Euro. Hier drehte sich plötzlich das Verhältnis um: Jetzt wird die Differenz tatsächlich als Geldwegnahme empfunden, und die Mehrzahl der Menschen entscheidet sich für den 70-Euro-Gutschein in vierzehn Tagen. Dies auf den ersten Blick sehr einfache Experiment zeigt viel über unser ökonomisches Verhalten. Die unmittelbaren Verhältnisse sind offensichtlich wichtig, gleichzeitig stellt sich die Frage eines sogenannten Ankers, der einen bestimmten Wert symbolisiert, so dass sich Entscheidungen nur durch die Reihenfolge des Angebotes bestimmen lassen.

Die Neuroökonomie hat, obwohl sie eine sehr junge Wissenschaft ist und von der Verhaltensökonomie nicht getrennt werden kann, viele Dinge deutlich gemacht, die mit dem Wirtschafts- und Sozialverhalten zu tun haben. Untersuchungen zu Lohngerechtigkeit, zur Ehrlichkeit und zu Gruppenentscheidungen in ökonomischen Prozessen zeigen dies deutlich. Einschränkend muss natürlich immer gesagt werden, dass durch die wissenschaftlichen Untersuchungen in der Regel nicht Entscheidungsträger auf höherer Ebene einbezogen werden können. Die Experimente der Neuroökonomie bewegen sich in der Regel im Bereich kleiner Personengruppen – häufig Studenten – und werden in verantwortungsvollen Forschungseinrichtungen durch Verhaltensexperimente ergänzt, um die kleine Zahl der Untersuchungen in den Kernspintomographen auszugleichen.

Die Ergebnisse der Hirnforschung werden aus der Sicht der Neuroökonomen im Bereich von Politik und Wirtschaft noch viel zu wenig beachtet. Große Verhaltensexperimente in Betrieben zu bestimmten Fragestellungen können gute Antworten geben. Einer der führenden Wissenschaftler auf diesem Gebiet ist Shlomo Benartzi, der mit seinem Buch „Save More Tomorrow" aufzeigt, wie groß die Bedeutung für die Wirtschaft sein könnte.

In einem Großbetrieb wurde ein Feldexperiment gemacht, bei dem die Frage beantwortet werden sollte, ob es aufgrund neurobiologischer Möglichkeiten eine bessere Motivationslage gibt, Menschen dazu zu bewegen, mehr für ihre Altersversorgung zurückzulegen. Er nahm eine Gruppe von Angestellten und Arbeitern, die weniger als fünf Prozent ihres Einkommens für die Altersversorgung zurücklegten. Er bot ihnen an, dass eine Einzahlung in ein Altersversorgungswerk erst in einem Jahr beginnen soll (aus neurobiologischer Sicht ist ein Jahr ganz weit weg); diese Einzahlung sei jederzeit kündbar (Ängste werden hier nicht geweckt, jahrelange Verpflichtungen zu machen); und die Einzahlung beginne immer nur dann, wenn eine Lohnerhöhung stattfinde, und nehme lediglich einen Teil dieser Lohnerhöhung für die Altersversorgung (die Lohnerhöhung macht unabhängig von der Höhe eine Aktivierung des Belohnungssystems, diese fällt gleich aus, ob mehr oder weniger auftritt).

Mit diesen sehr einfach umgesetzten Regeln aus neurobiologischen und verhaltensökonomischen Experimenten gelang es im Feldversuch, die Gruppe mit zunächst weniger als fünf Prozent Alterssparrate auf über zehn Prozent Alterssparrate zu bringen. Andere Mitarbeiter des Betriebes, die nicht an diesem Experiment teilnahmen, wurden dadurch ebenfalls motiviert, ihre Altersrücklagen zu erhöhen. Dieser einfache Feldversuch zeigt, dass eine sinnvolle Umsetzung neuroökonomischer Erkenntnisse in den Alltag und in die Wirtschaft wahrscheinlich positive Auswirkungen auch im Sinne einer ethischen Wirtschaft hätten.

Die Gier könnte man unter dem Gesichtspunkt betrachten, dass sie ein unter Umständen sinnvolles archaisches Verhalten ist, das in unserer Kultur jedoch gehemmt und kontrolliert wird. Ein gieriger Banker wäre damit ein Kulturbanause – was er sicher nicht sein will.

Nikolaus Forgó

Wer bin ich schon?

Die Datafizierung des Lebens und das Datenschutzrecht

Dieser Text entsteht im Urlaub in Italien. Mein Quartier, zu dem die Terrasse, auf der ich gerade schreibe, gehört, habe ich im Internet gesucht, gefunden und auch gleich bestellt. Mit dem Auto hergefunden habe ich dank eines Onlinekartendiensts. Kontakt mit meinem Büro halte ich über eine VOIP-App. Die digitalen Urlaubsfotos – auch meiner Kinder – werden automatisch in die Cloud hochgeladen. Poste ich über den Urlaub in einem sozialen Netzwerk, weiß jeder meiner dortigen „Follower" gleich, wo ich bin; der Betreiber des Netzwerks weiß es auch und versorgt mich mit zu meinem Profil passenden Werbungen. Passen die nicht zu mir, kann ich mein Werbeprofil genauer fassen. Will ich eine neue App nutzen, kann ich mich dort gleich mit meiner „Identität" in einem (anderen) sozialen Netzwerk anmelden, sodass mein Profil gleich mitwandert.

Informiere ich mich über einen Newsaggregator darüber, was es Neues gibt, zeigt der mir Nachrichten aus der Gegend, in der ich gerade bin, ganz oben an. Die Musik, die im Hintergrund läuft, kommt von einem Streaminganbieter, der mir aufgrund meines bisherigen Hörverhaltens neue Musik selbstständig vorschlägt. Gefällt mir ein Stück nicht, kostet es nur einen Klick und es wird mir nie wieder vorgeschlagen.

Die Fußgängerzone, durch die ich schlendern werde, wenn dieser Text abgeschlossen ist, weil mir mein Handy anzeigt, dass das Wetter morgen schlechter wird, ist flächendeckend videoüberwacht. Die Navigationsapp wird während des Spaziergangs anhand der Geschwindigkeit, in der das Telefon bewegt wird, erkennen, dass ich gehe und nicht fahre, und wird mir eine dreidimensionale Karte zeigen, in der alle Restaurants, Cafés und Sehenswürdigkeiten angezeigt werden. Ein Klick und ich kann nachlesen, aus welchem Jahrhundert die Kirche stammt, vor der ich dann stehen werde, wer sie gebaut hat, wer daneben wohnt und wie der letzte Selbstmörder hieß, der vom Kirchturm sprang.

Eine E-Mail unterbricht meine Arbeit, in der mir ein soziales Netzwerk für Wissenschaftler mitteilt, dass drei Personen, die ich zitiert habe, und zwei Personen, die mich zitieren, gerade dem Netzwerk beigetreten sind, sodass ich mich mit ihnen vernetzen kann. Wenn ich mich ablenken will, kann ich innerhalb einer Minute wissen, ob die Bundeskanzlerin schon mal in der Gegend war, wann hier der letzte Fall von Malaria auftrat und wie lange der Weg zu dem Restaurant, in dem ich gestern war, dauert. Eine Stauinformation überzeugt mich davon, dass ich heute Abend besser zu Fuß in ein anderes Restaurant gehen sollte, das schon von 47 Personen für gut befunden wurde, darunter eine, die ich kenne. Nach dem Essen werde ich mich ganz schnell und online dazu äußern können, ob die Pasta al dente war und der Kellner Giuseppe freundlich. Dann werde ich noch einen Flug (ja, ich habe eine Frequent-Traveller-Nummer) und ein Hotel (nein, ich war noch nie in diesem Hotel) buchen. Die heiße Dusche, die ich dann nehme, wird den Stromverbrauch erhöhen, was ein Smart-Meter (heute Dusche später als gestern) registriert. Während ich schlafe, werde ich meine Mails nicht abrufen. Eine App kann meine Schlafzyklen messen, meine Schlafgeräusche aufnehmen und mich in einem günstigen Augenblick wecken. Habe ich mich bis morgen 10.00 Uhr nicht bewegt, kann mein Handy mich zunächst zu mehr Aktivität auffordern und dann, wenn das nicht hilft, meine Verwandten (im Nebenzimmer) alarmieren, weil es mir vielleicht nicht gut geht.

Berta oder Birgit?

Wer bin ich schon? Mit mir und neben mir machen Millionen andere Urlaub und generieren Billionen ähnlicher Datensätze, Peta-, Exa-, Zettabyte, die irgendwo erhoben, gespeichert und vielleicht irgendwann verbunden werden. Alle sind wir gleich und doch verschieden. Es ist für nichts und niemanden wichtig, wie ich heiße, welches Pseudonym ich nutze, ob meine Frau Berta oder Birgit heißt (obwohl sich daraus Wahrscheinlichkeiten zu ihrem Geburtsort, ihrem Sozialstatus und ihrem Lebensalter berechnen lassen, sodass es wahrscheinlicher ist, dass sie Birgit heißt) und ob ich lieber Pasta oder Gemüse esse. Wichtig sind die Beziehungen zwischen den Daten, die Information entstehen lassen, und die Referenzpunkte dieser Beziehungen, die sich verändern. Ein solcher Referenzpunkt bin ich, er ist meine „Identität". Ein solcher Referenzpunkt ist aber auch ein Gen, das die Anfälligkeit für eine Krankheit erhöhen kann, eine Rechtsposition, ein Ort, ein Zeitpunkt oder ein Geräusch. Welche Beziehungen zwischen diesen Punkten entstehen und wie sie genutzt werden können, weiß niemand.

Seit Jahrhunderten erwarten wir, dass Referenzpunkte durch das Recht hervorgebracht und durch das Recht geordnet werden. „Die Rechtsfähigkeit des Menschen beginnt mit der Vollendung der Geburt", sagt § 1 BGB, „Eigentum verpflichtet." Art. 14 Abs. 2 GG. Seit Jahrtausenden unterscheidet das Recht zwischen Personen („Rechtssubjekten") und Sachen („Rechtsobjekten"). Schon in den Digesten Justinians (D 1.5.1) kann man lesen: „Omne ius quo utimur vel ad personas pertinet vel ad res vel ad actiones." (Jedes Recht, dessen wir uns bedienen, bezieht sich auf Personen oder Sachen oder rechtliche Ansprüche). Vermutlich in Folge dieser so alten Tradition trennt auch das europäische Datenschutzrecht wie selbstverständlich zwischen personenbezogenen und sonstigen Daten. Nur für erstere interessiert es sich, nur vor dem Umgang mit diesen schützt es „mich", in meiner „Identität", in meiner „Persönlichkeit". „Zweck dieses Gesetzes ist es, den Einzelnen davor zu schützen, dass er durch den Umgang mit seinen personenbezogenen Daten in seinem Persönlichkeitsrecht beeinträchtigt wird", steht in § 1 Abs. 1 Bundesdatenschutzgesetz.

Das Bundesdatenschutzgesetz (und die europarechtlichen Vorgaben, die es umsetzt), sind konzeptionell das Ergebnis der 80er und 90er Jahre. Die damals verwendeten Datenmengen wurden in Kilo- oder Megabyte gemessen. Online zu sein war ein bewusst einzugehender, teurer und technisch nicht trivial zu erreichender Zustand, der sich auf eine Person zu einem bestimmten Zeitpunkt bezog und bald wieder vorbeiging. Datenverarbeitung war kostspielig und verlangte große und teure Maschinen.

Von der Technik überholt

1983, vor mehr als 30 Jahren, schreibt das Bundesverfassungsgericht (BVerfG) in einem Gründungsdokument des Datenschutzrechts, dem Volkszählungsurteil: „Wer nicht mit hinreichender Sicherheit überschauen kann, welche ihn betreffende Informationen in bestimmten Bereichen seiner sozialen Umwelt bekannt sind, und wer das Wissen möglicher Kommunikationspartner nicht einigermaßen abzuschätzen vermag, kann in seiner Freiheit wesentlich gehemmt werden, aus eigener Selbstbestimmung zu planen oder zu entscheiden. Mit dem Recht auf informationelle Selbstbestimmung wären eine Gesellschaftsordnung und eine diese ermöglichende Rechtsordnung nicht vereinbar, in der Bürger nicht mehr wissen können, wer was wann und bei welcher Gelegenheit über sie weiß."

Eine der aus diesem Befund entwickelten Schlussfolgerungen war der so genannte Zweckbindungsgrundsatz: Daten, die für einen bestimmten Zweck erhoben wurden, dürfen nicht für einen anderen Zweck verwendet werden. Eine andere Konsequenz war das Verbot mit Erlaubnisvorbehalt: Die Verarbeitung personenbezogener Daten ist verboten, es sei denn, sie ist ausnahmsweise, auf Grund eines Gesetzes oder aufgrund der Einwilligung des Betroffenen, erlaubt.

Heute müssen wir konstatieren, dass der vom BVerfG beschriebene Sachverhalt längst, nicht klammheimlich, sondern vor unser aller Augen, nicht aufgrund einer politischen Umwälzung, sondern durch technische Innovation, eingetreten ist. Der Donald Rumsfeld zugeschriebene Ausspruch „[T]here are known knowns; there are things we know we know. We also know there are known unknowns; that is to say we know there are some things we do not know. But there are also unknown unknowns – there are things we do not know we don't know" beschreibt präzise unseren Zustand: Wir wissen nicht mehr, wovon wir gar nicht wissen, dass es die Maschine/das Netz/die Cloud weiß. Und die Maschine/das Netz/die Cloud weiß nicht, was es morgen, bei Verschiebung der Referenzpunkte, – auch von uns – wissen könnte. Deren Verschiebung wird nicht mehr rechtlich, sondern technisch gesteuert. Und wir alle sind mit diesen Verschiebungen „irgendwie" einverstanden, weil wir uns jeden Tag entscheiden, die angebotenen Dienste, die mit unseren Daten handeln, zu nutzen, weil sie nützlich sind. Wer liest da Datenschutzerklärungen, wer kümmert sich um Zweckbindungen, wer weiß noch, wen er wonach fragen kann?

Vor diesem Hintergrund fällt es schwer, die bisherige Geschichte des Datenschutzrechts nicht als eine Geschichte des Scheiterns zu erzählen. Es ist (hoch) an der Zeit, das europäische Datenschutzrecht neu zu schreiben. Davor sollten wir uns aber (einigermaßen) darauf einigen, wovor es uns eigentlich (noch) schützen soll und schützen kann.

Volker Gerhardt

Die Menschheit in der Person eines jeden Menschen

Zur Theorie der Humanität

1. *Hier lebt die Wissenschaft:* Gesetzt, meine finanzielle Lage wäre jemals derart gewesen, dass ich gar keiner Berufsarbeit hätte nachgehen müssen: Ich hätte trotzdem nichts lieber getan, als in meinem Fach zu lehren und zu forschen. Mag sein, dass diese Koinzidenz von Pflicht und Neigung auch mit mir zu tun hat. Sie hat ihren Grund aber in der Philosophie, die zwar als wissenschaftliche Disziplin betrieben werden muss und dabei in die üblichen institutionellen Verbindlichkeiten eingebunden ist; aber gelingen kann sie nur, wenn sie gerade dort, wo es am schwersten wird, Freiheit, Lust und Leidenschaft freisetzt und gleichwohl als eine Aufgabe begriffen werden kann, die einen nicht nur selbst betrifft.

Es ist dieser gleichermaßen individuelle wie universelle Umstand, der mir den Abschied von der Universität etwas leichter macht; denn ich weiß, es kann gar nicht anders sein, als dass ich ihr im Geist verbunden bleibe: Ich brauche nur zu hoffen, dass ich auch nach dem formellen Abschied physisch in der Lage bin, weiterhin das zu tun, was ich vorher getan habe – und mir seit meinem fünfzehnten Lebensjahr immer zu tun wünschte.

Deshalb fände ich es kleinlich, ausgerechnet in diesem Augenblick an die zahlreichen Probleme unseres Bildungs- und Wissenschaftssystems zu denken, an denen ich mich schon in meinem Studium verhoben habe. Sie haben mir als Assistent und als Hochschullehrer viel Zeit zum Philosophieren genommen. Doch wenn ich an die Gründung der Fernuniversität oder an die mit knapper Not geretteten Akademievorhaben denke, kann ich auch mit Blick auf die verlorene Zeit eine gewisse Befriedigung nicht in Abrede stellen. Gleichwohl ist es in meiner persönlichen Lebensbilanz das größte Glück, (mit einer an der Wählergunst nicht weniger glücklich gescheiterten Hamburger Ausnahme) allen durch die Vordringlichkeit der politischen Aufgaben bestens begründeten Verführungen widerstanden zu haben, eine jene herausgehobenen Leitungspositionen zu übernehmen, die es in der Regel unmöglich machen, weiterhin in der eigenen Wissenschaft tätig zu sein. Hieran hat nicht nur die Philosophie, sondern meine geliebte Frau einen nicht zu unterschätzenden Anteil.

Wenn ich an dieser Stelle immerhin die Politik erwähne, kann sie heute auch deshalb einmal auf sich beruhen, weil wir in diesem Senatssaal mehrfach Auswege aus der Krise aufgezeigt haben, über die aus gegebenem Anlass schon lange genug gesprochen worden ist. In einem Fall, in dem von mir eingebrachten Antrag zur Reform der Bologna-Reform, sind mir Senat und Konzil sogar mit großer Mehrheit gefolgt, ohne daran zu denken, dass sie damit in der Sache ebendas unter Beweis stellen, was sie mir acht Jahre zuvor als normative Tatsachenbeschreibung nicht hatten durchgehen lassen: 2002 haben sie jenes „Hier lebt die Wissenschaft", das als Kurzfassung unserem Leitbild vorangestellt werden sollte, wieder gestrichen.

Ich aber bin nach wie vor der Ansicht, dass dieser Satz: „Hier lebt die Wissenschaft", gerade auch im Geiste Humboldts, Fichtes und Schleiermachers, das Richtige trifft. Als gleichermaßen beschreibende und fordernde Aussage ist sie exemplarisch für das Ineinander von Faktum und Norm, das eine Universität auszeichnet – egal, ob das nun in ihrem „Leitbild" steht oder nicht.

2. *Dank und Verpflichtung*: Was aber Reformen und Leitbildern nicht gelingt, muss wenigstens durch Emeritierung möglich sein. Sie ist bekanntlich der durch die Natur mehr oder weniger erzwungene und von der Kultur mehr oder weniger feierlich wahrgenommene Garant für die Erneuerung der Universität. Auch hier spielen, wie beim Begriff der Universität und (wie wir noch sehen werden) beim Begriff der Menschheit, Faktizität und Normativität ineinander:

Um deutlich zu machen,
– dass Leben nicht nur das ist, was das einzelne Individuum an sich selbst erfährt,
– um zugleich den Rahmen zu benennen, in dem jeder Einzelne dieses Leben an sich selbst als verbindlich zu begreifen hat
– und um ihm schließlich einen Begriff davon geben, warum es inmitten von Zufall und blinder Notwendigkeit, von Krieg und Terror, Chaos und Versagen, Not und Leid, plötzlicher Krankheit und jähem Tod sinnvoll ist, von einer Lebensaufgabe zu sprechen,

möchte ich den Begriff der Menschheit in Vorschlag bringen.

Das geschieht mit einem tief empfundenen Dank an die Personen und Institutionen, die mir meine Arbeit möglich gemacht haben. Um das aber nicht mit dem Gestus der Abdankung, sondern in der Erwartung auszudrücken, die lang gehegten systematischen Überlegungen zur selbstbestimmten Individualität, zur epistemischen und politischen Partizipation, zur mentalen, sozialen und politischen Publizität sowie zum göttlichen Ganzen der Welt (ohne das wir keinen Begriff vom menschlichen Dasein gewinnen könnten), füge ich dem im Titel paraphrasierten Kant-Zitat von der Menschheit in der Person eines jeden Menschen das Epitheton *Zur Theorie der Humanität* hinzu.

Damit werbe ich für eine philosophische Aufgabe, die tatsächlich noch offen ist, so erfolgreich das Humanprojekt mit der angeschlossenen Nachwuchsforschergruppe über die Funktionen des Bewusstseins auch gewesen ist. Mir liegt es jedoch fern, ein neues „Projekt" zu empfehlen. Es reicht mir, wenn durch eine Gedankenskizze
– der zum Greifen naheliegende Ansatz,
– der unüberbietbar globale Zuschnitt,

– der evolutionstheoretische Anspruch,
– die metaphysische Reichweite
– und die ethische Bedeutung einer Theorie der Humanität wenigstens im Umriss sichtbar werden.

Unbeachtet bleibt hingegen die für Berlin nicht unerhebliche Tatsache, dass eine Theorie der Humanität mit dem intellektuellen Nachlass zweier Großtheorien umzugehen hat, von denen die eine in dieser Stadt über vierzig Jahre lang versucht hat, unter Berufung auf die Menschheit ebendiese Menschheit in zwei Teile zu zerreißen, während die andere ebendieser Zumutung unter Verwendung des gleichen Zentralbegriffs (der ohne Menschheit nicht zu denkenden Menschenrechte) widerstanden hat, ohne sich freilich selbst hinreichend Rechenschaft darüber zu geben, wie weit sie sich damit Prinzipien verpflichtet, die ihr Verbindlichkeiten auferlegen und Grenzen setzen.

Der Kommunismus ist daran gescheitert, dass er sich der Logik des Menschenrechts nicht entziehen konnte. Aber das wird politisch nur so lange wirksam bleiben, wie der ihm entgegenstehende (ich sage nicht: „Kapitalismus", das wäre ein Kategorienfehler, sondern) der demokratische Republikanismus seine eigenen Prämissen nicht verrät. Auf keiner der beiden Seiten kommt man ohne den Begriff der Menschheit aus, aber man wird ihm nur gerecht, wenn man beachtet, dass er gleichermaßen deskriptiv und normativ verfasst ist. Sich hier an einer Klärung zu versuchen, ist eine Aufgabe, die der Philosophie von keiner ihrer hochgeschätzten Nachbardisziplinen abgenommen werden kann.

3. *Vom nahen Ende der Menschheit*. Es gibt einen theoriegeschichtlichen Vorgang, der anschaulich macht, in welcher paradoxen Lage sich die Theorie des Menschen derzeit befindet: Nicht nur in den Geistes- und Kultur-, sondern sogar in den Lebenswissenschaften sind zahllose Autoren darum bemüht, die Antiquiertheit des Menschen anschaulich zu machen. Sie versuchen zu zeigen, dass der Mensch sich über Jahrtausende hinweg eine Sonderrolle zugesprochen hat, die ihm weder aufgrund seiner natürlichen Ausstattung noch mit Blick auf seine historische Leistung zukommt. Es gebe somit auch keinen Grund, ihm eine intellektuelle, moralische oder gar metaphysische Überlegenheit zuzugestehen. Deshalb sei jede Auszeichnung seiner Gattung durch den Anspruch auf Humanität eine Anmaßung, die kaum mehr zum Ausdruck bringe als den Egoismus der biologischen Spezies, dem die Menschen, wie alle Lebewesen, auf jeweils ihre Weise unterworfen sind.

In dieser Ausgangslage, so das Argument, könne auch das sich selbst „Mensch" nennende Säugetier nicht mehr als seinen Gattungsegoismus vertreten. Die selbst verliehenen Titel der *Humanität* und des *Humanismus* täuschen nur über den Kolonialismus einer massenhaft verbreiteten Tierart, deren effektiver Lebenstechnik zunächst die Artenvielfalt und dann aber auch die Bewohnbarkeit der Erde zum Opfer fallen. Da muss man es am Ende als ein Glück ansehen, dass diese alles gefährdende Spezies sich alsbald selbst ausrotten und damit die Erde von sich selbst befreien kann.

Der junge Nietzsche hat diesem Schicksal des Menschen die Form eines Märchens gegeben, das auch den Grund für den unvermeidlichen Niedergang beim Namen nennt:

„In irgend einem abgelegenen Winkel des in zahllosen Sonnensystemen flimmernd ausgegossenen Weltalls gab es einmal ein Gestirn, auf den kluge Thiere das Erkennen erfanden. Es war die hochmüthigste und verlogenste Minute der ‚Weltgeschichte': aber doch nur eine Minute. Nach wenigen Athemzügen der Natur erstarrte das Gestirn, und die klugen Thiere mussten sterben."

Bekanntlich lässt der späte Nietzsche mit dem prognostizierten Tod des Menschen nicht alles enden. Er bietet seinen Zarathustra als den Propheten eines „Übermenschen" auf, in welchem sich der Mensch, in einem Akt exponierter Lebendigkeit, selbst überwindet. Damit ist ein weiteres Stichwort für den gegenwärtig so vielstimmig vorgetragenen Abgesang auf den Menschen gegeben: Der „Transhumanismus" setzt auf das *enhancement* durch die sich exponentiell entwickelnden Anthropotechniken, um sich mit seinem geschichtsphilosophischen Futurismus vom Menschen zu verabschieden.

Zur Paradoxie der gegenwärtigen Lage gehört, dass Naturwissenschaftler mit durchaus verwandten Einsichten in die Selbstüberschätzung des Menschen zu einer gegensätzlichen Prognose für die Zukunft des Menschen gelangen: 2002 hat der Nobelpreisträger für Chemie, Paul Crutzen, den umfassend begründeten Vorschlag gemacht, die Erdepoche des *Holozän* mit dem Eintritt in die kulturhistorisch definierte *Neuzeit* für beendet zu erklären und damit ein neues erdgeschichtliches Zeitalter, das *Anthropozän*, beginnen zu lassen. Mit ihm wäre die jüngste Erdgeschichte im *Quartär* mit *Pleistozän* und *Holozän* im *Anthropozän*, dem „Zeitalter der Menschheit", angekommen. Es ist die Epoche, in der die geophysische Gestalt der Erde, ihr Klima, ihre Bodenbeschaffenheit, der Zustand ihrer Luft und ihrer vielfältigen Formen des Wassers, folglich die Gesamtverfassung des auf ihr möglichen Lebens, wesentlich vom *Verhalten des Menschen* abhängig ist. Und diese Aussicht räumen die Naturwissenschaften der Menschheit ein, so kritisch ihre Bewertung ihrer Chancen auch ausfällt.

Crutzens Vorschlag fand weltweit Resonanz und wurde fächerübergreifend diskutiert. 2008 beriet die in London ansässige *Internationale Stratigraphische Kommission*, die für die Einteilung der Abfolge von Äonen, Perioden und Epochen zuständig ist, über die Frage „Leben wir im Anthropozän?", und gab eine positive Antwort. Über sie wird seitdem in den Einzelwissenschaften beraten. 2015 sollen die Ergebnisse zusammengetragen werden, um eine für alle Wissenschaften verbindliche, auch Politik und Alltag bestimmende Sprachregelung zu empfehlen.

Es wäre spitzfindig, darauf zu insistieren, dass es „Zeitalter der Menschheit" und nicht „Zeitalter des Menschen" heißen sollte. Rein begrifflich gesehen gibt es die Menschheit so lange, wie es den Menschen gibt; und solange es Sinn hat, von der Menschheit zu sprechen, muss es auch die Menschen geben, aus denen sie sich zusammensetzt. Aber die historische Schwelle, um deren Bestimmung die Geophysiker sich bemühen, wenn sie vom *Anthropozän* sprechen, ist nicht auf den biologischen Auftritt des Menschen vor zwei Millionen, sechshundert- oder achtzigtausend Jahren bezogen, sie geht auch über den menschheitsgeschichtlich entscheidenden, der europäischen Antike vorgelagerten Prozess der politischen Zivilisierung in den großen Kulturen des Nahen, Mittleren und Fernen Ostens hinweg. Sie konzentriert sich vielmehr ganz auf die von großen Kollektiven getragene und im Bewusstsein ihrer globalen Verbindung erfolgende erdgeschichtliche Wirksamkeit des neuzeitlichen Menschen.

Ausgangspunkt der geophysikalischen Überlegungen ist die Epoche, in der die Wissenschaft industriell genutzt und der Mensch weltweit politisch, ökonomisch, technisch und militärisch tätig wird. Die Folgen dieser Tätigkeit finden seit wenig mehr als 200 Jahren einen erdgeschichtlichen Niederschlag. Dessen Analyse gibt den Geophysikern Aufschluss über gravierende Veränderungen in den Parametern der weltweit gemessenen Bestandteile von Boden, Luft und Wasser. Darüber hinaus erfassen sie den Rückgang der Artenvielfalt, warnen vor der Entfischung der Meere sowie vor der Abholzung der Regenwälder und halten den globalen Klimawandel für erwiesen.

4. Von der gestiegenen Verantwortung der Menschheit. Das Geschehen einer umfassenden Vernutzung der Erde rechtfertigt es, den Begriff der Menschheit nicht länger bloß als Gattungsnamen für die Gesamtheit aller Menschen zu verwenden, sondern ihn als Bezeichnung für den weltweit tätigen *Gesamtakteur* anzusehen, der sich mit seinen zahllosen, sich vielfältig überlagernden institutionellen Verstrebungen und nicht zuletzt durch das sich immer mehr verdichtende Netz der Kommunikation ein Bewusstsein seiner eigenen Gegenwart verschafft. So kann von der Menschheit gesprochen werden, wie man früher von den Bürgern einer Stadt, von den Anhängern einer Religion oder von Völkern und Nationen sprach, nämlich wie von einer korporativen Einheit, in diesem Fall von einem einzigen erdumspannenden Subjekt.

Und tatsächlich geht es um dieses globalisierte Subjekt, wenn die Epoche des *Anthropozän* nicht zuletzt auch deshalb ausgerufen wird, um der Menschheit als ganzer ins Gewissen reden zu können. Denn wenn man davon überzeugt ist, dass spätestens mit dem Einsatz der Dampfmaschine und mit dem Bau von Eisenbahnen die Menschheit nach Art eines zurechenbaren Subjekts in Erscheinung tritt, dann kann, ja dann muss man sie auch auffordern können, endlich Maßnahmen zur Verhinderung ihres eigenen Untergangs zu ergreifen. „Zerstören oder gestalten?" lautet die Alternative, vor die uns die beredten publizistischen Anwälte der Neubenennung der Gegenwart stellen.

Hört man den Begriff des Anthropozäns zum ersten Mal, kann man sich methodologischer Bedenken gar nicht erwehren. Denn die Geologen haben ihre geohistorischen Kategorien fast ausnahmslos im Nachhinein vergeben. Der neue Titel aber wird mitten in einem Zeitalter verliehen, das nicht nur noch nicht zu Ende ist, sondern gerade erst angefangen hat. Dabei geht Paul Crutzen davon aus, dass die Menschheit (2002 spricht er noch von *mankind*) eine Zukunft von vielen tausend Jahren haben kann, während man bei anderen den Eindruck hat, dass sie das Ende für ausgemacht halten und vorsorglich schon einmal den „Transhumanismus" ausrufen. Bei dieser technisierten Variante des „Übermenschen" ist freilich noch nicht erkennbar, ob der alte Mensch ganz verschwindet oder weiterhin als Erfüllungsgehilfe des neuen *superman* gebraucht wird.

Doch wie dem auch sei: Es muss verwundern, den über alle empirische Grenzen hinausreichenden Begriff des Anthropozäns aus dem Mund von Naturwissenschaftlern zu hören. Zwar können wir tagtäglich Meteorologen zusehen, die sich trauen, mit einer Wetterprognose vor die Kamera zu treten. Aber wenn Physiker, Chemiker und Geologen mit kategorialer Verbindlichkeit über Tausende von Jahren verfügen, die es noch gar nicht gibt, hat das eine andere Qualität.

Verstehen aber kann man die neue methodologische Großzügigkeit der Naturwissenschaftler trotzdem. Bei näherer Betrachtung schulden wir ihnen Dank für die selbstlose Entlastung, die sie den Sozial-, Kultur- und Geisteswissenschaften durch die Ausweitung ihres Urteilsrahmens verschaffen, obgleich sie zunächst nur Schlüsse aus ihren empirischen Daten ziehen und ihre Aussagen als bloße Extrapolationen über eine längere Zeitachse hinweg erklären: Mit dem Menschen als Verursacher, den man mit den Ergebnissen der wissenschaftlichen Untersuchungen erreichen muss, damit er sein Verhalten ändert (um die nach den Daten immer wahrscheinlicher werdende Katastrophe abzuwenden), verändert sich auch das methodische Paradigma. Und alle, die so sprechen, müssen den Verdacht ertragen, den kategorialen Unterschied zwischen Tatsache und Vorschrift, zwischen Faktum und Norm zu verschleifen.

Ihm hat man durch vermehrte – auch selbstkritische – Aufmerksamkeit zu begegnen. Mit Sicherheit kann ihm nicht durch einen mechanischen Methodenschnitt entkommen, der schon den Rückschluss von der Analyse der naturwissenschaftlichen Daten auf die daraus gezogenen politischen und moralischen Konsequenzen erschweren würde. So wie der einzelne Mensch nicht nur deskriptiv über sich sprechen kann, sondern stets auch seine Erwartungen, Vorsätze und Aufgaben einbezieht, so ergeht es selbst dem trockensten Empiriker, wenn er Probleme der Menschheit behandelt, bei der er nicht davon absehen kann, dass er selbst zu ihr gehört. Dann lässt sich nicht säuberlich zwischen Faktum und Norm unterscheiden. Und im Überschreiten der einst von David Hume gezogenen roten Linie zwischen Sein und Sollen rücken die Naturwissenschaftler näher an ihre vermeintlich weniger exakten Partner in den hermeneutischen Wissenschaften heran, womit sie bestätigen, was man dort schon seit längerem weiß: Wer den Menschen zum Thema hat, hat auch methodologisch mit größerer Behutsamkeit vorzugehen.

5. *Trotz allem immer noch: „animal rationale".* Es ist nicht allein die prognostische Dimension der Fragestellung, die zu der disziplinären Annäherung führt. Auch in der von verschiedenen Fächern betriebenen wissenschaftsgeschichtlichen Forschung kommt es zu einer wechselseitigen Annäherung der Disziplinen. Seinen Grund hat der von Exzellenzinitiativen unabhängige Grenzverkehr in der Schwerkraft des Problems der Menschheit, dem wir nicht nur unser Interesse an der Zukunft, sondern eben auch: an unserer Herkunft verdanken.

Das aber ist selbst wieder nur ein Indiz dafür, dass der Begriff der Menschheit in einer tieferen, wahrhaft elementaren Weise mit dem des *Wissens* verbunden ist. Sein volles Gewicht tritt darin zutage, dass er nicht nur die Bewertung von Vergangenheit und Zukunft, sondern bereits das Urteil über unsere Gegenwart bestimmt. Spätestens hier kann sich die Philosophie der Debatte nicht mehr entziehen.

Die philosophische Beschäftigung mit dem Menschen gibt uns seit Jahrtausenden die Auskunft, in ihm ein mit Vernunft ausgestattetes Wesen zu sehen. Er wird als *animal rationale* und somit als Tier begriffen, das vernünftig und verständig, berechnend und nachdenklich sein kann. Er soll ein durch und durch zur Natur gehörendes Lebewesen sein, das über Wissen verfügen, Einsichten haben, Schlüsse ziehen, „ja" und „nein" nicht nur sagen, sondern auch Meinungen und Überzeugungen haben und sie in seinem Tun umsetzen kann. Transponieren wir *animal rationale* in die Theoriesprache der heutigen Philosophie, ist der Mensch ein Wesen, das in allem, was ihm wichtig ist, „seine eigenen Gründe" haben kann.

Je älter philosophische Einsichten sind, umso mehr Zweifel haben sie auf sich gezogen. Wenn sie wirklich grundlegend sind, können sie dadurch nur gewinnen. Und so ist es beim *animal rationale*: Nach einer mehr als zweitausendjährigen Zeit der Prüfung, wobei sich die letzten beiden Jahrhunderte mit ihrer auf Destruktion angelegten Polemik mächtig ins Zeug gelegt haben, können wir mit größerer Sicherheit sagen, dass die Rede vom *animal rationale* weder leib- noch technikfeindlich, weder gefühlsabstinent noch symbolabweisend, weder asozial noch unhistorisch ist. Sie stellt gewiss auch keine Gotteslästerung dar.

Die Fähigkeit, seine eigenen Gründe haben und ihnen folgen zu können, verleugnet keine der anderen Anlagen des Menschen. Im Gegenteil: Sie setzt die Vielfalt der Kompetenzen voraus und geht unablässig mit ihnen um. Auf der Grundlage von Erinnerung und Voraussicht, von abwägendem Vergleich und Entscheidung disponiert die Rationalität über den Einsatz gerade auch der sich widersprechenden menschlichen Kräfte. Gäbe es eine prästabilierte Harmonie in der Ausstattung des Menschen oder auch nur den Vorrang einer einzigen natürlichen Strebung, stünde die Vernunft auf verlorenem Posten.

Sie schwebt freilich auch nicht in kategorialer Transzendenz über den körperlichen und gesellschaftlichen Relationen, sondern sie ist das Medium, in dem der Mensch seine sich ihm unter den Konditionen seiner Bedürfnisse stellenden sozialen Anforderungen so organisiert, dass er darin auch seinesgleichen verständlich sein kann. Und in dieser Form der Verständigung liegt die ganze Eigentümlichkeit des Menschen, die ihn *a priori* auf die Menschheit verpflichtet.

6. *Die öffentliche Bindung des Menschen an die Welt.* Die Verständigung geschieht in einer Weise, von der wir gerade auch nach den jüngsten Einsichten der Sozialanthropologie mit einiger Bestimmtheit sagen können, dass sie singulär für den Menschen ist. Selbst unter den uns am nächsten stehenden Primaten ist uns kein anderes Lebewesen bekannt, das es dem Menschen darin gleichtut. Zwar sind ihm viele Lebewesen in vielem überlegen; und viele Kriterien, die man noch bis vor kurzem als stichhaltig ansehen konnte, haben sich als unhaltbar erwiesen.

Doch der Mensch ist in mindestens einem Punkt aus seiner achtbaren tierischen Verwandtschaft herausgehoben. Dieser Punkt lässt sich so benennen, dass niemand auf die Idee zu kommen braucht, hier den Grund für eine abnorme metaphysische Auszeichnung zu vermuten; wohl aber kann von einer Disposition zur unbeschränkten Vernutzung der Welt gesprochen werden: Der Mensch kommuniziert mit seinesgleichen nicht einfach nur *in* der Welt, sondern er tut dies, indem er die Welt selbst *wie ein Mittel* zu seiner Kommunikation verwendet. Das kann man in aller Kürze wie folgt anschaulich machen:

Nach langen Zeiten der Übung (seinen dabei gestiegenen Bedürfnissen entsprechend) greift der Mensch Momente seiner natürlichen Umwelt derart heraus, dass er sich mit ihrer Hilfe so zu verständigen vermag, dass er zu einer einzigartigen Eindeutigkeit, Genauigkeit und Überprüfbarkeit seiner Aussagen gelangt. In den von ihm hergestellten Werkzeugen hat er schon früh Belegstücke dieser phantastischen Fähigkeit hinterlassen. Es steht aber zu vermuten, dass er wohl erst im Gebrauch verselbstständigter Zeichen (seien es Markierungen, Symbolisierungen oder artikulierte Laute) etwas schafft, das ihm in der bloßen Natur schlechterdings nicht begegnet.

Nennen wir es zum Ausdruck gebrachtes *Wissen*, das in der Bedeutung, in der es geäußert wird, auch von anderen aufgenommen, erinnert, weitergegeben und in Verhalten umgesetzt werden kann. Das gelingt nur in einem *instrumentellen Weltbezug*, in der jedem Adressaten eine ihm eigene Stellung unterstellt wird, obgleich er sich in der nur von ihm eingenommen *singulären Position* auf *denselben Sachverhalt* beziehen kann wie jeder andere, der über das gleiche Wissen verfügt. Im Wissen erlangt die Welt die Funktion eines *gemeinsamen Horizonts*, der es erlaubt, unter Bedingungen wahrgenommener *Unterschiede* etwas *für alle Gleiches* zu benennen und zu tun.

Im Wissen, so können wir auch sagen, weitet sich die Welt zu einem vom Menschen genutzten *öffentlichen Raum*, so dass wir das ihn durch kulturelle Eigenleistung aus der umgebenden Natur heraus hebende kulturelle Spezifikum des Menschen darin sehen können, dass er seine Eigenschaft als *animal rationale* nur als *homo publicus* unter Beweis stellen kann. Damit geht das Wissen über alles hinaus, was dem Menschen von Natur aus begegnen kann. Es gibt kein Wissen – außer in ihm selbst! Gleichwohl reguliert der in Gemeinschaften lebende Mensch seine Beziehung zu seiner Umwelt zunehmend über das *Wissen*, zu dem die funktionale Kontrolle unter dem Anspruch auf *Wahrheit* gehört.

Die von ihren Anwälten wie von ihren Kritikern nicht selten maßlos überzeichnete Stellung von Wissen und Wahrheit hat den Eindruck entstehen lassen, mit ihnen suche sich der Mensch der Natur zu entziehen, um in die Sphäre des reinen Geistes zu entweichen und damit seine Leiblichkeit zu verraten. Tatsächlich ist er im Bewusstsein der Verständigung derart auf die sich ihm im Modus der Mitteilung darbietenden Sachverhalte bezogen, dass die Illusion begünstigt wird, das ihm Wesentliche sei reiner Geist.

Doch darin wäre vergessen, dass der in der Tat einzigartige begriffliche Bezug auf die Welt materialen Zwängen unterworfen ist, ohne die es nicht zu dem käme, was wir Bedeutung, Logik, Geist oder Bewusstsein nennen. Dieser materiale Anlass ist in der Funktion der Mitteilung theoretisch zureichend kenntlich gemacht. Und die singuläre Zuschreibung des Geistes zum menschlichen Dasein bleibt so lange gültig, als niemand – er selber ausgenommen – mit dem Menschen spricht.

Das lässt uns augenblicklich verstehen, warum der Mensch wenigstens eine göttliche Stimme im Ganzen sucht. Solange er aber nur *glauben* kann, sie zu vernehmen, bleibt er wissentlich mit sich und seiner, vermutlich nur von ihm begriffenen, Welt allein. Das lässt sich freilich nur dann so sagen, wenn man dem Menschen zugesteht, dass seine eigentliche Heimat in der Welt in seinem Bewusstsein liegt, in dem er sich und alles andere versteht.

In diesem Verständnis ist er auf das Innigste mit dem verbunden, was er versteht – vorrangig, wie es scheint, mit den Sachverhalten, die ihm überhaupt erst ermöglichen, wissentlich Bewusstsein zu haben. Und wenn er darauf reflektiert, in welcher Form er dieses Bewusstsein von etwas hat, wird ihm klar, dass er es stets nur im *Modus der Mitteilung* hat. Auch wenn er das Wissen für sich behält, „hat" es nur, sofern er es sich, im Wechsel von *ich* und *mich*, mit-teilen lässt.

Folglich stehen ihm, auch wenn es nur zu oft den gegenteiligen Anschein hat, die Menschen näher als die Dinge. Und obgleich es uns nahegehende Erfahrungen mit den besser berechenbaren und arglosen Tieren gibt: Seinen Nächsten findet der Mensch nur unter den Exemplaren der Menschheit an. Sie ist der äußerste Rahmen und zugleich der innerste Bezirk, in dem er sich und seine Welt versteht.

Daran bleibt auch der Geist gebunden: Er ist die nach dem Vorbild einer Institution gedachte Sphäre der Verständigung des Menschen über das, was er als Welt begreift. Als Geist wirkt er zugleich wie ein Garant der Offenheit für alles, was sich überhaupt verstehen lässt. Insofern öffnet er die Menschheit für eine womöglich über sie hinausgehende Vernunft. Gleichwohl gelangt er auch in der von der Vernunft erschlossenen Unendlichkeit nicht wirklich über Natur und Welt hinaus.

Dem einzelnen Menschen, dem die Welt und die Natur nur in der Form begriffener Sachverhalte zur Verfügung stehen – und diese ihm auch noch als Mittel zum rationalen Umgang mit sich und seinen Gegensätzen zu dienen haben –, kann dies wie eine intellektuelle Isolation in einer künstlichen Begrifflichkeit erscheinen. Und wem das so erscheint, für den ist es nur zu verständlich, dass er in eine direktere Verbindung zu seinem Leben kommen möchte. Und für den, der diese Hoffnung ernsthaft hegt, erscheint es gar nicht so falsch, anzunehmen, dass dies nur unter Verzicht auf das an Wissen und Wahrheit gebundene Bewusstsein möglich ist. Das hat nur den Nachteil des gleichzeitigen Verzichts auf die rationale Bindung an die Menschheit. In diesem Punkt ist Nietzsche ein Vorbild an Konsequenz.

7. Wissen als „Sündenfall" der Selbstbefreiung in und mit der erkannten Welt. Indem der Mensch sein Leben unter die Anleitung des Wissens und unter die Kontrolle der Wahrheit zu stellen vermag, unterscheidet er sich radikal von der wunderbaren Vielfalt des ihn tragenden, begleitenden, fördernden und herausfordernden Lebens, dem er, wohlgemerkt, auch mit der größten Intellektualität und Subtilität nie entkommt. Doch im Wissen überantwortet er sich einer objektiven, weltbezogenen und letztlich öffentlichen Verbindlichkeit, die ihn vornehmlich selbst verpflichtet. In ihr überschreitet er die Beschränkungen des Augenblicks und tritt kraft seiner Vorstellung aus dem Bann bloßer Erinnerung heraus, um den für alle offenen Raum eigenen Handelns durch eigene Leistungen zu sichern.

Dass dabei die Phantasie eine große Rolle spielt, ist offenkundig. Weniger deutlich scheint den Zeitgenossen zu sein, dass der Mensch durch die ihn selbst verpflichtende epistemische Objektivität seines Wissens längst die biologischen Schranken des sogenannten „Speziesismus" durchbrochen hat. Denn das Wissen ist der „Sündenfall". Er ist das Paradigma ursprünglicher Entfremdung, der wir – seit Adam und Eva – unsere Eigenart verdanken. Und zu ihr gehört, dass der Mensch sich selbst nach Art eines Objekts zu denken hat, welches nur in der schlüssigen Verbindung mit anderen Objekten Bestand haben kann.

Folglich kann er sich in seiner Umwelt nur erhalten, solange er seine Existenz nach bestem Wissen und Gewissen an den Fortbestand seiner Umwelt knüpft. Und dass dies nicht egomanisch im Interesse nur eines Menschen oder bloß einer Interessenkonstellation erfolgen kann, wird bereits in den rationalen Leistungen des an Mitteilung gebundenen und nach Öffentlichkeit verlangenden menschlichen Bewusstseins deutlich: Es ist zwar individuell verfasst, braucht aber den ursprünglichen Bezug auf seinesgleichen.

Und ein letzter Punkt bedarf der Erwähnung: Das individuell verfasste, gleichsam aus Mitteilung bestehende Bewusstsein erkennt allein darin Unterschiede zu seinesgleichen an. Und die damit gegebene Pluralität findet ihre Einheit nur im Bezug auf die Menschheit, der jedes menschliche Individuum, sofern es überhaupt etwas weiß, bereits selbsttätig zugehört. Das über das Wissen vermittelte exzeptionelle Weltverhältnis des Menschen besteht also darin, im Bewusstsein seiner eigenen Individualität (und der darin stets mitbewussten Unzulänglichkeit und Irrtumsanfälligkeit) ursprünglich auf seinesgleichen ausgerichtet zu sein und die darin teils behobene, teils vertiefte plurale Differenz in der Gewissheit des notwendig begrifflichen Anspruchs seines Wissens auf eine *Einheit* zu setzen, in der *alles* zu verstehen ist. So befindet sich der Mensch zwischen Individualität, Pluralität und Universalität in einer Bewegung, die es ihm erlaubt, exemplarischer Teil der Menschheit zu sein.

8. *Die Utilisierung der Welt*. Nimmt man das Wissens in seinem jedem offenkundigen Ertrag, erscheint es so, als versachliche der Mensch in ihm seine Beziehung zur Welt, indem er sie in Dinge und Ereignisse einteilt, die er sich einzeln vornehmen und somit genauer betrachten und bearbeiten kann. Dann scheint es so, als lebten die anderen Lebewesen nur aus ihrem Affekt, während der Mensch es lernt, zu den Dingen auf operative Distanz zu gehen und sie damit intellektuell derart verfügbar zu machen, dass er sich schließlich selbst abwartend – teils berechnend, teils genießend – zurückhalten kann. Doch damit sind die Tiere unterschätzt, und der Mensch denkt, schon was seine Anfänge angeht, zu gut von sich.

Der Springpunkt der spezifischen Intelligenz des Menschen liegt hingegen dort, wo er beginnt, das Feuer für seine Zwecke zu nutzen, Werkzeuge herzustellen, die er über Generationen hinweg einsetzen kann, und Zeichen zu verwenden, die zwar immer anders aussehen (je nachdem, ob sie auf einer Felswand, einem Baumstamm, einem Stück Leder oder auf einer Tonscherbe stehen), aber dennoch das heißt: in der wahrgenommenen Differenz der Personen sowie der Dinge und Ereignisse) immer *dasselbe* bedeuten sollen. Schon das Verständnis eines Zeichens, das für ein Wild oder einen Speer steht oder vielleicht „Jagd", „Beute" oder „Kampf" bedeutet, setzt eine beachtliche Beweglichkeit in der Anwendung des Mittels sowohl auf das Erkennen der Zeichen wie auch auf deren Anwendung voraus.

Wir brauchen uns nur klar zu machen, dass jedes Tier, selbst in großen Herden, anders aussieht und dass Gefahren mal diese und mal jene Gestalt annehmen können (auch wenn sie uns gleichermaßen mit dem Tod bedrohen), um die Abstraktionsleistung bereits darin zu erkennen, dass wir etwas als etwas erkennen, so dass wir damit in der Lage sind, in immer wieder anderen Situationen den Eindruck zu haben, nun müsse etwas in aller Eindeutigkeit gesagt oder getan werden, das allgemein verständlich ist.

Das aber ist der leichtere Teil der abstraktiven Übung, die sich der Mensch in der Verständigung mit seinesgleichen abverlangt. Größeres Gewicht hat die Tatsache, dass er die Dinge und Vorgänge, über die er spricht, selbst als Mittel seiner Kommunikation einsetzt. Die Absicht des Sprechers ist auf Verständigung gerichtet. Er will aufmerksam machen, er muss Bedrohliches beschwören oder er hat anzuzeigen, über welche Fähigkeiten er verfügt oder was unter bestimmten Bedingungen von ihm und von anderen zu erwarten ist.

Um aber dies mit der Präzision und in der Differenzierung zu tun, die der Entwicklungsstand seines schon von Natur aus arbeitsteilig organisierten Lebens erfordert, nutzt er die Welt selbst nach Art eines Mittels, mit dessen Hilfe er sich ins rechte Licht zu setzen und nach Möglichkeit auch seiner Gruppe nützlich zu sein vermag. Das gelingt nur unter der Voraussetzung der zum Wissen selbst gehörenden *Öffentlichkeit*.

Damit aber ist es ein *instrumentelles Weltverhältnis*, das dem Menschen erlaubt, seine Fähigkeiten zu steigern. Und je mehr sich dem die Welt durch die Erfolge sowohl der organischen wie auch der mechanischen Techniken fügt, umso größer ist der Ertrag im immer weiter ausgreifenden Einsatz der Techniken. Nachdem das Feuer weitgehend beherrscht, die Gräser zu Getreide gezüchtet, die Hunde domestiziert, die Schweine depraviert, die Rinder sediert und die Pferde diensttauglich geworden sind, nachdem der Bergbau Materialen zutage fördert, die nicht nur die Waffen- und die Geräteproduktion revolutionieren, sondern auch dem Reichtum unerahnte Dimensionen eröffnen, der nur in größeren Kulturen vermehrt, genossen und gesichert werden kann, nimmt die Natur des Menschen neue Formen an, die sich zu Kulturen ausprägen, die, wie wir heute wissen, selbst die Evolution zu neuen Kunstgriffen nötigt.

In den Anfängen ist noch offenkundig, wie sehr die Natur selbst das Mittel zu ihrer Überformung durch Kultur ist. Aber sehen wir die damit verbundenen technischen und politischen Innovationen: den Bau von Bewässerungskanälen, die Festlegung von Eigentumsverhältnissen, die Formalisierung der Heirats-, Scheidungs- und Erbschaftsregeln, die Besteuerung der Marktplätze und des immer dichter werdenden Warenverkehrs sowie die mit alledem eng verbundene Entstehung des Rechts und die erst mit ihm ihre Form gewinnende politische Herrschaft, dazu der Bau der Befestigungs- oder Bestattungsanlagen bis hin zu den ersten Institutionen der Ausbildung zum Schreiber, Maler, Bildhauer und Architekten für Land- und Schiffsbauten aller Art, schließlich die zunehmend auch institutionell betriebene Pflege der mathematischen und astronomischen, der medizinischen und theologischen Kenntnisse sowie am Ende die vom zunehmenden Wissen selbst evozierte kompensatorische Förderung der Lehr- und Verhaltenssysteme des religiösen Glaubens..., dann führt uns alles dies vor Augen, dass es dem Menschen gelingt, durch Funktionalisierung partieller Naturprozesse aller von seinem Handeln betroffenen *Natur* (wozu auch er selber gehört!) neue Formen abzugewinnen, die wir als *Kultur* bezeichnen, obgleich sie doch nur durch die Natur des Menschen verwandelte Naturverhältnisse sind. *Auch die Kultur ist eine durch Instrumentalisierung der Natur auf dem Weg der Selbstinstrumentalisierung des Menschen gewonnene Form der Natur.* Ihre wesentliche Differenz gegenüber der Natur gewinnt die Kultur dadurch, dass sie eine *öffentliche Sphäre* ausbildet, in der eine auf Wissen gegründete Verständigung möglich ist. Träger dieser Öffentlichkeit sind alle, die am gemeinsamen Wissen partizipieren, und das sind die Menschen, die in ihrer Gesamtheit die *Menschheit* bilden.

9. *Verstehen heißt: Begreifen im menschlichen Zusammenhang.* Das mag neu oder befremdlich klingen, ist aber durch die von Kant in Anspruch genommene kopernikanische Wende in der Metaphysik längst zum selbstverständlichen Topos geworden. Jeder Studierende der Philosophie, gesetzt er macht sich mit der Geschichte seines Fach wenigstens oberflächlich vertraut, kennt die berühmten Sätze aus der zweiten Vorrede zur *Critic der reinen Vernunft*, in denen Kant erklärt, was er aus dem Perspektivenwechsel der Astronomen lernt:

„Wenn die Anschauung sich nach der Beschaffenheit der Gegenstände richten müsste, so sehe ich nicht ein, wie man a priori etwas von ihr wissen könne; richtet sich aber der Gegenstand (als Objekt der Sinne) nach der Beschaffenheit unseres Anschauungsvermögens, so kann ich mir diese Möglichkeit ganz wohl vorstellen."

Warum aber sollten, so frage ich in einer gänzlich unkantianisch erscheinenden Art, die Gegenstände sich nach uns (und unserem Anschauungsvermögen) richten, wenn es uns im Wissen anscheinend um nichts anderes geht als um die korrekte Erfassung der Gegenstände durch unser Wissen? Weil, so antworte ich nur scheinbar abweichend von Kant, es im Wissen gar nicht primär um die exakte Wiedergabe der (an sich selbst betrachtet gar nicht zugänglichen) Gegenstände gehen kann. Es geht vielmehr um die mithilfe des Wissens bewältigte Verständigung der Menschen untereinander.

Der angeblich so „monologisch" verfahrende Kant hat dafür selbst die Formel geliefert, als er am 1. Juli 1794 seinem Schüler Jacob Sigismund Beck die in der Tat nicht auf Anhieb verständliche transzendentale Leistung des alles Wissen allererst produzierenden, alles selbst „machenden" Verstandes mit einem Wort erläutert, das mich auch mit meiner scheinbar so kantfernen Deutung Kantinaner bleiben lässt: Die transzendentale Leistung des Verstandes liegt dann (wohlgemerkt nach Kant!) darin, die Dinge „communicabel zu machen".

Das heißt: Wir wissen nicht um des Wissens willen, sondern weil wir mit dem Wissen etwas erreichen, das anders nicht zu haben ist: Das Wissen dient der Verständigung. Dem Denkenden und Sprechenden kommt es darauf an, sich mitzuteilen, und die Gegenstände seines Wissens, auf die sich seine Mitteilung bezieht, sind für den Verstand lediglich das Vehikel, das die Mitteilung sachhaltig und gehaltvoll werden lässt. Das „Ich denke", das dem Akt der Vorstellung und des Wissens seinen Stellenwert gibt, „erfindet" den Sachgehalt der Mitteilung nicht, sondern *verbürgt* ihn gegenüber jedem, der ebenfalls „ich denke" sagen (und denken!) kann.

Diese Kommunikationsgemeinschaft der „ich" denkenden und „ich" sagenden Individuen wird von Kant unablässig durch das Personalpronomen „wir" kenntlich gemacht. Und dieses „Wir" ist nur ein unscheinbarer Ausdruck für das, was auch höchst anspruchsvoll als das „Reich vernünftiger Wesen" oder – in der Beschränkung auf leibhaftige Vernunftwesen – durchaus bescheidener als „Menschheit" bezeichnet werden kann.

Es ist also der nicht einfach unterstellte, sondern kulturell durchaus gegenwärtige *Kontext der Menschheit*, um die es im Wissen geht. Sie ist der Zusammenhang, der das Wissen verbindlich macht. Und das ist ihr nur möglich, wenn sie in jedem Ich, das sich notwendig als exemplarisches Moment eines Wir begreift, immer schon wirksam ist. *Die Menschheit muss somit bereits in der Person eines sich mithilfe des Wissens verständigenden Menschen präsent sein, wenn er auf Verständnis hoffen können soll.*

Es ist hier nicht der Ort, um zu zeigen, dass diese Deutung vorzüglich zu Kants kohärentistischer, ganz auf die innere Stimmigkeit von Urteilen bezogener Wahrheitsauffassung passt; es braucht auch nicht vorgeführt zu werden, wie gut sich diese Auffassung in die motivationale Dynamik der Vernunftkritik fügt, die schließlich auch die dialogische Konzeption der Dialektik der reinen Vernunft zu tragen in der Lage ist.

Es genügt vollkommen, auf den Umstand aufmerksam zu machen, dass mit der ursprünglich kommunikativen Anlage des Verstandes dem menschheitlichen Rahmen, in dem sich die sachhaltige Vernunftkonzeption entfaltet, eine eminente epistemische Funktion zukommt. *So liegen die Kriterien für die Bedeutsamkeit einer sachhaltigen Mitteilung im Selbstverständnis der Menschen, die sich als Teile der Menschheit verstehen müssen, um überhaupt etwas zu verstehen.*

Man wird also eine Theorie des Erkennens und des Wissens niemals vollständig nennen können, wenn sie nicht durch eine Darstellung der vorgängigen humanen Struktur, in der die theoretischen Leistungen des Menschen allererst Bedeutung und Gewicht erlangen, abgeschlossen ist. Das ist mein *erstes* Argument für eine philosophisch grundlegende Theorie der Menschheit.

10. *Das geschichtliche Verhängnis unter dem Anspruch der Humanität.* Gute Argumente macht man nicht besser, indem man weitere hinzufügt. Aber es gibt den Gesichtspunkt der Vollständigkeit, der mich veranlasst, in aller Kürze einen *zweiten Grund* zu nennen, der eine Komplettierung klassischer Theorieansätze durch eine Theorie der Humanität verlangt. Dass ich darüber hinaus noch weitere Argumente aus dem Kontext der Anthropologie, der Kultur- und der Geschichtstheorie, der Philosophie der Technik, des Rechts und der Kunst anführen könnte, bitte ich, mir einfach zu glauben. Vollständigkeit ist auf so knappem Raum ohnehin nicht zu erzielen, und so beschränke ich mich auf einen weiteren Grund, der dann auch zu erkennen gibt, welchen ethischen Ertrag ich mir von einer Theorie der Humanität erhoffe.

Das *zweite* Argument für die Unverzichtbarkeit dieser Theorie ist bereits im Titel auf eine Formel gebracht: Sie besteht aus einem leicht abgewandelten Zitat aus der, nach meinem Urteil, treffendsten Formulierung des Kategorischen Imperativs Kants. Die vollständige Fassung lautet: „Handle so, dass du die Menschheit sowohl in deiner Person, als in der Person eines jeden andern jederzeit zugleich als Zweck, niemals bloß als Mittel brauchst."

Angesichts des systematischen Gewichts dieser Formel braucht nicht eigens gesagt zu werden, dass eine kritische Ethik unvollständig bleibt, solange sie nicht erläutern kann, was *Menschheit* heißt, wie sie mit dem Begriff der *Person* zusammenhängt und wie es zu denken ist, dass die Menschheit überhaupt *in der Person eines einzelnen Menschen* gewahrt werden kann.

Allein so zu fragen, macht bewusst, dass die zentrale Bestimmung des Begriffs der Menschheit schwerlich in den Durchschnittseigenschaften der Gesamtheit aller Menschen gefunden werden kann. Denn weiter als bis zur Maßgabe der Fähigkeit, eigene Gründe zu haben, wird man hier nicht kommen. Man kann zwar nach dem Vorbild der bis auf Cicero zurückgehenden Kriterienkataloge der Humanität alle Anlagen zur Mitmenschlichkeit, zum Mitgefühl, zum Staunen, zur

Liebe, zur Begeisterung für und durch die Kunst, zur Hingabe an das Spiel und die Kraft der Phantasie zur Aufzählung bringen, und man darf überzeugt sein, dass alles dies in einer Theorie der Humanität seinen systematischen Platz finden muss.

Man darf andererseits aber nicht übersehen, dass diese Fähigkeiten von niemand anderem als dem Menschen mit all dem Wissen, dem Können, mit der ihm eigenen abgründigen Phantasie, ja nicht selten sogar mit einer diabolisch verkehrten Form von Liebe ins Gegenteil umschlagen und die schrecklichsten Verwüstungen bereits in den Gemütern der Menschen anrichten können – von dem real existierenden Unglück, das sie unablässig über die Menschheit bringen, ganz zu schweigen.

Das Grauen, das im Namen der Menschheit ohne Unterbrechung tagtäglich angerichtet wird, ist ungeheuerlich und macht es den Autoren in der Nachfolge Nietzsches leicht, vor dem Humanismus zu warnen und ihre entmutigende Aufzählung der menschlichen Schwächen und Bosheiten ins Unabsehbare zu verlängern. Dass der Mensch das schrecklichste aller Ungeheuer ist, haben schon die antiken Tragiker ihrem Publikum vor Augen zu führen gewusst. Die etwa gleichzeitig in Schriftform gebrachten biblischen Geschichten vom Sündenfall und Brudermord, von der Sintflut, von Sodom und Gomorrha bis hin zum späteren Geschehen der Kreuzigung lassen ebenfalls das Schlimmste vom Menschen befürchten.

Und niemand wird behaupten wollen, die Geschichte der Menschheit habe ihre Anfänge widerlegt. Richtig ist vielmehr, dass es dem 20. Jahrhundert gelungen ist, alle vor ihm verübten Schreckenstaten in den Schatten zu stellen. Und die Kriege, mit denen das angebrochene 21. Jahrhundert bereits in seinen ersten Jahren begonnen hat, verheißen wenig Gutes. Das Menschenrecht, auf das wir im Namen der Menschheit setzen, reicht für sich noch nicht einmal aus, wenigstens Frieden zu sichern.

Wie bedrohlich das ist, muss jedem klar sein, der weiß, dass die den inneren wie den äußeren Frieden bedrohenden Konflikte tagtäglich zunehmen: die sich ausbreitende Armut, die andrängende Ressourcenknappheit, die Verseuchung von Boden, Luft und Meer und die jeder Vernunft widersprechende Tatsache, dass sich Menschen nicht nur aus Berechnung, sondern auch im guten Glauben an soziale oder religiöse Ziele fanatisieren lassen.

Damit bleibt oft nur die gestammelte Alternative zwischen dem „Nie wieder" und der immer neuen Anlass findenden Verzweiflung an uns selbst. Ein Bericht aus einem der zahllosen Vernichtungslager des 20. und des 21. Jahrhunderts genügt, um uns zur unbedingten Parteilichkeit für den Humanismus entschlossen zu machen; er kann aber auch jede Berufung auf die Humanität verstummen lassen.

Damit ist angedeutet, dass der Mensch, der, sofern er etwas von sich weiß, immer auch auf den Selbstbegriff der Menschheit angewiesen bleibt, sich mit diesem Selbstbegriff von Anfang selbst ein Problem gewesen sein muss. Ein Mensch zu sein, stellte in jedem Fall eine besondere Gefährdung für den Menschen selber dar, weil sich die Macht, die er im Wissen über seine Welt gewinnt, immer auch gegen ihn selbst zum Einsatz bringen lässt. Dafür geben die Waffen und die Kriege Beispiele genug. Aber auch die ungeahnten Lebensmöglichkeiten, die sich dem Menschen mit seiner Zivilisierung eröffnen, potenzieren die Gefahren, unter denen er lebt. Nehmen wir die personale Labilität der Individuen und die kollektiven Hysterien ihrer Kollektive hinzu, gibt es Anlass genug, das Bewusstsein, ein Mensch zu sein, nach Art einer *Erbschuld* zu erfahren. Unter dem Selbstanspruch der Humanität lässt sich leben wie unter einem *Fluch*: Genügt man dem Anspruch nicht, ist man gescheitert; kommt man ihm nahe, befördert man das Verhängnis, dem der Mensch umso weniger entgeht, je mehr ihm im Zeichen seiner großen Ziele gelingt. Am Ende der geschichtlichen Zeit erweist sich auch das Größte als hoffnungslos. Denn mit was, das sich in geschichtlicher Zeit erreichen lässt, sollte der Mensch jemals zufrieden sein?

Heute kommen die globalen Rückwirkungen der entfesselten Macht des Menschen hinzu. Etwas davon glauben wir mit wachsendem Schrecken vorher sehen zu können. Nehmen wir die Tatsache hinzu, dass wir den größeren Teil des von uns in Gang gesetzten Unheils noch nicht einmal ahnen können, müsste es uns schier unmöglich erscheinen, wissentlich weiter zu leben. Nietzsche nahm daher an, dass die einzige Folge des durch die Wissenschaft freigesetzten Wissens, der kollektive Selbstmord der Menschheit sein könne.

11. *Die ethische Unverzichtbarkeit der Humanität.* Alles das, was dem Schrecken eine begriffliche Form und dem kommenden Unglück den Charakter einer Gewissheit gibt, hängt an unserer *Fähigkeit zu wissen.* Gesetzt, dieses Wissen ist die unumgängliche Art, in der wir uns mit uns und unseresgleichen über die von uns nicht nur *vorgefundene*, sondern im Handeln *benötigte* und in jedem Erfolg *verfügbar gemachte Welt* verständigen, kommen wir um den Bezug auf die Menschheit nicht umhin. Und nur sofern wir uns auf der Höhe dieses gleichermaßen individuellen wie universellen Selbstbezugs befinden, können wir überhaupt mit uns zufrieden sein. Und diese Chance wird uns in der Ethik selbst zur – humanitären – Pflicht gemacht.

Wie das zu verstehen ist, wird in der zitierten Fassung des kategorischen Imperativs vor Augen geführt: Jeder hat die Menschheit, die bereits im Selbstverständnis seiner Person angelegt ist, in jedem anderen Menschen so zu achten, wie er es in sich selber tut, sobald er sich in seinem Handlungsanspruch ernstnimmt. Jeder hat jeden so zu achten wie sich selbst – und eben damit erfüllt jeder den Anspruch der Menschheit, die es allererst erlaubt, irgendetwas ernst zu nehmen – ganz gleich, ob es sich, um eine erkennbare Gefahr oder ein vermeidbares Verbrechen, um eine Herausforderung in der Erziehung oder nachbarschaftliche Hilfe, in Wissenschaft oder Kunst oder um die Erfüllung eines gegebenen Versprechens handelt.

So nimmt die Ethik den epistemischen Selbstanspruch des Menschen auf, weitet ihn aus auf die ganze Person und gibt ihm einen existenziellen Charakter, der alle Kräfte des Menschen einbezieht, ohne auf ein Wissen von der Zukunft angewiesen zu sein. Es ist auch nicht nötig, alles über den Menschen zu wissen. Es genügt, wenn sich der Einzelne als *exemplarisch* für die Menschheit versteht, in deren Rahmen sich alles vollzieht, was für ihn von epistemischer und praktischer Bedeutung ist. Dazu gehören, bei aller Betonung des Wissens, auch die Empfindung und das Gefühl.

Dass es mit Blick auf das *politische* und *kulturelle* Handeln auf den Bezug ankommt, der andere in ihren menschlichen Fähigkeiten einbindet, und sie in ihren humanen Erwartungen anspricht, bedarf keiner besonderen Betonung. Der Politiker und der Künstler können, wie der Erzieher und der Forscher, nur solange in ihren Leistungen auf Zustimmung und Anerkennung setzen, wenn sie sich der Gemeinschaft verpflichten, in deren Namen sie tätig sind. Sie erfüllen ihre Aufgaben nur dann, wenn sie sich als Partizipanten und Repräsentanten einer Gesellschaft verstehen, zu der sie als Menschen gehören. Dabei kann der jeweils gezogene Handlungsrahmen größer oder kleiner sein: Wenn die Zweifel an der Legitimation ihrer Tätigkeit durchdringend sind, kann die Rechtfertigung ihres Tuns nur in der Bemühung liegen, der Menschheit, der sich jeder in seiner Person verbunden fühlt, auch in der Wahrnehmung seiner Aufgabe gerecht zu werden.

Verlangt aber der Mensch unter den durch seine Zeit, seine Person und durch sein Wissen stets eingeschränkten Bedingungen nach einer größeren Gewissheit im eigenen Selbst- und Weltverständnis, bleibt ihm der ohnehin in jeder Lebenslage unverzichtbare *Begleiter des Wissens*. Und das ist der *Glauben*, der uns auf das Wissen vertrauen lässt und der uns leitet, wo immer das Wissen an seine Grenzen stößt.

Dieser Glauben erreicht seinen höchsten Ausdruck in seiner *religiösen Form*, wenn er von selbstbewussten Individuen auf das Ganze ihrer Welt bezogen ist, die ihnen mehr bedeutet als die Welt in ihren Teilen bieten kann. In dieser Form kann der Glauben, trotz des Missbrauchs, der mit der Religion fortwährend betrieben wird, auch philosophisch gerechtfertigt werden.

Aber es wäre zu wenig, den Glauben nur auf das Göttliche des uns tragenden Ganzen zu beziehen. Wir brauchen den Glauben ebenso wie die mit ihm auf das Engste verbundene *Hoffnung*, um unter den allemal unzureichenden Bedingungen überhaupt zurechnungs- und handlungsfähig zu sein. Wie wollen wir hoffen können, dass es wenigstens für die aktuell andrängenden Probleme des Daseins eine Lösung geben kann? Wie wollen wir im Ernst annehmen, dass es in dieser oder jener Frage auf uns selbst ankommt, wenn nicht wenigstens ein *Vertrauen* in das Wissen gegeben ist, das uns Hindernisse und Hilfsmittel erkennen lässt?

Dabei mag es existenzielle Lagen geben, in denen sich alles auf den eigenen Ausweg, auf das eigene „Heil" konzentriert. Aber bereits die Mittel, auf die sich der Einzelne in einer solchen Lage stützt, teilt er mit seinesgleichen. Und das Ziel, das ihm dabei vorschwebt, mag sein, welches es wolle: Es kann für das Individuum nur Bedeutung haben, wenn er sich darin in seinen menschlichen Eigenschaften wahrgenommen und anerkannt fühlt. So bleibt der Mensch, selbst dann, wenn er nicht umhin können sollte, nur sein Glück einzufordern oder auf seine Erlösung zu hoffen, ein Repräsentant der Menschheit, für die er, ob er es will oder nicht, exemplarisch ist.

12. *Ausblick aus geschichtlicher Perspektive*. Es gibt ein Bild, das ein Fotograf ungefähr von der Stelle aus gemacht hat, an der ich jetzt stehe. Es zeigt den Saal, in dem wir uns befinden – nur völlig ausgebrannt. Die Wand zum Treppenhaus ist weggebrochen, die Fenster sind herausgesprengt, und darüber haben die Bomben die Sicht auf den Himmel freigelegt. Wir alle kennen die Ursachen der absurden Zerstörung und wissen von der Schuld, die uns als Deutsche bis heute in Mitleidenschaft zieht. Also habe ich Grund, mich darüber zu wundern, dass ich es keine siebzig Jahre später an dieser Stelle wage, von Humanität zu sprechen.

Doch im Frühjahr 1945, als alles noch so war, wie es das Foto zeigt, hatte der damals zuständige kommissarische Rektor der Friedrich-Wilhelms-Universität zu Berlin täglich zu Fuß von Zehlendorf durch die Trümmerlandschaft bis unter die am Stamm verbrannten Linden zu gehen, um seinen Dienst unter der Kommandantur der Roten Armee zu versehen. Es war ein Philosoph, der zu Beginn seiner Karriere als Begründer der Berliner Pädagogik ein hellsichtiges Buch über „Wilhelm von Humboldt und die Humanitätsidee" geschrieben hatte. Er nahm die weltgeschichtliche Theorie-Innovation Wilhelm von Humboldts auf, der die Vielfalt der Individuen als solche zu einer politischen und moralischen Forderung erhoben hatte. Und so vermochte der per Dekret zum Rektor ernannte Denker die einzelne Person als das Subjekt der Menschheit und als exemplarischen Träger der Menschlichkeit auszuweisen.

Ich spreche von Eduard Spranger, der 1933 nicht zum Widerstandskämpfer geworden war, aber zusammen mit seinem berühmteren Kollegen Nicolai Hartmann (der es sich immerhin erlauben konnte, die Ideologie der Nationalsozialisten als philosophisch unerheblich zu bezeichnen) konnte er wenigstens dazu beitragen, dass am Philosophischen Seminar, neben den bis heute berüchtigten Ideologen der bis dahin noch einzigen Berliner Universität, weiterhin Philosophie betrieben werden konnte.

Im Frühjahr 1945 hatte Spranger die Gelegenheit, durch eigenes Handeln auch politisch deutlich zu machen, dass die Menschheit trotz allem nicht verloren ist. Angesichts der Verwüstung dieser Universität, dieser Stadt und dieses Landes hat er den Anspruch auf wissenschaftliche Lehre und ebendamit auch auf die Humanität nicht aufgegeben und mit größter Eindringlichkeit dafür geworben, dass es die Individuen sind, dass es jeder Einzelne ist, der ein Zeugnis für die Menschheit in seiner Person abzulegen hat.

Als ihm die sowjetische Militärverwaltung die Bemühung um den Aufbau einer freien Wissenschaft jedoch zunehmend erschwerte, sah sich Spranger genötigt, einem Ruf nach Tübingen zu folgen, wirkte aber über seinen letzten Berliner Assistenten daran mit, die Freie Universität zu gründen.

Dieser Assistent, Hans-Joachim Lieber, später, im Widerstand gegen die Studentenrebellion, ein legendärer Rektor der Freien Universität, war mein Kölner Vorgänger. Ihn konnte ich 1995 zum Goldenen Doktorjubiläum nach Berlin in das Gebäude einladen, das zum Zeitpunkt seines Rigorosums bereits so aussah, wie das Bild es zeigt. Dass zu diesem Jubiläum einige seiner schärfsten Kontrahenten von 1968 kamen, zeigt, wie auch der versöhnliche Umgang mit der Geschichte zu den Elementen eines humanen Selbstverständnisses gehören kann.

Der historische Rückblick von dieser Stelle aus erspart es meinen Hörern und mir, die Kantische Formel von der „Menschheit in der Person eines jeden Menschen" des Näheren zu erläutern. Kant selbst hat wenig Interesse gezeigt, dieser Pointe des kategorischen Imperativs eine Legende beizugeben. Zwar finden wir in seinen geschichts-, kultur- und politiktheoretischen Schriften manchen Aufschluss über den Stellenwert der Menschheit in der kritischen Philosophie; doch die Erläuterung zum Verhältnis von Person und Menschheit trägt er erst sieben Jahre später in seiner Religionsphilosophie nach.

Dort weist er dem Menschen drei Sphären seiner stets gegebenen Wirklichkeit, Wirksamkeit und Geltung zu. Und das sind die *Tierheit*, die *Menschheit* und die *Persönlichkeit*:

Das animalische Moment der *Tierheit* gehört uns allen notwendig zu. Es lässt uns nicht vergessen, dass wir Naturwesen sind (und sorgt dafür, dass wir nach dem langen Sitzen gleich gern auch wieder stehen).

Das *menschheitliche Moment* kommt auf der Ebene der Kultur zur Geltung. Hier kultiviert der Mensch durch eigene Leistung die unumschränkte instrumentelle Einbindung in den Lebenszusammenhang und bereichert ihn auf dem Weg der Arbeitsteilung und der Ausdifferenzierung eigener Interessen derart, dass es sogar Abschiedsvorlesungen mit einem sich anschließenden Umtrunk geben kann. In der bewusst gesuchten Erfüllung eigener Ansprüche entdeckt der Mensch, dass er bei aller Einbindung in den natürlichen und gesellschaftlichen Lebenszusammenhang im eigenen Wollen einen Anfang setzt, der ihn der Unterwerfung unter die gegebenen und auch gewünschten Mittel-Zweck-Relationen allein dadurch entzieht, dass er von sich aus darüber nachdenken, entscheiden und mit seinem aus eigenen Gründen stammenden Impuls seinen eigenen Anfang mit seinen eigenen Zielen setzt.

Das ist die praktizierte Autonomie, die schon im ersten „Nein" eines jungen Menschen zum Durchbruch kommt. Sie macht für ihn wie auch für die Erzieher deutlich, dass er selbst niemals bloß Mittel für andere und anderes ist, sondern sich seine eigenen Zwecke setzt. Und nur in ihnen erfährt er sich als frei und selbstbestimmt und damit selbst als Zweck, in dem er seine Würde hat.

Dieses Bewusstsein freier Selbstbestimmung zu eigenen Zwecken ist das Signum der *Persönlichkeit*, die sich, sosehr sie sich vom gesellschaftlichen Leben in Anspruch nehmen lässt und dabei in vielfältiger Hinsicht (und nicht selten mit größtem Vergnügen, etwa wenn man als Philosoph und Hochschullehrer, als Beamter und mündiger Bürger leben kann), aber stets aus eigener Einsicht und in freier Disposition der eigenen Kräfte das tut, was man für richtig hält, weil man notfalls seine eigenen Gründe dafür nennen kann.

Für eine Theorie der Humanität lassen sich aus diesem Selbstverständnis drei Schlussfolgerungen ziehen, mit denen ich für heute definitiv am Ende bin:

Erstens kann man der natur- und kulturgeschichtlichen Formation, die wir Menschheit nennen und der wir in unserer natürlichen, gesellschaftlichen und geistigen Konstitution nahezu alles verdanken, aus eigenem Entschluss dienstbar und verantwortlich sein.

Zweitens sind wir als Person oder Persönlichkeit nicht davon abhängig, ob das, was aus unserem Lebensbeitrag im künftigen, von uns selbst individuell gar nicht mehr erlebten Gang der Menschheitsentwicklung eines Tages wird, auch wirklich so eintrifft oder nicht. Warum sollten wir der kommenden Entwicklung, die wir natürlich zu fördern wünschen, geschichtsphilosophisch vorgreifen wollen? Welche Anmaßung, ganz gleich ob wir Untergangsszenarien oder Utopien ausmalen, unseren Nachkommen nicht nur ihre Freiheit, sondern auch ihre womöglich bessere Einsicht nehmen zu wollen! Als an der Zukunft konstitutiv interessierte Zeitgenossen haben wir uns als Personen auch gegenüber dem Kommenden als Zweck an uns selbst zu erweisen. Also haben wir die Zufriedenheit im eigenen Dasein zu den Zielen zu rechnen, die uns vornehmlich im Alter zieren.

Drittens können wir in ethischer Perspektive kaum etwas Besseres erreichen, als unseresgleichen ein Beispiel zu geben! Wenn es so ist, dass nur der Einzelne (und niemand sonst) die Kriterien und Ziele der Menschheit vorgibt, dann hat er seine vornehmste Aufgabe darin, als selbstbestimmtes, aus eigener Einsicht handelndes Individuum – gerade auch in den nebensächlich erscheinenden Fragen des Lebens – seinesgleichen ein *Beispiel* zu geben. Mindestens wenn es darauf ankommt, hat er sich zu bemühen, *exemplarisch* zu sein und Individualität, Pluralität und Universalität im eigenen Dasein zu verbinden.

Unter diesem Anspruch steht der Mensch, wie gesagt, auch im Alter – selbst nachdem er mit der Länge seiner Abschiedsvorlesung ein eher schlechtes Beispiel gegeben hat. Umso mehr danke ich allen für die liebenswürdige Aufmerksamkeit.

Peter Graf Kielmansegg

Schuld und Halbschuld

„Jetzt ist diese blutige Geschichte tief genug in den Hintergrund gerückt und von jüngerem, noch böserem Unfug überschattet, so daß es denn wohl endlich möglich ist, sie darzustellen, wie sie wirklich war, in ihrer Schuld und Halbschuld, ihrer ganzen menschlichen Unzulänglichkeit überall, ohne daß die Gelehrten sich länger darüber in die Haare geraten müßten." Dieser Satz wurde 1958 geschrieben, vierzig Jahre nach dem Ende des Ersten Weltkriegs. Mit ihm beschloss Golo Mann das Kapitel zur Julikrise in seiner „Deutschen Geschichte des 19. und 20. Jahrhunderts". Er wurde bald eines Besseren belehrt. 1961, nur drei Jahre später, erschien Fritz Fischers „Griff nach der Weltmacht". Der Streit darüber, wer schuld sei an der Urkatastrophe des 20. Jahrhunderts, wurde neu eröffnet und ein Jahrzehnt lang schärfer, erbitterter weitergeführt als je zuvor. Auch wenn die Öffentlichkeit ihn nach den Fischer-Jahren wieder aus den Augen verlor, was der Forschung durchaus zugute kam – das Gedenkjahr 2014 mit seiner Veröffentlichungsflut hat gezeigt, dass von einem Konsens unter den Historikern noch immer keine Rede sein kann. Und auch, dass das Thema – die Schuldfrage – die Öffentlichkeit noch immer heftig bewegt.

Für beide, die Zunft und das lesende Publikum, hat es eine Faszinationskraft, der die Zeit anscheinend wenig anzuhaben vermag. Das hat fraglos etwas mit dem hochdramatischen Charakter der Julikrise zu tun, die Europa innerhalb weniger Wochen aus scheinbar tiefem Frieden in einen Krieg von bis dahin unvorstellbaren Dimensionen stieß. Und es hat natürlich viel mit den ungeheuren Folgen des Krieges, in den die Krise einmündete, zu tun. Wie sehr er Europa – und nicht nur Europa – erschüttert, verändert, traumatisiert, wie sehr er die Weichen für das ganze Jahrhundert gestellt hat, wird umso deutlicher, je ferner er rückt. Dass die Frage der Kriegsschuld aufgeworfen und lange und leidenschaftlich diskutiert werden würde, war also, so wie die Dinge lagen, ganz unausweichlich.

Dass es dabei im Kern immer nur um ein Thema gehen würde, um die Rolle Deutschlands, war nicht so selbstverständlich. Aber es ist so gekommen – natürlich nicht grundlos. Deutschland hatte in der Julikrise eine Schlüsselrolle gespielt. Vor allem aber: Deutschland war der Verlierer des großen Krieges. Der Vertrag von Versailles wies ihm in apodiktischer Schärfe die alleinige Schuld am Krieg zu. Und wenn der Vertrag mit seinem Schuldspruch auch nicht die Historiker dauerhaft in Pflicht nehmen konnte – dazu, dass die Diskussion sich an Deutschland festbiss, hat er zweifellos erheblich beigetragen.

Weil Deutschland, in allen ihren Phasen, das Schlüsselthema der Kriegsschulddebatte war, es immer noch ist, ist diese Debatte nirgends ausdauernder, heftiger, mit größerer öffentlicher Resonanz geführt worden als hierzulande. In anderen Ländern war das Thema im Wesentlichen eine Sache der Historiker, mit gelegentlicher Anteilnahme einer Öffentlichkeit, die mit der Auskunft, Deutschland allein trage die Verantwortung für diesen Krieg, ganz zufrieden sein konnte. In Deutschland hingegen stellte die Debatte die Nation immer wieder neu vor die Frage, was sie von sich zu halten habe.

Und noch etwas hat das Verdikt von Versailles bewirkt: „Schuld" wurde die Kategorie, die die Debatte auf Dauer prägte. Der moralische, anklagende Gestus, der dem Begriff Schuld eigen ist, ist gegen alle Versuche der Versachlichung letztlich immer bestimmend geblieben – ob nun einzelne Politiker und Generäle, ganze Führungsschichten oder gar Nationen für schuldig erklärt wurden.

Aus der Jahrhundertgeschichte der Kriegsschulddebatte treten zwei Hochphasen hervor: die ersten anderthalb Jahrzehnte nach dem großen Krieg und die vom Streit um die Thesen Fritz Fischers erfüllten sechziger Jahre. Zwar hatten alle an der Julikrise beteiligten Mächte schon bald nach dem Ausbruch des Krieges eilig den Versuch unternommen, in sogenannten Farbbüchern die Welt, vor allem aber die eigenen Völker von ihrer Unschuld zu überzeugen. Aber wirklich, dramatisch eröffnet wurde die Kriegsschulddebatte doch erst durch den berüchtigten Art. 231 des Versailler Vertrages: „Die alliierten und assoziierten Regierungen erklären und Deutschland erkennt an, dass Deutschland und seine Verbündeten als Urheber für alle Verluste und Schäden verantwortlich sind, die die alliierten und assoziierten Regierungen infolge des Krieges, der ihnen durch den Angriff Deutschlands und seiner Verbündeten aufgezwungen wurde, erlitten haben." Alle Versuche Deutschlands, wenigstens gegen diesen Artikel einen Vorbehalt aufrechtzuerhalten, waren vergeblich. Die Sieger bestanden auf bedingungsloser Unterwerfung. Man hat später gegen die deutsche Empörung geltend gemacht, Art. 231 sei keineswegs als politisch-moralische Verurteilung gemeint gewesen, sondern habe nur die rechtliche Grundlage für die Reparationsforderungen abgeben sollen. Tatsächlich steht der Artikel am Beginn des Abschnitts über die Wiedergutmachung. Das Ultimatum freilich, mit dem die Sieger die Unterzeichnung des Vertrages erzwangen, spricht eine andere Sprache. Es zeichnete in aller Ausführlichkeit ein Bild von Deutschland und seiner Vorkriegspolitik, wie es schwärzer nicht gedacht werden kann. Deutschland habe den Krieg planmäßig vorbereitet und bewusst entfesselt, um „ein unterjochtes Europa zu beherrschen und zu tyrannisieren". In diesem Urteil sei sich die ganze zivilisierte Welt (zu der Deutschland also nicht gehörte) einig. Deutschland sollte gedemütigt werden, und es wurde gedemütigt.

Damit war ein selbstkritisches Nachdenken über die Ursachen der Katastrophe, das doch so dringlich geboten war, in Deutschland praktisch unmöglich geworden. Alle Kräfte, alle Leidenschaft galten jetzt der Widerlegung der „Kriegsschuldlüge". Das Auswärtige Amt richtete, den Art. 231 im Visier, ein Kriegsschuldreferat ein, etablierte eine höchst aktive „Zentralstelle zur Erforschung der Kriegsschuldfrage", gab eine Monatsschrift „Die Kriegsschuldfrage" heraus.

Was als Kampf gegen die These von der alleinigen Verantwortung Deutschlands begann, wurde bald zum Kampf für die These von Deutschlands Unschuld: Das Reich habe, von der Tripelentente eingekreist, einen Verteidigungskrieg geführt. Man behauptete es nicht nur, man glaubte es.

Auch die deutsche Geschichtswissenschaft der zwanziger Jahre war, obschon sie ihre Unabhängigkeit von den amtlichen Anstrengungen wahrte, im Schatten von Versailles im Wesentlichen auf Verteidigung gestimmt. Selbst die monumentale Aktenedition „Die große Politik der europäischen Kabinette", der wichtigste deutsche Beitrag zur Kriegsschulddebatte in den zwanziger Jahren, die den Anstoß für vergleichbare, vielbändige Editionen aller Hauptbeteiligten gab, ist nicht frei von apologetischen Tendenzen.

Dass das Verdikt von Versailles von den späten zwanziger Jahren an auch außerhalb Deutschlands zunehmend kritisch diskutiert wurde, ist freilich nicht so sehr den deutschen Anstrengungen als vielmehr einem Stimmungswandel in der angelsächsischen Welt zuzuschreiben. Zumal in den USA, die sich nach Versailles vom europäischen Schauplatz wieder zurückgezogen hatten, stellte man sich die Frage, ob es richtig gewesen sei, in den europäischen Krieg einzugreifen, und wenn ja, ob man auf der richtigen Seite gestanden habe. Amerikanische Historiker waren es denn auch, die die ersten großen den Mittelmächten günstigen Gesamtdarstellungen der Vorgeschichte des Ersten Weltkriegs vorlegten. Zuerst, 1925, Harry E. Barnes, dann, 1930, ausgewogener, gründlicher, einflussreicher, Sidney B. Fay. Zwar präsentierte noch im selben Jahr ein anderer amerikanischer Historiker, Bernadotte E. Schmitt, Deutschland entschieden die Hauptverantwortlichkeit zuweisend, die Gegenposition mit gleicher Gründlichkeit. Aber zumindest wird man sagen dürfen: Anfang der dreißiger Jahre stand es unentschieden. Dann kamen Hitler und der Zweite Weltkrieg. Danach blickten eine andere Welt und ein anderes Deutschland zurück auf das, was nun der Erste Weltkrieg war.

Es war der Hamburger Historiker Fritz Fischer, der in den späten Jahren der Adenauer-Ära die alte Debatte neu entfachte. In seinem Buch „Griff nach Weltmacht" ging es in der Hauptsache um die Kriegszielpläne, die das kaiserliche Deutschland in den Kriegsjahren entwickelt hatte. Aber in einem einleitenden Kapitel über die Julikrise führte Fischer die These aus, Deutschland sei im Sommer 1914 die auf den Krieg hin treibende Kraft gewesen, habe mit seinem der Doppelmonarchie ausgestellten Blankoscheck die entscheidende Weiche gestellt und trage deshalb die Hauptverantwortung für den Krieg. Acht Jahre später, in einem zweiten Buch („Der Krieg der Illusionen") verschärfte Fischer sein Verdikt, wie er denn überhaupt im Fortgang der Diskussion immer nur unerbittlicher, einseitiger in seinem Urteil über Deutschland wurde. Jetzt, 1969, stand für ihn fest, dass Deutschland spätestens seit 1912 den großen Krieg planmäßig vorbereitet und zwei Jahre später gezielt herbeigeführt habe.

Fischers Thesen lösten eine der leidenschaftlichsten Debatten der Geschichtswissenschaft des zwanzigsten Jahrhunderts aus, vor allem in Deutschland, aber auch darüber hinaus. Dabei wiederholte jedenfalls das erste der beiden Bücher eigentlich nur, was Bernadotte Schmitt und dann vor allem der italienische Publizist Luigi Albertini in seiner monumentalen dreibändigen Studie zur Vorgeschichte des Ersten Weltkriegs, der ersten, die auf die Aktenpublikationen aller beteiligten Mächte zurückgreifen konnte, in einer bis heute unübertroffenen Detailgenauigkeit schon dargelegt hatten. Aber Albertinis Werk war auf Italienisch in den Jahren des Zweiten Weltkriegs erschienen. Es blieb bis in die späten fünfziger Jahre, als es schließlich ins Englische übersetzt wurde, von der Forschung fast unbeachtet. Fischers Thesen hingegen hatten ein weltweites Echo.

In Deutschland war der publizistische Rückenwind für Fischer so stark wie der Widerspruch aus der Zunft, vor allem aus den Reihen der älteren Historiker, heftig. Jenseits der Grenzen, das überrascht nicht, überwog die Zustimmung, wenn auch den Überspitzungen des zweiten Bandes, denen ein tragfähiges Quellenfundament ersichtlich fehlte, nur noch wenige folgten.

Dass die Debatte der sechziger Jahre eine ganz andere war als die der zwanziger, braucht kaum gesagt zu werden. Die eine wurde im Schatten von Versailles geführt, die andere im Schatten Hitlers und des Zweiten Weltkriegs. Die eine war, in Deutschland, nicht eigentlich eine Debatte gewesen, sondern ein fast einstimmiges Aufbegehren gegen den Artikel 231. Die andere wurde zu einem Großkonflikt über die Deutung der neueren deutschen Geschichte. Sind die beiden Weltkriege gleichermaßen als zwei Anläufe eines kontinuierlichen deutschen Bestrebens, sich Europa zu unterwerfen, zu verstehen? War Hitler mithin nur der letzte, schrecklichste Anführer auf einem langen deutschen Irrweg? Ein Gutteil der Leidenschaft, mit der gestritten wurde, verdankt sich der Tatsache, dass es jedenfalls für die Deutschen um mehr ging als nur um die Wahrheit über die Julikrise.

Noch in den Diskussionen des Jahres 2014, die sich durch eine bemerkenswerte Vielfalt der Meinungen auszeichnen, klingt das deutlich nach, vor allem in den Reaktionen auf Christopher Clarks – Deutschland entlastendes – Buch „Die Schlafwandler". Wer sich in die Fischer-Tradition stellt, sieht den Erfolg des Buches in Deutschland mit Besorgnis. Die deutsche Demokratie, das ist die Prämisse dieser Besorgnis, kann nur gedeihen, wenn die Deutschen ein negatives Bild ihrer Geschichte bis weit zurück ins neunzehnte Jahrhundert haben. Da stört Christopher Clark. Die politische Dimension des Streites um die Julikrise ist auch 2014 noch mit Händen zu greifen.

Werden wir uns also, was die Julikrise angeht, nie darüber einigen können, „wie es wirklich war"? Im Jahr 1971 veröffentlichte der amerikanische Politikwissenschaftler Graham. T. Allison eine aufsehenerregende Studie über die Kuba-Krise – „Essence of Decision". Allison beschreibt in diesem Buch die Washingtoner Entscheidungsvorgänge dreimal hintereinander, jedes Mal aus einer anderen analytischen Perspektive. Jede dieser Beschreibungen präsentiert ein anderes Bild der Verantwortlichkeiten. Und doch ist jede auf ihre Weise zutreffend. Lassen sich komplexe historische Abläufe in der geschichtswissenschaftlichen Rekonstruktion möglicherweise nicht in einer einzigen Erzählung, einer einzigen analytischen Aufschlüsselung mit exklusivem Wahrheitsanspruch wiedergeben? Die Frage legt es nahe, Allison's Experiment mutatis mutandis auch mit der Julikrise anzustellen. Drei Perspektiven, gewiss nicht die einzig denkbaren, bieten sich dafür an.

Der Krieg ist nicht wie ein Naturereignis über Europa hereingebrochen. In den fünf Wochen zwischen dem 28. Juni und dem 1. August sind Entscheidungen getroffen worden, die in den Krieg geführt haben. Andere Entscheidungen hätten zu einem friedlichen Ausgang der Krise führen können. Nichts liegt also näher, als die Krise als eine Abfolge von Entscheidungen der beteiligten Mächte, der fünf Großmächte und Serbiens, zu beschreiben. Und die Verantwortung an den Entscheidungen festzumachen. Das ist der erste und einfachste Zugriff auf das Geschehen. Im Visier ist das „Wie" des Krisenverlaufs.

Entscheidungen werden in bestimmten gegebenen Konstellationen getroffen. Eine Entscheidung verstehen heißt die Entscheidungskonstellation deuten. Dazu gehört die Rekonstruktion der Handlungsspielräume, der Möglichkeiten, die in einer bestimmten Konstellation gegeben waren. Das kann aus der Sicht der Handelnden geschehen: Wie haben sie das Tableau ihrer

Optionen wahrgenommen? Das kann aber auch aus der Sicht des Betrachters geschehen: Welche Möglichkeiten des Entscheidens barg eine bestimmte Konstellation? Verantwortung lässt sich dann festmachen an den Möglichkeiten, unter denen die Handelnden wählen konnten. Im Visier ist das „Warum" des Krisenverlaufs.

Oft, nicht immer, ist es aber auch sinnvoll, Entscheidungen nicht nur von den Akteuren her, die sie treffen, zu analysieren, sondern in ihrer systemischen Bedingtheit. Das ist die dritte Perspektive. Für die Julikrise ist sie in hohem Maße relevant. Sie ignoriert die Verantwortlichkeit der Handelnden nicht. Aber sie setzt sie in Beziehung zu den Konditionierungen ihres Handelns. Im Visier ist der Grad der Determiniertheit des Krisenverlaufs.

Dies ist, aufs Wesentliche reduziert, die Kette der Entscheidungen, die vom Attentat von Sarajewo in den großen Krieg geführt haben: Am Anfang steht die Entscheidung der Doppelmonarchie, rasch getroffen und ohne jedes Schwanken durchgehalten, die Mordtat von Sarajewo mit einem Krieg gegen Serbien zu beantworten. Deutschen Drängens bedurfte es dazu nicht. Es folgt die – viel diskutierte – deutsche Entscheidung, Österreich-Ungarn Rückendeckung für den – wahrscheinlichen – Fall russischen Eingreifens zuzusagen. Dass diese Zusage im vollen Bewusstsein, damit das Risiko eines großen Krieges heraufzubeschwören, gegeben wurde, steht inzwischen außer Zweifel. Zu der Frage, ob der Reichskanzler gehofft habe, der militärische Konflikt werde sich lokalisieren lassen, wird man vermutlich nicht mehr sagen können, als dass seine Erwartungen im Fortgang der Krisenwochen schwankend waren; dass die Österreich früh gegebene Zusage aber erst im letzten Augenblick ein wenig relativiert wurde. Dann war Russland an der Reihe. Es entschied sich, sollte Österreich Serbien angreifen, seinerseits Serbien zu Hilfe zu kommen, also Österreich anzugreifen. Das würde, wie jedermann wusste, kraft Bündnisvertrages Deutschland ins Spiel bringen. Und das wiederum, auf der anderen Seite, Frankreich. Tatsächlich hat Frankreich, das war die vierte Entscheidung, Russland für den Ernstfall vorbehaltlos seines Beistandes versichert. Die fünfte Entscheidung schließlich: Serbien wies, von Russland ermutigt, das österreichische Ultimatum im Kern zurück. Von da an nahmen die Dinge ihren Lauf.

Großbritannien kommt in dieser Abfolge nicht vor. Großbritannien hat sich in der Tat als einzige europäische Großmacht ernsthaft um die Bewahrung des Friedens bemüht. Allerdings nicht rechtzeitig, nicht mit dem nötigen Nachdruck und nicht mit jener Äquidistanz zu den beiden Lagern, ohne die Vermittlungsbemühungen keine Erfolgsaussichten haben konnten. Ob es solche Aussichten überhaupt gab, ist ungewiss. Jedenfalls ist im Fall Großbritannien eher über Nicht-Entscheidungen als über Entscheidungen zu sprechen.

Fünf Schlüsselentscheidungen also: Wer diese Sequenz zur Grundlage seines Urteils macht, wird die Hauptlast der Verantwortung denen zuschreiben, deren Entscheidungen die Kettenreaktion in Gang setzten – Österreich-Ungarn und Deutschland. Sie haben, wenn auch durch das Attentat provoziert, agiert, die anderen reagiert.

Von den komplexen Entscheidungskonstellationen kann nur andeutungsweise die Rede sein. Die Doppelmonarchie sah sich vom großserbischen Ehrgeiz Serbiens, der die südslawischen Gebiete der Monarchie im Visier hatte, existentiell herausgefordert. Sie glaubte, um ihr Überleben kämpfen zu müssen. Und nahm dabei, auf Deutschlands Stärke vertrauend, die Drohung russischer Intervention mit unbegreiflicher Gleichgültigkeit in Kauf. Deutschland sah die Schwäche seines Bundesgenossen; sah sich selbst stark, aber schwächer werdend in Relation zu der vermeintlich unaufhörlich wachsenden militärischen Macht Russlands; sah sich vom französischrussischen Bündnis umklammert, das im Begriff schien, auch militärisch zur Tripelentente zu werden. Sollte man dem Bundesgenossen in den Arm fallen und sich damit vielleicht auch diesem letzten Partner entfremden? War es nicht besser, den Krieg, der doch einmal kommen würde, rechtzeitig zu riskieren, jetzt, da noch Aussicht bestand, ihn zu gewinnen? Das war der Schluss, den vor allem die führenden Militärs zogen. An diesem Punkt wird sichtbar, dass die geographische Mittellage Deutschlands eben doch ein wesentlicher Faktor war. Einen Zwei-Fronten-Krieg gegen zwei Großmächte hatte nur Deutschland zu fürchten. Das Präventivkriegsdrängen des deutschen Generalstabs ist nicht zu erklären, wenn man die Zwänge dieser Lage nicht in Rechnung stellt.

Russland sah sich als Protektor der Balkanslawen, aller Slawen; es glaubte, Serbien nicht im Stich lassen zu dürfen. Die Monarchie sei in Gefahr, konnte man in den kritischen Julitagen in Petersburg hören, wenn man eine Demütigung Serbiens zulasse. Mit der panslawistischen Attitüde verbanden sich Russlands eigene Hegemonialinteressen auf dem Balkan, bis hin zu den Meerengen, die nur gegen die Doppelmonarchie (und damit auch gegen Deutschland) durchzusetzen waren. Für Frankreich schließlich war das Bündnis mit Russland der Eckstein seiner Sicherheit. Es war wichtiger als die Bewahrung des Friedens. Alles kam darauf an, dass Russland im Ernstfall gegen Deutschland antrat. Und dafür bot die Konstellation des Juli 1914 gute Aussichten – es war ja der Zusammenstoß zwischen Österreich und Russland auf dem Balkan, der den großen Krieg auslösen würde, wenn er denn kam. So hatte Poincaré bei seinem Besuch in Petersburg Mitte Juli dem Zaren denn auch keinen anderen Rat zu geben als den der „fermeté".

Es gibt, fasst man diese europäischen Konstellationen insgesamt ins Auge, gute Gründe für den Schluss, dass die Entente die etwas größeren Handlungsspielräume hatte. Sie war, mit dem Rückhalt an der seebeherrschenden Weltmacht England, die stärkere Allianz – niemand konnte bei allen Ungewissheiten der Krisenwochen ja daran zweifeln, dass England eine Niederwerfung Frankreichs durch Deutschland niemals zulassen würde. Sie stand nicht unter Zeitdruck, wie ihn Deutschland mit seinen militärischen Planungen für sich selbst erzeugt hatte. Zudem: Russlands Balkanaspirationen und Österreichs Überlebensinteressen waren nicht von gleichem Rang. Dennoch hat die Entente in keinem Augenblick ernsthaft darüber nachgedacht, wie weit sie der Doppelmonarchie entgegenkommen könne. Übrigens auch England nicht. Der zweite Blick auf die Krise sieht die Verantwortung für den Ausgang anders verteilt als der erste.

Schließlich die systemischen Gegebenheiten in ihrer Einwirkung auf die Handelnden. Für die Julikrise sind insbesondere die Struktur des Mächtesystems einerseits und bestimmte vorherrschende Denkweisen andererseits in Betracht zu ziehen. Ein hochgradig kompetitives Staatensystem, in zwei einander misstrauisch beobachtende Lager gespalten, ohne eine neutrale Macht von Gewicht, die im Krisenfall hätte beruhigend wirken können – England hatte sich im letzten Vorkriegsjahrzehnt zunehmend aus dieser Position zurückgezogen. Geprägt von dieser dualistisch-antagonistischen Struktur kreiste in der Krise auf beiden Seiten alles Denken fast monomanisch um die Frage, ob sich die Machtrelationen für die eigene Seite zu verschlechtern drohten oder günstiger gestalten ließen. Die Gegnerschaften wurzelten im Übrigen keineswegs nur in Interessensgegensätzen, sie waren emotional hoch aufgeladen. Wirkliche, handfeste Interessen der großen Mächte stießen in Europa eigentlich nur auf dem Balkan unmittelbar aufeinander, russische und österreichische nämlich; in einer Region freilich, die der Zerfall des osmanischen Reiches in den letzten Vorkriegsjahren extrem instabil, schwer kontrollierbar gemacht hatte.

In diesen Strukturen handelten Menschen, die nicht nur davon überzeugt waren, dass es legitim sei, für die eigenen Interessen Krieg zu führen, sondern auch sicher zu wissen meinten, dass der Krieg zwischen den beiden Mächtegruppen irgendwann kommen werde. Nichts fällt beim Studium der Quellen mehr auf als dieser gemeineuropäische Fatalismus. Der Friede war niemandem unter den Regierenden so viel wert, dass er einen wirklichen Preis für ihn zu zahlen bereit gewesen wäre. Jede Seite schob die Verantwortung für den Frieden der anderen zu. Sie sollte den Preis zahlen, und tat sie es nicht, dann musste eben Krieg sein. Nirgendwo, England ausgenommen, wird in der Krise bei den Regierenden so etwas wie ein Bewusstsein von einer gemeinsam wahrzunehmenden Friedensverantwortung sichtbar. Der dritte Blick zeigt uns ein Europa, in dem jedenfalls die großen Mächte in ihren Denk- und Verhaltensmustern einander erstaunlich ähnlich waren. Das Urteil über die Verantwortung für den Ausgang der Krise muss noch einmal anders formuliert werden.

Drei Perspektiven auf das gleiche Geschehen, drei unterschiedliche Ebenen des Geschehens, drei unterschiedliche Gewichtungen der Verantwortlichkeiten. Die drei Rekonstruktionen der Julikrise widersprechen sich nicht. Sie zeigen gemeinsam, dass einfache Schuldzuweisungen die Wirklichkeit dieser Krise verfehlen. Dass kein einfaches Urteil möglich sei, heißt nicht, dass kein Urteil möglich sei. Aber der Gestus schroffer Wahrheitsgewissheit, der die Jahrhundertdebatte über lange Strecken bestimmte, passt schlecht zu den Realitäten.

Renate Köcher

Zeitenwende

Die Digitalisierung verändert die meisten Lebensbereiche tiefgreifend: die Voraussetzungen für Information und Kommunikation, die Mobilitätsmuster, den beruflichen Alltag, die Freizeit, das Konsum- und Transaktionsverhalten. Es ist bemerkenswert, wie wenig die Bevölkerung diese gesellschaftlichen Veränderungen reflektiert. Selbst die Datenschutzdebatte flackert nur kurzfristig auf, führt aber nicht zu einem nachhaltigen Diskurs über die Schutzwürdigkeit und Schutzmöglichkeiten persönlicher Daten in der digitalen Welt. Sofern überhaupt Diskussionen geführt werden, sind sie oft von einem fatalistischen Grundton geprägt, wonach die neuen technischen Möglichkeiten die Welt nach den ihnen immanenten Gesetzmäßigkeiten verändern und als Option nur möglichst rasche Adaption zulassen.

Dies mag damit zu tun haben, dass wir uns immer noch in einer relativ frühen Phase des Aufbruchs in die digitale Welt befinden. Mittlerweile gehören zwar Internet, Handy und Smartphone so selbstverständlich zum Alltag der überwältigenden Mehrheit, dass eine Existenz ohne sie nicht mehr vorstellbar scheint. Es ist jedoch gerade einmal anderthalb Jahrzehnte her, dass die meisten das Internet nur vom Hörensagen kannten. Im Jahr 2000 nutzten lediglich 16 Prozent der Bevölkerung das Internet, 46 Prozent verfügten über ein Handy. 2005 nutzte bereits rund die Hälfte der Bevölkerung das Internet, 2010 waren es zwei Drittel, heute 75 Prozent. Fast alle, 95 Prozent, besitzen heute ein Mobiltelefon; der Kreis, der über ein internetfähiges Handy verfügt, hat sich in den vergangenen zwei Jahren von 15 auf 36 Prozent mehr als verdoppelt.

Generell gilt, dass sich neue Technologien, die als Erleichterung und Bereicherung empfunden werden, rasch ausbreiten, zumal in der Regel keine hohe finanzielle Hürde für ihre Nutzung zu überwinden ist. Die Dynamik der Entwicklung hängt davon ab, welchen Zusatznutzen innovative Technologien stiften. In Bezug auf die mobile Kommunikation und das Internet hat die überwältigende Mehrheit keinen Zweifel, dass diese in ihrem Alltag einen erheblichen Zusatznutzen stiften.

Das Empfinden dominiert, dass vieles einfacher, transparenter und besser zugänglich geworden ist. Die Bürger schätzen vor allem die Möglichkeiten, jederzeit Informationen abrufen zu können und das in der Regel ohne nennenswerte Kosten; sie sind von der Breite und Aktualität des Informationsangebotes beeindruckt. Die Mehrheit sieht das Internet auch als Möglichkeit, bei Transaktionen Zeit, Mühe und Geld zu sparen. 81 Prozent halten das Internet für gut geeignet, um sich rasch über aktuelle Entwicklungen zu informieren; 70 Prozent finden im Netz Informationen zu allen sie interessierenden Themen. 73 Prozent schätzen die zeitliche Autonomie, dass sie selbst entscheiden können, wann sie Informationen abrufen oder Bankgeschäfte und Online-Käufe tätigen. 66 Prozent sehen in der Möglichkeit des Preis- und Produktvergleichs eine deutliche Verbesserung der Markttransparenz und eine Stärkung ihrer Position als Verbraucher.

Drei Viertel der Bevölkerung ab 14 Jahre sind mittlerweile online, 88 Prozent der Bevölkerung unter 65. Für die Mehrheit von ihnen spielt das Internet sowohl beruflich wie privat eine große Rolle. Es wird in der Regel täglich, meist mehrmals täglich genutzt. Die Gratifikationen, der Zusatznutzen werden täglich erlebt und dominieren das Bewusstsein mit Abstand gegenüber den Risiken und unerwünschten Nebenfolgen des veränderten Informations- und Transaktionsverhaltens. Die große Mehrheit ist überzeugt, dass das Internet vor allem Nutzen stiftet; lediglich 10 Prozent assoziieren das Netz überwiegend mit Risiken und Nachteilen. Zwar ist die überwältigende Mehrheit überzeugt, dass das Netz auch Gefahren mit sich bringt; die meisten denken hier an den Missbrauch persönlicher Daten, an kriminelle Aktivitäten, Propaganda, Gewaltdarstellungen oder Pornographie, Gerüchte und Mobbing. Wirklich beunruhigt ist darüber jedoch nur eine Minderheit, Tendenz sinkend. Nur 21 Prozent der Bürger sind über die Risiken sehr beunruhigt.

Ein besonders verlässlicher Indikator für den Grad der Beunruhigung sind im Allgemeinen Verhaltensänderungen. Interessanterweise gibt es jedoch kaum einen signifikanten Zusammenhang zwischen der Sorge über die Risiken im Netz und der individuellen Internetnutzung. Das gilt für Informationsabrufe wie für Online-Banking und E-Commerce. Lediglich die Mitgliedschaft in sozialen Netzwerken ist bei besorgten Internetnutzern tendenziell niedriger als bei der großen Mehrheit der Unbesorgten. Zwar weiß die überwältigende Mehrheit, dass ihre Nutzung Spuren hinterlässt, von denen viele systematisch gesammelt werden. Zwei Drittel befürchten, dass ihre Daten im Netz nicht geschützt sind. Dies wird jedoch meist als unvermeidliche unerwünschte Begleiterscheinung hingenommen, die der tägliche Nutzen mehr als kompensiere.

Während über die Datenschutzprobleme zumindest sporadisch immer wieder eine Debatte aufflammt, finden andere gravierende ökonomische und gesellschaftliche Veränderungen, die sich im Gefolge der Digitalisierung vollziehen, bisher kaum öffentliche Aufmerksamkeit. Was die Vernetzung für die Weiterentwicklung von Wirtschafts- und speziell Produktionsstrukturen bedeutet, darüber wird in der Bevölkerung weder spekuliert noch diskutiert. „Industrie 4.0" ist bisher für die Bürger ein abstraktes Schlagwort, keine fassbare konkrete Vision. Auch die Veränderung der Handelsstrukturen findet nur wenig Beachtung. Da sich die Handelsstrukturen jedoch auch in den letzten Jahrzehnten immer wieder gewandelt haben, wird die wachsende Bedeutung von E-Commerce oft nur als ein weiterer Einflussfaktor gedeutet.

Mittlerweile nutzen knapp zwei Drittel der Bevölkerung zumindest sporadisch die Möglichkeit, online einzukaufen. Nicht nur die Zahl derjenigen, die via Internet einkaufen, wächst stetig, sondern auch die Frequenz der Käufe. Dies wird sich in den nächsten Jahren fortsetzen, da die jungen Verbraucher ihre Konsumwünsche mehr und mehr im Netz erfüllen. Während die auf den stationären Handel eingeschworenen Käufer in der Bevölkerung noch mit Abstand die stärkste Gruppe stellen, ist in der jungen Generation nur noch gut jeder Fünfte auf den stationären Handel fixiert. Ebenso viele kaufen generell am liebsten im Internet; die Mehrheit der Unter-30-Jährigen bevorzugt E-Commerce zumindest in bestimmten Produktfeldern und nutzt gleichzeitig häufig den stationären Handel – als Showroom, in dem Waren begutachtet werden, um sie anschließend im Netz zu ordern. Vor allem Reisen, Eintrittskarten, Bücher, CDs, DVDs und Kleidung werden mittlerweile in beträchtlichem Umfang online erworben, mit steigender Tendenz. Jeder Vierte erwirbt Bücher mittlerweile sogar bevorzugt im Internet, von den Unter-30-Jährigen bereits knapp jeder zweite, von denen, die sechzig Jahre alt sind oder älter, dagegen nur 9 Prozent. Im Zuge der Digitalisierung sind zumindest vorübergehend ausgeprägte generationenspezifische Kauf- und Informationskulturen entstanden. Diese Unterschiede werden sich allmählich wieder zurückbilden, da sich die mittlere und die ältere Generation zunehmend E-Commerce, sozialen Netzwerken und den digitalen Informationsmöglichkeiten zuwenden.

Eine Branche, die durch die Digitalisierung bereits jetzt vor enorme Herausforderungen gestellt wird, sind die Medien, insbesondere die Printmedien. Das jederzeit verfügbare und in der Regel kostenlose Informationsangebot im Netz hat das Informationsverhalten weiter Bevölkerungskreise und insbesondere der jungen Generation gravierend verändert. Die Reichweite der Tageszeitungen und Zeitschriften ist zwar auch heute beeindruckend; mit den regionalen und überregionalen Tageszeitungen werden knapp sechzig Prozent der Erwachsenen erreicht. Diese Reichweite geht jedoch seit Jahren langsam, aber kontinuierlich zurück, in der jungen Generation geradezu erdrutschartig. Von den Unter-30-Jährigen werden heute noch dreißig Prozent über Tageszeitungen erreicht.

Die Einschätzung, hier werde lediglich eine Informationsquelle durch eine andere ersetzt, greift zu kurz. Das Internet spielt in der tagesaktuellen Information nach wie vor eine untergeordnete Rolle. Stichtagsbefragungen zeigen, dass lediglich jeder Fünfte und auch nur dreißig Prozent der Unter-30-Jährigen sich regelmäßig über das politische und wirtschaftliche Geschehen im Internet informieren. Die Nutzung des Internets folgt anderen Gesetzen als die Nutzung von Printmedien und insbesondere der Tageszeitungen. Typisch für die Lektüre von Tageszeitungen ist die regelmäßige Nutzung, für das Internet sind dagegen eindrucksvolle weite Nutzerkreise, aber ein deutlich geringerer Anteil regelmäßiger Nutzer bestimmter Informationen typisch. So beziehen 64 Prozent der gesamten Bevölkerung politische Informationen auch aus dem Netz, jedoch nur 21 Prozent mit einer gewissen Regelmäßigkeit. Gleichzeitig ist das Zeitbudget, das in die tägliche aktuelle Information investiert wird, online signifikant niedriger als bei der Lektüre von Tageszeitungen. Die Schnelligkeit des Mediums generiert auch eine schnelle und scharf selektive Nutzung.

Entsprechend vollzieht sich hier kein bloßer Substitutionsprozess, sondern ein tiefgreifender Wandel im Umgang mit Informationen. Die regelmäßige Information wird sukzessive durch Information bei Bedarf ersetzt, wird stärker impulsgetrieben und enger auf das fokussiert, was von vornherein interessiert. Eine Folge ist die Verengung des Interessensspektrums der jungen Generation, die sich heute weniger für Politik, Wirtschaft oder Kultur interessiert als Unter-30-Jährige vor zehn, fünfzehn Jahren. All dies verändert die Voraussetzungen für Information, Meinungsbildung und gesellschaftlichen Diskurs in einem Maße, das vielen noch gar nicht bewusst ist.

Jaron Lanier

Der High-Tech-Frieden braucht eine neue Art von Humanismus

Rede zur Verleihung des Friedenspreises des Deutschen Buchhandels

Dieser geschichtsträchtige Preis darf nicht mir allein gelten. Ich kann ihn nur im Namen der Weltgemeinschaft der digitalen Aktivisten und Idealisten annehmen, auch wenn viele von uns nicht einer Meinung sind. Ich nehme diesen Preis auch zu Ehren des Lebens von Frank Schirrmacher entgegen, der in unserer Zeit eine Quelle des Lichts gewesen ist. Er wird uns schrecklich fehlen.

Gerne würde ich hier eine Rede halten, die zum großen Teil positiv und inspirierend ist, aber als Realist bin ich gezwungen, manchmal etwas dunkler zu werden. Wenn man dem Realismus genug Vertrauen schenkt, kann man sich durch die Ausläufer der Dunkelheit hindurch brennen. Denn oft stellt sich heraus, dass auf der anderen Seite das Licht wartet.

Wir leben in einer verwirrenden Zeit. In der entwickelten Welt haben wir so lange Überfluss genossen, dass wir ihn kaum noch zu schätzen wissen. Wir lieben besonders unsere Gadgets, denen wir immer noch Neues abgewinnen können, aber vieles deutet darauf hin, dass wir, wenn wir die Augen weiter öffnen würden, über den Rand eines Abgrunds blickten.

Es tut mir weh, die bekannte Liste der aktuellen Gefahren anzustimmen: zuallererst der Klimawandel; die Spiralen von Bevölkerungswachstum und Abwanderung, die unseren Gesellschaften völlig entgegenlaufen; unsere Unfähigkeit, für die Neige der billigen fossilen Brennstoffe vorzusorgen; die scheinbar unausweichlichen Wellen von Sparmaßnahmen; die unhaltbaren Trends von Reichtumskonzentration; der Aufstieg gewalttätiger Extremisten in vielerlei Formen an vielerlei Orten... und natürlich sind all diese Prozesse miteinander verstrickt.

Angesichts dessen ist es für viele von uns (und für mich am meisten) natürlich eine Überraschung, dass der diesjährige Friedenspreis des Deutschen Buchhandels ausgerechnet an eine Figur wie mich verliehen wird, die mit dem Aufstieg der digitalen Technologien assoziiert wird. Sind digitale Spielzeuge nicht mehr als der flüchtige Schaum auf den großen dunklen Wellen?

Digitale Errungenschaften haben auf jeden Fall geräuschvolle Veränderungen in unsere Kultur und Politik gebracht.

Fangen wir mit den guten Nachrichten an. Wir haben einen ersten Blick darauf erhascht, was eine digital effiziente Gesellschaft sein könnte, und trotz der Absurdität der Überwachungsökonomie, für die wir uns scheinbar bisher entschieden haben, dürfen wir nicht vergessen, dass es auch viel Positives gibt. Wie sich zeigt, kann Abfall systematisch reduziert werden, genau in dem Moment, da wir den Klimawandel noch wirksamer bekämpfen müssen. Wir haben festgestellt, dass sich Sonnenenergie viel effektiver nutzen lässt, als viele für möglich gehalten hätten, indem sie an ein intelligentes Netz gekoppelt wird, um zuverlässig zur Verfügung zu stehen. Das ist genau die Art von positiven Optionen, die meine Kollegen und ich uns von einer digitalen Vernetzung erhofft hatten. Doch die praktischen Hoffnungen für digitale Netzwerke werden von einem symbolischen, fast metaphysischen Projekt begleitet. Die digitale Technik wird in unserer Zeit als maßgeblicher Kanal des Optimismus überfrachtet. Und das, nachdem vor ihr so viele Götter versagt haben. Was für ein sonderbares Schicksal für ein Phänomen, das als sterile Ecke der Mathematik begonnen hatte.

Trotzdem ist digitaler Kulturoptimismus nicht verrückt. Wir haben neue Muster der Kreativität gesehen und vielleicht sogar ein paar neue Fühler der Empathie gefunden, die sich über frühere Barrieren wie Entfernung und kulturelle Fremdheit hinaus strecken. Diese freudigen Ereignisse wurden inzwischen erschöpfend gefeiert, aber sie bleiben eine Tatsache. Um ein triviales persönliches Beispiel zu geben, wie herrlich, dass ich heute mit Ud-Spielern auf der ganzen Welt in Verbindung stehe, mit denen ich über das Internet für Konzerte proben kann. Es macht einen Riesenspaß.

*

Ich habe ein paar der guten Dinge erwähnt, doch wenn wir unser digitales Spielzeug verwenden, unterwerfen wir uns bekanntermaßen der billigen und beiläufigen Massenspionage und -manipulation. Damit haben wir eine neue Klasse ultra-elitärer, extrem reicher und unberührbarer Technologen erschaffen; und allzu oft geben wir uns mit dem Rausch eines digital effizienten Hyper-Narzissmus' zufrieden. Ich habe immer noch größere Freude an Technologie, als ich ausdrücken kann. Die virtuelle Realität kann Spaß machen und wunderschön sein. Trotzdem stehe ich hier, so kritisch. Denn Widersprüche und Mehrdeutigkeiten zu vermeiden, heißt, die Realität zu vermeiden.

Können wir zurücktreten und Bilanz ziehen? Gibt es derzeit mehr digitales Licht oder mehr Dunkelheit? Dies ist eine Frage, über die Online-Kommentatoren täglich viele tausend Mal nachdenken. Eine Meinung über die Internet-Kultur abzugeben, ist wie ein Tropfen aus einer Pipette auf einen Bürgersteig bei Sturzregen. Jeder, der im Netz das Wort ergreift, weiß, wie es heutzutage ist. Entweder du schließt dich mit denen zusammen, die deine Meinung teilen, oder deine Meinung wird sofort von gewaltigen Klingen in den großen grauen Brei püriert. In der

Online-Welt führen These und Antithese, eine Hand und die andere, nicht mehr zu einer höheren Synthese. Hegel wurde enthauptet. Stattdessen gibt es nur statistische Datenwellen, die unaufhörlich zu erstaunlichen Vermögen zusammengerührt werden von denen, die sie benutzen, um ihren wirtschaftlichen Vorteil auszurechnen. Der Friedenspreis des Deutschen Buchhandels hat mit Büchern zu tun, also müssen wir uns in der Ära der digitalen Übernahme fragen: „Was ist ein Buch?"

Im Internet gibt es ebenso viele Kommentare über das Internet wie Pornographie und Katzenfotos, aber in Wirklichkeit können nur Medien außerhalb des Internet – insbesondere Bücher – Perspektiven und Synthesen aufzeigen. Das ist einer der Gründe, warum das Internet nicht zur einzigen Plattform der Kommunikation werden darf. Wir haben am meisten davon, wenn es nicht gleichzeitig Subjekt und Objekt ist.

Aus diesem Grund schreibt ein Geschöpf der digitalen Kultur wie ich Bücher, wenn es Zeit ist, einen Blick auf das große Ganze zu werfen. Denn es besteht die Chance, dass ein Leser ein ganzes Buch liest. Zumindest gibt es einen ausgedehnten Moment, den ich mit dem Leser teile.

Wäre ein Buch nicht mehr als ein Erzeugnis aus Papier, könnten wir es nur auf die Art feiern, wie wir Klarinetten oder Bier feiern. Wir lieben diese Dinge, aber es sind eben nur bestimmte Erfindungen, aus denen sich Produkte entwickelt haben, mit ihren jeweiligen Fachmessen und Subkulturen.

Doch ein Buch greift viel tiefer. Es ist die Feststellung eines bestimmten Verhältnisses zwischen einem Individuum und der menschlichen Kontinuität. Jedes Buch hat einen Autor, eine Person, die ein Risiko auf sich genommen und eine Verpflichtung eingegangen ist, in dem sie sagt: „Ich habe einen wesentlichen Teil meines kurzen Lebens damit verbracht, eine bestimmte Geschichte und einen bestimmten Standpunkt wiederzugeben, und ich bitte euch, dasselbe zu tun, indem ihr mein Buch lest: Darf ich so viel Engagement von euch verlangen?" Ein Buch ist ein Bahnhof, nicht die Gleise. Bücher sind ein Spiel mit hohem Einsatz, vielleicht nicht in Bezug auf Geld (im Vergleich mit anderen Branchen), doch in Bezug auf Aufwand, Engagement, Aufmerksamkeit, der Bereitstellung unseres kurzen Menschenlebens und unseres Potenzials, positiven Einfluss auf die Zukunft zu nehmen. Autor zu sein, zwingt uns zu einer vermenschlichenden Form der Verwundbarkeit. Das Buch ist ein Bauwerk menschlicher Würde.

Das Wesen des Buchs ist Beweis dafür, dass individuelle Erfahrung existenziell für die Bedeutungsebene ist, denn jedes Buch ist anders. Bücher aus Papier sind naturgemäß nicht zu einem kollektiven universalen Buch verquirlt. Seltsamerweise ist für uns der Gedanke normal geworden, es gäbe nur einen Wikipedia-Eintrag für ein humanistisches Thema, für das es absolut nicht die eine optimierte Darstellung geben kann; die meisten Themen sind keine mathematischen Sätze. Im Zeitalter des Buchdrucks gab es viele verschiedene Enzyklopädien, von denen jede einen Blickwinkel vertreten hat, und doch gibt es im digitalen Zeitalter nur eine. Wieso muss das so sein? Es ist keine technische Zwangsläufigkeit, trotz „Netzwerkeffekten". Es ist eine Entscheidung, die auf dem unbestrittenen, aber falschen Dogma beruht, Ideen selbst sollten mit Netzwerkeffekten gekoppelt werden. (Manche sagen, Wikipedia werde zum Gedächtnis einer globalen künstlichen Intelligenz.) Bücher verändern sich. Einige der Metamorphosen sind kreativ und faszinierend. Ich bin entzückt von der Vorstellung, eines Tages könnte es Bücher geben, die sich mit virtuellen Welten synchronisieren, und von anderen seltsamen Ideen.

Aber zu viele der Metamorphosen sind unheimlich. Plötzlich müssen wir uns gefallen lassen, überwacht zu werden, um ein eBook zu lesen! Auf was für einen eigentümlichen Handel haben wir uns da eingelassen! In der Vergangenheit kämpften wir, um Bücher vor den Flammen zu retten, doch heute gehen Bücher mit der Pflicht einher, Zeugnis über unser Leseverhalten abzulegen, und zwar einem undurchsichtigen Netzwerk von Hightech-Büros, von denen wir analysiert und manipuliert werden. Was ist besser für ein Buch, ein Spionagegerät zu sein oder Asche?

Bücher haben uns immer geholfen, die Probleme zu lösen, die wir uns aufgehalst haben. Jetzt müssen wir uns selbst retten, indem wir die Probleme erkennen, die wir den Büchern aufhalsen.

*

Abgesehen von Büchern geht es bei einem „Friedenspreis" offensichtlich um Frieden, aber was meinen wir mit Frieden?

Ganz sicher muss Frieden bedeuten, dass keine Gewalt und kein Terror benutzt werden, um Macht oder Einfluss zu gewinnen. Aber dem Frieden müssen außerdem schöpferische Eigenschaften innewohnen.

Die meisten von uns wollen keine statische oder stumpfsinnige Existenz akzeptieren, selbst wenn sie frei von jeder Gewalt wäre. Wir wollen nicht die friedliche Ordnung akzeptieren, die uns autoritäre oder aufgezwungene Lösungen vermeintlich bieten, seien sie digital oder altmodisch. Genauso wenig dürfen wir erwarten, dass zukünftige Generationen für immer unsere Version einer nachhaltigen Gesellschaft akzeptieren, ganz gleich wie klug wir sind und wie gut unsere Intentionen.

Frieden ist also ein Puzzle. Wie können wir frei sein, ohne die Freiheit zu missbrauchen? Wie kann Frieden gleichzeitig abwechslungsreich und stabil sein?

Die Kompromisse zwischen Freiheit und Stabilität, die wir erlebt haben, neigen dazu, auf Bestechung zu beruhen – durch stetig wachsenden Konsum –, aber das scheint auch keine langfristige Lösung zu sein. Vielleicht ließe sich die Gesellschaft durch digitale Boni stabilisieren, das ist zumindest eine Idee, die man im Silicon Valley häufiger hört. Bringt die Leute dazu, ihren CO_2-Fußabdruck zu verringern, indem ihr sie mit virtuellen Vergütungen in Videospielen umgarnt. Am Anfang mag es funktionieren, aber dieser Ansatz hat etwas Verlogenes, Gönnerhaftes an sich. Ich glaube, wir wissen heute einfach noch nicht genug, um Lösungen für das langfristige Puzzle Frieden zu finden. Das mag negativ klingen, aber eigentlich ist es eine ganz klar optimistische Aussage; denn ich glaube, dass wir immer mehr über den Frieden lernen.

Die dunkelste meiner digitalen Ängste betrifft das, was ich den „Rudelschalter" nenne. Es ist die These von einem hartnäckigen Zug des menschlichen Charakters, der sich dem Frieden widersetzt.

Nach dieser Theorie sind die Menschen Wölfe; wir gehören zu einer Spezies, die als Individuum oder als Rudel funktionieren kann. In uns ist ein Schalter. Und wir neigen dazu, uns immer wieder plötzlich in Rudel zu verwandeln, ohne dass wir es selbst bemerken.

Wenn es eines gibt, das mich am Internet ängstigt, dann dies: Es ist ein Medium, das „Flashmobs" auslösen kann und regelmäßig schlagartig „virale" Trends schafft. Zwar haben diese Effekte bisher noch keinen größeren Schaden angerichtet, aber was haben wir im Gegenzug, um sie zu verhindern? Wenn Generationen heranwachsen, die sich großenteils über globale korporative Cyber-Strukturen wie geschützte soziale Netzwerke organisieren und austauschen, woher wissen wir, wer die Kontrolle über diese Strukturen erbt?

*

Die traditionelle Definition von „Frieden" bezieht sich auf den Frieden zwischen Rudeln oder Klans, und so ist „Stammesgefühl" vielleicht die gefährlichste unserer Sünden. Es zersetzt uns tief im Wesen.

Trotzdem wird Schwarmidentität fast überall als Tugend angesehen. Das Buch der Sprüche im Alten Testament enthält eine Liste von Sünden, darunter Lügen, Mord, Hochmut und so weiter, aber auch „Hader zwischen Brüdern säen". Ähnliche Gebote gibt es in allen Kulturen, allen politischen Systemen, allen Religionen, die ich studiert habe. Ich will damit nicht sagen, dass alle Kulturen und Glaubensbekenntnisse gleich sind, sondern dass es eine Gefahr gibt, die uns gemein ist, weil sie in unserer Natur liegt, und die wir abzuwehren lernen müssen. Die Loyalität zum Rudel wird immer wieder mit Tugend verwechselt, obwohl – besonders wenn! – Menschen sich selbst als Rebellen sehen. Es tritt immer Rudel gegen Rudel an.

Dies gilt für die Anhänger bestimmter Pop-Richtungen oder Stile digitaler Politik wie für traditionelle Volkszugehörigkeiten, Nationalitäten und Religionen. In der digitalen Kultur zum Beispiel wird schnell diffamiert, wer sich nicht streng genug zum Dogma der „offenen" Netzgemeinde bekennt.

Immer wieder brechen krude „Sünden" wie Habgier oder Rudel-Mentalität hässlich, aber verstohlen durch unsere sorgsam kultivierten Muster des perfekten Denkens – ausgerechnet dann, wenn wir uns einbilden, wir wären nahe an der technischen Perfektion. Die großartige Idee der Menschenrechte wird in unserer algorithmischen Ära durch Kumpanei zunichte gemacht. Nach Generationen von Denkern und Aktivisten, die für die Menschenrechte kämpften, was ist passiert? Konzerne sind Personen geworden – das hat zumindest das Oberste Gericht der Vereinigten Staaten entschieden! Ein Menschenrecht ist ein uneingeschränkter Vorteil, also verschwören sich gewiefte Spieler, um für sich und ihre Rudel-Kumpane das Vielfache dieses Vorteils zu errechnen. Was können wir in Amerika noch mit der Idee der Menschenrechte anfangen? Sie wurde ad absurdum geführt.

Ein anderes Beispiel: Ausgerechnet wenn digitale Unternehmen glauben, sie täten das Bestmögliche, optimieren die Welt, stellen sie plötzlich fest, dass sie ein gewaltiges Imperium der Spionage und Verhaltensmanipulation leiten. Man denke an Facebook, das erste große öffentliche Unternehmen dieser Art, das von einem einzigen sterblichen Individuum kontrolliert wird. Facebook steuert heute zum großen Teil die Muster sozialer Verbindungen in der ganzen Welt. Doch wer wird seine Macht erben? Steckt in diesem Dilemma nicht eine neue Art von Gefahr?

In Deutschland hat dieses Thema natürlich ein besonderes Echo. Gerne würde ich etwas Tiefgründiges dazu sagen, aber offen gestanden verstehe ich einfach nicht, was passiert ist. Meine Mutter kam aus Wien, und viele ihrer Verwandten fielen dem Übel und der hochglänzenden Mega-Gewalt des Nazi-Regimes zum Opfer. Als junges Mädchen hat sie schreckliches Leid erlebt und wäre fast selbst gestorben. Wenn mir diese Ereignisse nicht so nahe wären, wenn ich ihre Wirkung gedämpfter zu spüren bekommen hätte, fiele es mir jetzt vielleicht leichter, so zu tun, als würde ich verstehen, was passiert ist, wie so viele Gelehrte behaupten.

*

Auch wenn ich viel darüber gelesen habe, finde ich es immer noch unglaublich schwer, die Nazi-Zeit zu verstehen. Auf jeden Fall haben die Nazis bewiesen, dass eine moderne, hoch technisierte Sensibilität kein Schutz gegen das Böse ist. In dieser Hinsicht verstärkt die Nazi-Zeit meine Sorge, dass das Internet als überlegene Plattform für plötzliche Massengewaltausbrüche von Rudeln oder Clans dienen könnte. Doch ich glaube auch nicht, dass die strikte Ablehnung von Rudel/Clan-Identitäten der beste Weg wäre, die damit verknüpfte Gewalt zu vermeiden. Anscheinend brauchen die Menschen sie. Länder wehren sich in den meisten Fällen dagegen, ihre Identität zugunsten größerer Konföderationen aufzugeben. Nur sehr wenige Menschen sind bereit, als Weltbürger zu leben, von jeder nationalen Bindung losgelöst. Es ist etwas Unwirkliches, Abstraktes an einem solchen Versuch, den menschlichen Charakter zu perfektionieren. Das Beste wäre vielleicht, wenn jedes Individuum vielen verschiedenen Gruppen angehörte, so dass kaum klare Klans erkennbar wären, die gegeneinander antreten könnten. Während der digitalen Anfänge vor ein paar Jahrzehnten war genau das meine Hoffnung für digitale Netzwerke. Wenn sich in einer besser verbundenen Welt jeder Mensch zu einer verwirrenden Vielfalt von „Teams" zugehörig fühlen würde, wären die Loyalitäten vielleicht zu komplex, als dass traditionelle Rivalitäten eskalieren könnten.

Das ist auch der Grund, warum mir der Trend sozialer Netzwerke Sorgen bereitet, die Leute in Gruppen zusammenzutreiben, um sie zu besseren Zielscheiben für das zu machen, was sich heute Werbung nennt, in Wirklichkeit wohl eher das Mikromanagement der billigsten Option, die der Verlinkung.

Die Welt kommt mir jedes Mal vor wie ein besserer Ort, wenn mir jemand begegnet, der sich mehreren Sportmannschaften verbunden fühlt und sich bei einem Spiel nicht entscheiden kann, zu wem er hält. Dieser Mensch ist begeistert, aber er ist auch verwirrt; plötzlich ist er ein Individuum und kein Teil eines Rudels mehr. Der Schalter wird zurückgesetzt.

Diese Art von Rücksetzung ist interessant, weil es die äußeren Umstände sind, nicht der Ausdruck von Ideen, die die Veränderung des Blicks bewirken, denn genau das passiert in der Technologie ständig.

*

In der Vergangenheit konnte eine Idee in einem Buch überzeugend oder verführerisch sein, oder sie konnte den Menschen mit Gewehren und Schwertern aufgezwungen werden. Heute aber sind die Ideen in dem Computercode versteckt, mit dem wir unser Leben führen. Datenschutz ist ein Beispiel dafür. Ganz gleich, was man über Datenschutz denkt, es ist der Code, der in fernen Cloud-Computern läuft, der bestimmt, welche Konzepte von Datenschutz gelten.

Die Idee von Datenschutz hat viele Facetten, breit gefächert und stets schwer zu definieren, doch der Code, der Datenschutz schafft oder verhindert, ist auf banale Weise konkret und allgegenwärtig. Datenschutz ist längst keine persönliche Entscheidung mehr, und damit nicht einmal mehr ein Thema, über das wir im alten Sinn nachdenken können. Nur fanatische Scholastiker verschwenden ihre Zeit mit irrelevanten Fragen. Das einzig sinnvolle Nachdenken über Datenschutz wäre ein Nachdenken, dass zu Veränderungen im Code führt. Doch wir haben unsere

Politik zum großen Teil an ferne Konzerne „outgesourct", womit es oft keinen klaren Kanal zwischen dem Denken und dem Kodieren gibt, also zwischen dem Denken und der gesellschaftlichen Realität. Programmierer haben eine Kultur geschaffen, in der sie den Regulatoren davonlaufen können.

Wir verlangen von den Regierungen, sich mit größter Vorsicht in die bizarren Prozesse zu begeben, um zu regulieren, wie die Cloud-basierten Konzerne unsere Kommunikation und unsere koordinierten Interaktionen kanalisieren. Doch manchmal unterwandern Programmierer das, wozu die Unternehmen gezwungen wurden, und führen die Regierungseingriffe ad absurdum. Dieses Muster hat sich beim Urheberrecht gezeigt, und auf andere Art bei Themen wie dem Recht auf Vergessen und gewissen Bereichen des Datenschutzes, insbesondere der Privatsphäre von Frauen online. (Die derzeitige Praxis privilegiert anonyme Schikanierer gegenüber den Frauen, die schikaniert werden.)

In jedem Fall wollen viele der kreativsten und gutmütigsten Aktivisten nicht, dass Menschen die Möglichkeit haben, sich gegen die „Offenheit" des Netzes zu wehren. Gleichzeitig aber haben viele digitale Aktivisten eine scheinbar unendliche Toleranz gegenüber der gigantischen Ungleichheit, wer von dem allsehenden Auge profitiert.

Big Data schürt die algorithmische Konzentration von Reichtum. Zuerst ist es in der Musik- und Finanzbranche passiert, doch der Trend greift auf jeden zweiten Schauplatz menschlicher Aktivität über. Algorithmen erzeugen keine Garantien, doch sie zwingen nach und nach die breite Gesellschaft dazu, Risiken zu übernehmen, von denen nur ein paar wenige profitieren. Dies wiederum führt zu Austerität, rigorosen Sparmaßnahmen seitens der Politik. Da Austerität mit einer Share Economy gekoppelt ist (denn Sharing liefert die Daten, mit denen die Maschine läuft), erlebt jeder einzelne, bis auf die winzige Minderheit ganz oben auf den Rechnerwolken, einen graduellen Verlust von Sicherheit.

Diese Entwicklung ist in meinen Augen die bisher größte negative Konsequenz der Netzwerktechnologie. Womit ich ein anderes Problem nicht ignorieren will, das viel mehr Aufmerksamkeit erhalten hat, weil es spektakulärer ist. Denn eine der Nebenwirkungen der algorithmischen Überwachungswirtschaft ist das zwangsläufige Durchsickern der gesammelten Daten in die Computer nationaler Geheimdienste. Das meiste, das wir heute darüber wissen, verdanken wir Edward Snowdens Enthüllungen. Staatlicher Überwachung entgegenzuwirken ist grundlegend für die Zukunft der Demokratie, aber Aktivisten dürfen nicht vergessen, dass wir es im Moment mit einer Situation zu tun haben, in der durch Mechanismen von ungleicher Wohlstandsverteilung und Austerität die Regierungen zugunsten der Unternehmen geschwächt werden, die die Daten überhaupt einsammeln. Das gilt natürlich nur für Demokratien; nicht-demokratische Regimes übernehmen die Kontrolle über ihre eigenen Clouds, so wie wir es zum Beispiel in China sehen.

Manchmal frage ich mich, ob wir unsere Demokratien an Technologie-Firmen outgesourct haben, damit wir nicht selbst zur Rechenschaft gezogen werden können. Wir geben unsere Macht und unsere Verantwortung einfach ab.

*

Bevor es zu Missverständnissen kommt, möchte ich folgendes klar stellen. Ich bin kein Gegner großer Konzerne. Ich mag große Konzerne, vor allem große Technologie-Konzerne. Meine Freunde und ich haben ein Start-up-Unternehmen an Google verkauft, und im Moment habe ich eine Forschungsstelle bei Microsoft. Wir dürfen einander keiner Reinheitsprüfung unterziehen, als wären wir Cloud-Algorithmen, die sich gegenseitig für gezielte Werbung analysieren.

Die verschiedenen Institutionen, die von Menschen erfunden werden, müssen sich nicht gegenseitig auslöschen, sondern können sich gegenseitig ins Gleichgewicht bringen. Wir können lernen, „loyale Opposition" innerhalb der Institutionen zu sein, die wir unterstützen oder zumindest tolerieren, seien es Regierungen, Unternehmen, Religionen, etc. Wir müssen nicht immer zerstören, um etwas zu erschaffen. Wir können und sollten in einem Knäuel von Loyalitäten leben. So könnten wir den Rudel-Schalter vermeiden.

Zu lernen, über den Standpunkt der Opposition hinauszudenken, kann Klarheit bringen. Ich widerspreche zum Beispiel sowohl denen, die für die flache Verteilung wirtschaftlicher Vorteile sind, als auch denen, die das Star-System nach dem Motto „The Winner takes it all" favorisieren, das sich in der High-Tech-Wirtschaft der letzten Jahre abzeichnet. Die Wirtschaft muss weder ein Turm sein, der über ein Meer törichter Anwärter aufragt, noch ein Salzsee, in dem alle von einer Kontrollinstanz zur Gleichheit gezwungen werden. Ich spreche mich für eine Wirtschaft mit einer breiten Mitte aus. Alles, was in der Wirklichkeit vermessen wird, sollte eine Glockenkurve ergeben. Lassen sich die Erträge einer Wirtschaft als Glockenkurve darstellen, ist diese Wirtschaft nicht nur ehrlich, sondern auch stabil und demokratisch, denn die Macht ist breit verteilt. Wer wirtschaftliche Gerechtigkeit zum Ziel hat, sollte nicht aus Prinzip die Reichen verdammen, sondern stattdessen die Delle in der Mitte der Verteilung.

Der Konflikt zwischen der Linken und der Rechten ist schon so lange so akut, dass wir nicht einmal über ein ehrliches Vokabular verfügen, um die ehrliche Mathematik der Glockenkurve zu beschreiben. Wir können nicht von einer „Mittelklasse" sprechen, denn der Begriff ist zu belastet. Und doch ist diese schwer zu artikulierende Mitte das Herz der Mediation, wo wir den Frieden suchen müssen.

So langweilig es zunächst klingen mag, tatsächlich ist die Mediation zwischen den Fronten sowohl der spannendste als auch der vielversprechendste Weg nach vorn. Ständig werden wir mit den Gegensätzen von Alt und Neu konfrontiert, ständig müssen wir uns entscheiden. Sollen wir altmodische Taxis mit ihren altmodischen Rechten für die Fahrer unterstützen oder neue Arten von Services wie Uber, die digitale Effizienz bieten?

Doch diese Entscheidungen sind falsche Entscheidungen! Die einzig ethische Option ist die Synthese aus dem Besten der prä-digitalen und der digitalen Systeme.

*

Eine Schwierigkeit dabei ist, dass wir Technologen oft in alten Fantasien des Übernatürlichen gefangen sind, die uns daran hindern, ehrlich über unsere Arbeit zu reden. Einst träumten Wissenschaftler davon, Maschinen mit magischen Formeln zum Leben zu erwecken, so dass sie autark würden. Später sollten Algorithmen künstlicher Intelligenz Bücher schreiben, Treibstoffe abbauen, technische Geräte herstellen, Kranke pflegen und Lastwagen fahren. Auch wenn diese Entwicklung zu hoher Arbeitslosigkeit führen würde, würde sich die Gesellschaft allmählich anpassen, vielleicht mit einer Wende zum Sozialismus oder zum bedingungslosen Grundeinkommen. Aber der Plan hat nie funktioniert. Stattdessen wird, was wie Automatisierung aussieht, in Wirklichkeit von Big Data angetrieben. Die größten Computer der Welt ernten Daten von dem, was echte Menschen tun – Schriftsteller zum Beispiel –; sie verhalten sich wie die flächendeckendsten Spionagedienste der Weltgeschichte, und diese Daten werden dann aufbereitet, um die Maschinen zu betreiben.

Wie sich zeigt, bedarf die "Automatisierung" also immer noch riesiger Massen von Menschen! Doch dem Traum einer maschinenzentrierten Zukunft zuliebe müssen diese echten Menschen anonymisiert und vergessen werden. Dieser Trend lässt die Bedeutung von Urheberschaft schrumpfen, doch über kurz oder lang schrumpft auch die Wirtschaft im Ganzen, während die Entwicklung nur die reich macht, denen die größten Spionagecomputer gehören.

Um scheinbar automatische Übersetzungsprogramme zu erschaffen, muss täglich die Arbeit von Millionen von echten Übersetzern gescannt werden (um Aktualität zu gewährleisten). Und dieses Arrangement ist ein ganz typisches Beispiel.

In der Regel verschleiert jede scheinbare Automatisierung die Entrechtung der Menschen, die hinter dem Vorhang die Arbeit leisten, was wiederum zu Austerität führt, die wiederum Sozialismus, Grundeinkommen und ähnliches als Kompensation für die bühnenwirksam simulierte Arbeitslosigkeit ausschließt. Dieser Zyklus ist ein kolossales Beispiel dafür, wie sich schlaue Leute dumm verhalten.

„Disrupt" (Zerstörung) ist vielleicht das häufigste Wort in der digitalen Kultur und Geschäftswelt. Wir tun so, als wäre es schwer, „kreative Zerstörung" – ein besonders beliebter Tropus in der modernen Wirtschaftsrhetorik – differenziert von reiner Zerstörung zu sehen. Aber so schwer ist es gar nicht. Sehen Sie sich um, ob Menschen nicht ihre Sicherheit und Sozialleistungen verlieren, obwohl das, was sie tun, immer noch gebraucht wird. Die Peitsche ist überflüssig geworden, doch die Dienstleistungen, die in jüngster Zeit durch digitale Services effizienter gemacht wurden, sind meistens nur umformatiert, nicht abgelöst worden. Jedes Mal, wenn jemand einen Cloud-Service einführt, um einen Aspekt des Lebens leichter zu machen – sei es der Zugang zu Musik, Mitfahrgelegenheiten, Verabredungen, Krediten etc. -, wird in Kauf genommen, dass die Menschen zuvor einen gewissen Schutz genossen hatten, der nun in Vergleich zu früheren Regelungen seinen Wert verliert.

Künstler, die vom Urheberrecht profitierten, werden im neuen System ihr Recht verlieren. Arbeiter, die in einer Gewerkschaft organisiert waren, werden es nicht mehr sein. Fahrer, die bestimmte Lizenzen und Verträge hatten, müssen ohne sie auskommen. Und auch ganz normale Bürger, die ein Recht auf Datenschutz hatten, müssen sich der neuen Ordnung anpassen. Der Anspruch, dass alte Vorrechte über Bord geworfen werden müssen – etwa Datenschutz oder die Errungenschaften der Arbeiterbewegung –, um neuer technologischer Effizienz Platz zu machen, ist grotesk. Technologie-Idealisten betonen häufig, dass die alten Vorrechte unvollkommen, unfair und korrupt waren – was in vielen Fällen stimmt -, aber sie geben selten zu, dass die neue Situation eklatant weniger Rechte und ein erheblich größeres Maß an Ungerechtigkeit bietet. Allen Technologie-Schaffenden gebe ich zu bedenken: Wenn eine neue Effizienz von digitalem Networking auf der Zerstörung von Würde beruht, seid ihr nicht gut in eurem Fach. Ihr schummelt. Gute technologische Neuerungen müssen sowohl die Leistung als auch die Würde der Erbringer verbessern.

Wir Menschen sind Genies darin, uns durch den Gebrauch von Computern verwirren zu lassen. Das wichtigste Beispiel dafür ist, dass Computer so tun, als wäre Statistik eine adäquate Beschreibung der Realität. Dies mag klingen wie ein nebensächliches technisches Problem, aber in Wirklichkeit liegt genau hier der Kern der wirtschaftlichen und sozialen Herausforderungen unserer Zeit.

Es gibt eine exponentiell ansteigende Zahl von Hinweisen darauf, wie gigantisch „Big Data" heutzutage ist; die Massen von Sensoren, die sich in unserer Umwelt verbergen, die immer größer werdenden Rechenzentren für Clouds an geheimen Orten, wo sie ihren Wärmeüberschuss verzweifelt an wilde Flüsse abgeben.

Was passiert mit all diesen Daten? Sie werden von statistischen Algorithmen analysiert!

*

Wenn Sie bitte die Fingerspitze heben und langsam durch die Luft bewegen. Bei der Menge der Kameras, die es in der heutigen Welt gibt, ist wahrscheinlich irgendeine Kamera gerade auf Ihren Finger gerichtet, und wahrscheinlich sagt gerade irgendwo irgendein Algorithmus automatisch vorher, wo sich Ihr Finger im nächsten Augenblick befindet. Vielleicht wurde dieser Algorithmus von einer Geheimdienstoperation, einer Bank, einer kriminellen Vereinigung oder einer Firma aus dem Silicon Valley entwickelt, wer weiß das schon? Die Entwicklung von Algorithmen wird immer billiger, und jeder, der kann, tut es auch.

Und dieser Algorithmus wird wahrscheinlich für kurze Zeit recht behalten. Das ist so, weil Statistik ein gültiger Zweig der Mathematik ist. Außerdem ist die spezielle Wirklichkeit, in der wir leben, Statistik-freundlich angelegt. Das ist eine Facette unserer Realität. Unsere Welt, jedenfalls auf der Ebene, auf der Menschen funktionieren, hat eine luftige, geräumige Eigenschaft. Das heißt, dass die meisten Dinge ausreichend Platz zur Verfügung haben, um weiter das zu tun, was sie gerade tun. Newtons Gesetze (ein Körper in Bewegung behält seine Bewegung bei) würden zum Beispiel nicht in einem gewöhnlichen Schiebepuzzle gelten, in dem jede Bewegung so beschränkt und verzwickt ist.

Doch trotz der scheinbaren Luftigkeit täglicher Ereignisse funktioniert unsere Welt im Grunde doch wie ein Schiebepuzzle. Es ist eine Welt der Struktur, geregelt von Prinzipien der Konservierung und Ausschließung. Was das heißt, ist einfach: Mein Finger setzt wahrscheinlich seine Bewegung fort, aber nicht für immer, denn irgendwann ist er am Ende der Spannweite meines Arms oder er trifft auf eine Wand oder ein anderes Hindernis. Das ist das besondere, schmackhafte Wesen unserer Welt: Es gibt eine allgemeine statistische Vorhersehbarkeit, aber sie gilt nur für begrenzte Zeitabschnitte, und ihre Beschränkungen lassen sich nicht universell vorhersagen. Cloud-basierte Statistiken funktionieren also oft am Anfang, und dann scheitern sie.

Zuerst glauben wir, wir könnten mit unseren Computern in die Zukunft sehen, doch dann plötzlich versagen unsere Systeme. (Gute Wissenschaftler, die mit Theorien arbeiten, nicht nur mit Statistiken, verstehen dieses Problem und bilden in ihren Modellen auch die Wand ab, die die Bewegung des Fingers stoppt. Doch so viel Mühe macht man sich im Cloud-Geschäft selten, da auch ohne sie Milliarden von Dollar gescheffelt werden können.)

Das ist ein allgemeines und verführerisches Muster des intellektuellen Scheiterns in unserer Zeit. Warum lassen wir uns so leicht verführen? Es ist schwer zu beschreiben, wie intensiv die Verlockung ist, wenn man sie nicht selbst erlebt hat.

Wenn zum Beispiel ein Kapitalgeber Cloud-statistische Algorithmen laufen lässt, fühlt er sich zunächst wie König Midas. Er lehnt sich zurück und sieht zu, wie sein Vermögen wächst. Doch dann passiert etwas. Vielleicht gehen ihm die Leute aus, denen er hohe Kredite anbieten kann, oder die Konkurrenz beginnt, ähnliche Algorithmen einzusetzen, oder so etwas in der Art. Irgendeine strukturelle Grenze unterbricht den unglaublichen Lauf des vollkommenen Glücks, und jedes Mal bist du schockiert, schockiert, SCHOCKIERT, auch wenn es nicht das erste Mal ist, weil die verführerische Macht der frühen Phase einfach so unwiderstehlich ist. (Eine Baseball-Mannschaft bei uns in Kalifornien war in dem Buch und dem Film „Moneyball" gefeiert worden, weil sie dank Statistiken an die Spitze kam, und doch gehören sie heute wieder zu den Verlierern. Das ist absolut typisch.)

Dahinter steckt auch ein gewaltiger Power-Trip. Denn man kann Muster in der Art, wie User sich ausdrücken oder handeln, nicht nur vorhersehen, man kann sie auch erzwingen.

*

Es ist heute eine gängige Methode, dass digitale Firmen einige User zu einem Service überreden, der eine neue Effizienz durch Algorithmen und Cloud-Konnektivität bietet. So werden Bücher auf Tablets vertrieben, Mitfahrgelegenheiten, Unterkünfte oder Kredite vermittelt, der Kontakt zu Familienmitgliedern und Freunden hergestellt oder Partner für Sex und Liebe verteilt. Egal worum es geht, bald tritt ein Phänomen namens „Netzwerkeffekt" in Kraft, und schon leben die Nutzer nicht mehr in einer Welt der freien Entscheidung, sondern sehen sich zum großen Teil gezwungen, jeweils den Service zu benutzen, der die anderen übertrumpft. Eine neue Art von Monopol entsteht, häufig in Form einer in Kalifornien ansässigen Firma.

Typischerweise haben die Nutzer das Gefühl, sie machen ein unglaublich gutes Geschäft. Musik umsonst! Sie scheinen unfähig zu sein, die Verbindung zum Schrumpfen ihrer Möglichkeiten zu ziehen. Stattdessen sind sie dankbar. Wenn man ihnen durch die Anwendung von Algorithmen vorschreibt, mit wem sie ausgehen sollen oder wie sie sich ihrer Familie zeigen sollen, werden sie es tun.

Wer immer eine dieser Operationen betreibt, die ich Sirenenserver nenne, kann die Normen der Gesellschaft festlegen, zum Beispiel beim Datenschutz. Es ist, als wäre er König. Das ist ein grober ökonomischer Schnappschuss, der viele Aspekte unserer Gesellschaft in den letzten Jahren beschreibt. Vor einiger Zeit ging es um Musik. Bald wird es um Produktionsverfahren (mit 3D-Druckern und der Automatisierung in Fabriken), das Gesundheitswesen (mit Pflegerobotern) und jeden anderen Zweig der Wirtschaft gehen.

Und natürlich hat diese Entwicklung in den Vereinigten Staaten längst die Idee der Wahlen erreicht, wo computerisierte Wahlkreisschiebungen und gezielte Werbung Wahlen zu Wettbewerben zwischen großen Computer gemacht haben anstatt zwischen Kandidaten. (Bitte lassen Sie nicht zu, dass so etwas auch in Europa passiert.)

Es funktioniert immer wieder, doch es scheitert auch immer wieder an anderer Stelle. Die Musikindustrie kollabiert, doch dasselbe Regelwerk wird auf Bücher angewandt. Mit jedem

Zyklus werden von den größten Computern Milliarden gescheffelt. Die egoistische Illusion der Unfehlbarkeit taucht immer wieder auf – der größte Serienschwindler unserer Zeit – und macht die intelligentesten, wohlmeinendsten technologischen Köpfe zum Teil des Problems statt zum Teil der Lösung. Wir machen Milliarden, bevor wir den Karren an die Wand fahren.

Wenn dieses Muster unabwendbar ist, spielt Politik keine Rolle. In diesem Fall könnte Politik höchstens für einen Aufschub vor der vorgezeichneten Auflösung sorgen.

Aber was ist, wenn Politik doch eine Rolle spielen könnte? In diesem Fall ist es traurig, dass die derzeitige digitale Politik oft so unsinnig ist. Der Mainstream der digitalen Politik, die immer noch als jung und „radikal" angesehen wird, pflügt immer noch mit einer Reihe von Ideen über Offenheit voran, die über drei Jahrzehnte alt sind, selbst wenn die spezielle Formulierung offensichtlich gescheitert ist. Als meine Freunde und ich die so genannte Twitter- oder Facebook-Revolution auf dem Tahrir-Platz beobachteten, von unserem bequemen Posten im Silicon Valley, habe ich gesagt: „Twitter wird diesen tapferen, klugen jungen Ägyptern keine Arbeit geben, also kann die Bewegung nicht glücken." Freiheit, losgelöst von Wirtschaft (im weitesten Sinn), ist bedeutungslos. Es ist schwer, darüber zu sprechen, weil man so viele Einwände einkalkulieren muss. So könnte man sagen, dass traditionelle gesellschaftliche Konstrukte wie „Jobs" oder „Geld" durch digitale Netzwerke überflüssig gemacht werden könnten und sollten, aber: Jede Erfindung, die sie ablösen sollte, müsste mindestens einige derselben Sicherheiten bieten, an die junge Leute häufig weniger gerne denken. Man kann sich nicht nur auf einen Teil des Kreislaufs des Lebens beziehen.

Dieses schwierige Thema verdient eine vorsichtige Erklärung. Die „Share Economy" bietet nur die Echtzeit-Vorteile von informellen oder Schattenwirtschaften, wie man sie bisher nur in Entwicklungsländern, vor allem in Slums gefunden hat. Jetzt haben wir sie in die entwickelte Welt importiert, und junge Menschen lieben sie, weil das Gefühl des Teilens so sympathisch ist. Doch die Menschen bleiben nicht für immer jung. Manche werden krank oder sie müssen für ihre Kinder, Partner oder Eltern sorgen. Wir können nicht bei jeder Mahlzeit „für unser Essen singen". Weil die Realität anders aussieht, muss die Share Economy letztendlich als Täuschungsritual der Todesverleugnung verstanden werden. Biologischer Realismus ist der Hauptgrund, aus dem regulierte Wirtschaften sich überhaupt herausgebildet haben. Wenn wir mit der Share Economy einerseits den Schutz, den Gewerkschaften bieten, aushebeln, und Regierungen in langfristige Muster von Austerität oder Sparpolitik und Schuldenkrisen zwingen, wer wird sich dann um die Bedürftigen kümmern?

*

Manchmal frage ich mich, ob die jüngeren Leute in der entwickelten Welt angesichts des unvermeidlichen Ansturms der demographischen Alterung nicht die Verlagerung zur digitalen Technologie unbewusst benutzen, um den erdrückenden Verpflichtungen gegenüber der wachsenden Zahl der Alten zu entkommen. Die meisten Länder der entwickelten Welt müssen sich in den kommenden Jahrzehnten mit diesem demografischen Wandel auseinandersetzen. Vielleicht haben die Jungen recht, wenn sie sich zu retten versuchen, aber es bleibt das Problem, dass auch sie eines Tages alt und bedürftig sind, denn so ist die conditio humana. Innerhalb der winzigen Elite der Milliardäre, die die Cloud-Computer betreiben, herrscht der laute, zuversichtliche

Glaube, dass die Technologie sie eines Tages unsterblich machen wird. Google zum Beispiel finanziert eine große Organisation mit dem Ziel, „den Tod zu überwinden". Und es gibt viele Beispiele mehr.

Ich kenne einige der Hauptbeteiligten der Anti-Tod- oder posthumanen Bewegung, die im Herzen der Silicon-Valley-Kultur sitzt, und ich bin der Ansicht, die meisten von ihnen leben in einer Traumwelt, die weit weg von jeder rationalen Wissenschaft ist. (Es sind auch ein paar gute Wissenschaftler dabei, einfach nur wegen der Finanzierung; Geld kommt in der Wissenschaft heute oft von merkwürdig motivierten Quellen, und ich würde es ihnen nie zum Vorwurf machen.)

Die Arithmetik ist klar. Falls die Unsterblichkeits-Technologie, oder auch nur eine Technologie der drastischen Lebensverlängerung zu funktionieren beginnt, müsste sie entweder auf die kleinste Elite beschränkt bleiben oder wir müssten aufhören, Kinder in die Welt zu setzen, und in eine unendlich fade Gerontokratie übergehen. Dies sage ich um hervorzuheben, dass in der digitalen Technologie häufig, was radikal scheint – was auf den ersten Blick wie kreative Zerstörung wirkt –, sich in Wirklichkeit, wenn es tatsächlich umgesetzt würde, als hyper-konservativ und unendlich fade und langweilig herausstellt.

Eine weitere populäre Idee ist, unser Gehirn in die virtuelle Realität „upzuloaden", damit wir für immer in einer Software-Form weiterleben könnten. Und das trotz der Tatsache, dass wir noch nicht einmal wissen, wie das Gehirn funktioniert. Wir wissen nicht, wie Ideen durch Neuronen repräsentiert werden. Wir stellen Milliarden von Dollar bereit, um das Gehirn zu simulieren, dabei kennen wir jetzt noch nicht einmal die grundlegenden Prinzipien, nach denen es funktioniert. Wir behandeln Hoffnungen und Glaube, als wären sie etablierte Wissenschaft. Wir behandeln Computer wie religiöse Objekte.

Wir müssen uns überlegen, ob Fantasien von maschineller Gnade lohnenswert sind. Denn wenn wir den Fantasien von künstlicher Intelligenz widerstehen, können wir zur neuen Formulierung einer alten Idee kommen, die in der Vergangenheit viele Formen hatte: „Humanismus."

Der neue Humanismus ist, wie früher, der Glaube an den Menschen, doch speziell in der Form einer Ablehnung von künstlicher Intelligenz. Das hieße nicht, irgendeinen Algorithmus oder roboterhaften Mechanismus zu verwerfen. Jeder einzelne vermeintlich künstlich intelligente Algorithmus kann genauso gut als nicht-autonome Funktion verstanden werden, die dem Menschen als Werkzeug dient.

Diese Ablehnung gründet nicht auf dem irrelevanten Argument, das häufig vorgeschoben wird, nämlich den Grenzen der Möglichkeiten, sondern vielmehr darauf, dass es immer Menschen geben muss, um einen Computer wahrzunehmen, damit er überhaupt existiert. Ja, ein Algorithmus kann mit den Daten aus einer Cloud, die von Millionen und Abermillionen von Menschen erhoben wurden, eine Aufgabe verrichten. Man sieht die Flachheit von Computern auf praktischer Ebene an ihrer Abhängigkeit von einer verborgenen Masse anonymer Menschen, oder einer tieferen epistemologischen: Ohne Menschen sind Computer Raumwärmer, die Muster erzeugen.

Wir müssen uns nicht darüber einigen, ob im Menschen ein göttliches Element vorhanden ist oder nicht, noch müssen wir entscheiden, ob gewisse „Grenzfälle" wie die Bonobos als Menschen betrachtet werden sollten. Noch müssen wir absolute Urteile über die letztendliche Natur von Menschen oder Computern abgeben. Doch wir müssen Computer zumindest so behandeln, als wären sie weniger-als-menschlich.

※

Wenn man spezifische Auswege aus unseren dummen digitalen Wirtschaftsmustern anspricht, begibt man sich auf ein schwieriges Feld. Ich habe hauptsächlich einen Ansatz erforscht und vertreten, nämlich das ursprüngliche Konzept digitaler Medienarchitektur wiederzubeleben, das auf Ted Nelsons Arbeit in den 1960ern zurückgeht.

Ted schlug ein universales Mikro-Zahlungssystem für digitale Beiträge von Menschen vor. Um es noch einmal zu betonen, dies war keine radikale Reaktion, sondern der historische Ausgangspunkt aller Überlegungen zu digitalen Medien.

Ich habe versucht, Teds Idee auszuweiten auf die Art, wie das Leben der Menschen heute in riesige Big-Data-Sammlungen eingelesen wird. Wie schon erwähnt stützen sich kostenfreie Übersetzungsprogramme zum Beispiel auf das Scannen der Arbeit von Millionen echter menschlicher Übersetzer am Tag. Warum können wir diese Leute nicht bezahlen? Das wäre nur ehrlich und fair.

Wenn wir nur zugeben würden, dass immer noch Menschen gebraucht werden, um die Big Data herzustellen, und wenn wir willens wären, unsere Fantasien von künstlicher Intelligenz zu zügeln, dann könnten wir vielleicht ein neues Wirtschaftsmuster erschaffen, in dem auch in den Ergebnissen der digitalen Wirtschaft die Glockenkurve statt des Starsystems auftaucht. Daraus könnten tragfähige Gesellschaften entstehen, die nicht der Austerität zum Opfer fallen, ganz gleich wie gut oder scheinbar „automatisiert" die Technologie ist.

Diese Idee ist, um das mindeste zu sagen, kontrovers, und ich kann sie in dieser kurzen Rede nicht vollständig erläutern. Es ist nur eine Idee, die wenigstens ausprobiert werden müsste, und die sich dann vielleicht als haltlos herausstellt.

Doch der springende Punkt, die grundlegende Position, von der wir nicht abweichen dürfen, ist: Wir müssen anerkennen, dass es Raum für Alternativen gibt. Das Muster, das wir heute sehen, ist nicht das einzig mögliche Muster, es ist nicht unabwendbar.

Unabwendbarkeit ist eine Täuschung, die die Freiheit aushöhlt.

Je fortschrittlicher die Technologie ist, desto schwieriger wird es, zwischen Algorithmen und Konzernen zu unterscheiden. Was ist Google heute, oder Facebook? In diesen Fällen ist die Unterscheidung bereits esoterisch, und das ist sie bald auch für viele andere Konzerne. Wenn Algorithmen Personen sein können, dann sind es auch Konzerne, wie es in den USA schon jetzt der Fall ist. Was ich heute hier sage, ist, dass weder ein Algorithmus noch ein Konzern eine Person sein sollte!

Der neue Humanismus behauptet, es ist richtig zu glauben, dass Menschen etwas Besonderes sind, nämlich dass Menschen mehr sind als Maschinen und Algorithmen. Es ist eine Behauptung, die in Tech-Kreisen zu rüdem Spott führen kann, und es gibt auch keinen Beweis, dass sie stimmt.

Wir glauben an uns selbst und aneinander, aber es ist eben nur Glaube. Es ist ein pragmatischerer Glaube als der traditionelle Glaube an Gott. Er führt zum Beispiel zu einer faireren und nachhaltigeren Wirtschaft und zu besseren, zurechnungsfähigeren Technologien. (Außerdem ist der Glaube an den Menschen kompatibel mit jedem Glauben oder fehlenden Glauben an Gott.) Für manche Techies mag der Glaube an die Besonderheit des Menschen sentimental oder religiös klingen, und so etwas können sie nicht leiden. Aber wenn wir nicht an die menschliche Besonderheit glauben würden, wie könnten wir dann nach einer humanistischen Gesellschaft streben?

Darf ich vorschlagen, dass die Technologen wenigstens versuchen so zu tun, als würden sie an die menschliche Besonderheit glauben, nur um zu sehen, wie es sich anfühlt?

*

Zum Schluss möchte ich diese Rede meinem Vater widmen, der, während ich diese Worte schreibe, gestorben ist. Ich war von Trauer überwältigt. Ich bin ein Einzelkind, und jetzt ist keiner meiner Eltern mehr am Leben. All das Leid, das meine Eltern ertragen haben. Die Familie meines Vaters hatte so viele Tode unter den Pogromen zu beklagen. Eine seiner Tanten war ihr Leben lang stumm, nachdem sie als kleines Mädchen nur überlebt hatte, weil sie vollkommen still unter einem Bett ausharrte, während ihre ältere Schwester vor ihr durch ein Schwert getötet wurde. Von der Familie meiner Mutter in Wien sind viele, viele in den Konzentrationslagern umgekommen. Und nach all dem bin nur noch ich übrig.

Doch dann überkam mich schnell eine noch größere Dankbarkeit. Mein Vater ist über neunzig geworden und er hat meine Tochter erlebt. Die beiden kannten sich und hatten sich lieb. Sie haben einander glücklich gemacht.

Tod und Verlust sind unabwendbar, ganz gleich was meine Freunde mit ihren digitalen Überlegenheitsfantasien und Unsterblichkeitslaboratorien denken und gleichzeitig ihre Liebe zur kreativen Zerstörung bekunden. Ganz gleich wie tief uns das Leid darüber schmerzt, am Ende sind Tod und Verlust langweilig, weil sie unabwendbar sind.

Es sind die Wunder, die wir errichten – die Freundschaften, die Familien, die Bedeutung –, die staunenswert, interessant, glorreich und berauschend sind.

Love creation.

Aus dem Amerikanischen übersetzt von Sophie Zeitz Ventura.

Stephan Lessenich

Zur Neuverhandlung des Alters in der Aktivgesellschaft

Eine soziologische Perspektive

Deutschland altert – dieser sozialstatistische Befund gehört mittlerweile zum Allgemeinwissen. Aber können Gesellschaften überhaupt altern? Wie hat man sich eine „alternde" Gesellschaft vorzustellen? Als eine Kollektivperson, die langsam Falten kriegt und Altersspeck ansetzt, als einen Sozialkörper, der zunächst anfängt, betulicher zu werden, um bald schon bei jeder Bewegung zu ächzen und zu stöhnen? Das eingängige Bild von der „alternden Gesellschaft" suggeriert, dass ein Wandel im Altersaufbau zwangsläufig auch das Wesen des Sozialen verändert – als ob der Gesellschaft mit einem wachsenden Durchschnittsalter ihrer Bevölkerung das Leben ausginge, bei einem steigenden Anteil Älterer die gesellschaftliche Gemeinschaft selbst dem Tod entgegenstreben würde.

Nur so lassen sich die lange Zeit dramatisierenden Visionen des absehbaren demografischen Wandels verstehen: Hier wird die individuelle Altersscheu kollektiv gewendet, die individualisierte Todesangst gleichsam vergesellschaftet. Und allein vor dem Hintergrund dieser gesellschaftlich gewordenen existenziellen Sorge sind auch die in jüngerer Vergangenheit festzustellenden alterspolitischen Gegenbewegungen zu begreifen: als Versuch einer gewissermaßen vitalistischen Abwehr des allgemeinen Schreckgespenstes einer „ergrauten" Gesellschaft. Der Wandel der Altersstruktur erscheint als ein fundamentales gesellschaftliches Ordnungsproblem, das ein vitales Verlangen der Gesellschaft erzeugt, sich der Lebendigkeit ihrer Alten zu versichern.

„Potenziale des Alters in Wirtschaft und Gesellschaft": So lautete denn auch der Titel des im Jahre 2006 veröffentlichten Fünften Altenberichts der Bundesregierung, der seither den Ton deutscher Demografiepolitik vorgibt. Als Dreh- und Angelpunkt des demografiepolitischen Umsteuerns erwies sich die Spiegelung des allseits gefürchteten Altersstrukturwandels mit dem potenziell segensreichen Strukturwandel des Alters. Die entsprechende demografische Gleichung ist von schlichter Eleganz: Auf der einen Seite die aus der Kombination von stabil niedrigen Geburtenraten mit einer beständig ansteigenden Lebenserwartung sich ergebende Zunahme des Altenanteils an der Bevölkerung; auf der anderen der Prozess der Veränderung der letzten Lebensphase selbst, sprich die soziale Tatsache, dass die heute lebenden Alten – wie es im aktuellen Sechsten Altenbericht der Bundesregierung aus dem Jahr 2010 kurz und bündig heißt – „im Durchschnitt gesünder, besser ausgebildet und vitaler als frühere Generationen" Älterer sind.

Auf der Soll-Seite die „alternde Gesellschaft", auf der Haben-Seite die „Verjüngung des Alters": Das ist die neue bevölkerungsökonomische Rechnung, mit der das Alter vom sozialen Problem zumindest zu einem Teil dessen Lösung werden soll. Dass die heutigen Alten faktisch „jünger" sind als jene früherer Zeiten, ein heute 60- oder 70-jähriger Mensch also nicht die Alterssymptome 60- und 70-jähriger Personen seiner Eltern- oder gar Großelterngeneration aufweist, dürfte mittlerweile ebenfalls zum sozial geteilten Wissensbestand gehören. Gemessen an unseren überkommenen Vorstellungen von den Alten mutiert das gegenwärtige Alter somit zum Nicht-Alter, wandelt sich das Bild des zum alten Eisen gehörenden Seniors zu dem des mit der Zeit sich bewegenden best ager.

Wissenschaftlich flankiert wird diese Vorstellung eines „jungen", aktiven und mobilen Alters durch das Ideal einer altersintegrierten Gesellschaft: einer Gesellschaft also, in der die überkommene Differenzierung des Lebenslaufs in Phasen zunächst der Ausbildung (im Jugendalter), sodann der Erwerbstätigkeit (im Erwachsenenalter) und schließlich des Ruhestands (im Rentenalter) überwunden werden soll und das gesellschaftspolitische Ziel darin besteht, alle Lebensalter gleichermaßen in die Lebensbereiche und Leistungssysteme von Bildung, Arbeit und Freizeit zu integrieren. Auch ältere Beschäftigte hätten dann zum Beispiel wie selbstverständlich einen legitimen Anspruch auf betriebliche Weiterbildung, die Partizipation von Pensionären am tertiären Bildungssystem würde von der irgendwie doch befremdlichen Ausnahme zur nicht weiter bemerkenswerten Alltagspraxis, Phasen der Erwerbstätigkeit und der Familienarbeit oder aber des Bildungsurlaubs könnten sich im individuellen Lebensverlauf über die gesamte Lebensspanne hinweg abwechseln.

Was gut klingt und für die auf diese Weise systemisch wie sozial integrierten Älteren wohl auch gut ist bzw. wäre, kündet zugleich jedoch auf eigentümliche Weise von der Vision einer alterslosen Gesellschaft: einer Gesellschaft ohne Alterseigenschaften, ohne Alterskategorisierungen, ohne differente Lebensalter – und damit auf eine Weise auch ohne „Alte". Die tendenzielle Auflösung der normierenden Kraft von formalen Altersgrenzen und informellen Alterszuschreibungen ist vom mittleren Lebensalter her gedacht, im Sinne einer Ausdehnung des Erwachsenenalters angelegt. Das kollektive Imaginäre kann sich eine stabil dynamische Reproduktion des Sozialen offensichtlich nur so vorstellen, dass die „alternde" eine eigentlich „junge", jedenfalls aber nicht-alte – und als solche eben aktive und produktive – Gesellschaft sein wird. Die prognostizierte gesellschaftliche Alterung muss im widersprüchlichen Integrationsmodus der Verjüngung des Alters eingeholt und aufgehoben werden, getreu der Devise: alles bleibt beim Alten (sprich: Jungen) in der neuen (lies: „alten") Gesellschaft.

Allein: Die assimilatorische Feier der „jungen Alten" bringt in einem paradoxen performativen Akt eben das hervor, was sie verzweifelt zu negieren sucht: das Andere des „jungen" Alters, nämlich das „alte" Alter – oder, ganz einfach, das Alter. Das Alter, wie es individuell und gesellschaftlich gefürchtet und daher ausgeblendet wird und wie es in die homogenisierte Altersordnung der

Gegenwartsgesellschaft offensichtlich nicht zu integrieren ist, sprich: das nach wie vor und weiterhin existierende höchste, das letzte, das eben nicht mehr für jung zu erklärende, sondern am Ende dann halt doch „alte", abhängige, kranke, demente, sieche Alter. Dieses Alter durchkreuzt in seiner fortgesetzten Existenz die neue, gewollte Ordnung der alterslos alternden Gesellschaft. Die „wirklich" Alten sind die classes dangereuses der „alternden Gesellschaft", denn sie gefährden deren gedachte und gewollte Ordnung als altersintegrierte Gesellschaft, sie stören und zerstören die imagined community einer altersübergreifenden gesellschaftlichen Gemeinschaft Junger, jung Gebliebener und jung Bleibender. Es gehört nicht viel Phantasie zu der Vorstellung, dass die nicht altern wollende Gesellschaft den unverbesserlichen Alten dieses Störpotenzial übel nehmen wird.

Konrad Paul Liessmann

Analphabetismus als geheimes Bildungsziel

Wenn etwas schwerfällt, bieten die Didaktiker Erleichterungen an.
Doch wo alle Schwierigkeiten umgangen werden, dort herrscht
die Praxis der Unbildung.

Es ist gespenstisch: Eine Mutter nutzt das Angebot der Grundschule ihrer Tochter zu einem Tag der offenen Tür und nimmt interessiert am Unterricht teil. Die junge, engagiert wirkende Lehrerin spricht über Tiere, fragt, welche Tiere die Kinder kennen, schreibt die Tierarten, die ihr zugerufen werden, an die Tafel. Und dann, die Mutter traut ihren Augen kaum, steht da, groß und deutlich: Tieger.

Und das Erstaunliche daran: Das war kein Fauxpas, keine einmalige Fehlleistung, wie sie vorkommen kann, sondern hatte System, war Konsequenz der Methode, mit der die junge Lehrerin selbst schreiben gelernt hatte: nach dem Gehör! Schreiben, wie man spricht, ohne dabei korrigiert zu werden – das könnte die Kinder traumatisieren –, wird schon seit geraumer Zeit praktiziert und zeitigt nun seine sichtbaren Erfolge: das Ende der Orthographie. Die durch die unglückselige und misslungene Rechtschreibreform provozierte Unsicherheit und Gleichgültigkeit allen Fragen eines korrekten Sprachgebrauchs gegenüber wird durch eine Didaktik verstärkt, die den regelhaften Charakter unserer substantiellen Kulturtechniken systematisch verkennt und bekämpft. Jeder, wie er will, und wer gar nicht will, kann am Ende weder lesen noch schreiben.

Die Klage von Universitätslehrern, dass Studenten auch in Fächern, in denen der sprachlichen Formulierung besonderes Augenmerk zukommen sollte, weder die Rechtschreibung noch die Grammatik beherrschen und nicht mehr imstande sind, das einigermaßen präzise auszudrücken, was sie – vielleicht – sagen wollten, zeigt, dass solche Lockerheit im Erlernen der Kulturtechniken nicht folgenlos bleibt. Wenn als Konsequenz schulischen Unterrichts am Ende ein „Sprachnotstand an der Uni" konstatiert werden muss, dann ist zu vermuten, dass es sich nicht nur um methodisch-didaktische Schwächen, sondern um eine grundlegende Entwicklung handelt, in der sich ein prekärer Einstellungswandel manifestiert.

Gegen Ende der Bildungslaufbahn eines jungen Menschen, so scheint es, fehlt es offensichtlich noch immer an fast allem. Analphabetismus ist längst keine Metapher mehr für eine Unbildung, die nur wenige am Rande der Gesellschaft betrifft, sondern der Skandal einer modernen Zivilisation schlechthin: dass junge Menschen nach Abschluss der Schulpflicht die grundlegenden Kulturtechniken nur unzureichend, manchmal gar nicht beherrschen.

Natürlich ist nach jedem Schreib- oder Lesetest das Entsetzen groß, und der Ruf nach noch mehr Kompetenzorientierung, noch mehr individualisierter Didaktik, noch mehr modernen Unterrichtsmethoden, noch mehr Fehlertoleranz, noch mehr Einbezug von Laptops und Smartphones in den Unterricht wird lauter. Dass es gerade diese Forderungen und ihre Durchsetzung sind, die die Misere erst erzeugt haben, kommt auch den radikalsten Bildungsreformern nicht in den Sinn. Der Verdacht, dass man gezielt versucht, diesen Problemen zu entgehen, indem man die Niveaus neu definiert, für Schwächen euphemistische Umschreibungen findet und alles allen so einfach wie möglich macht, schleicht sich ein.

Neben der umstrittenen Methode, Schreiben nach dem Gehör zu lernen, zählt der Versuch, die Lesefähigkeit zu steigern, indem man die Texte drastisch vereinfacht, zu den problematischen Strategien einer umfassenden Praxis der Unbildung. Texte in „Leichter Sprache", die schon von zahlreichen Ämtern aus nachvollziehbaren Motiven eingesetzt werden, um Menschen ohne ausreichende Sprachkenntnisse und geistig Behinderten den Zugang zu behördlichen Informationen zu erleichtern, wandeln sich unter der Hand zu einer neuen Norm, deren Regeln alsbald den durchschnittlichen Sprachstandard definieren könnten: „Kurze Wörter benutzen, sie gegebenenfalls teilen und mit Bindestrichen verbinden. Verboten sind lange Sätze, Passivkonstruktionen, Negationen, der Konjunktiv. Die Satzstruktur soll einfach sein, Nebensätze dürfen nur ausnahmsweise vorkommen, aber nie eingeschoben sein."

Sprache, so suggerieren es diese Konzepte, dient nur der Übermittlung simpler Informationen. Dass in und mit Sprache gedacht und argumentiert, abgewogen und nuanciert, differenziert und artikuliert wird, dass es in einer Sprache so etwas wie Rhythmus, Stil, Schönheit und Komplexität als Sinn- und Bedeutungsträger gibt, wird schlicht unterschlagen oder als verzichtbares Privileg von Bildungseliten denunziert.

Dass durch solches Entgegenkommen, vor allem wenn es auch als Unterrichtsprinzip reüssieren sollte, Menschen systematisch daran gehindert werden, sich einer einigermaßen elaborierten Sprache bedienen zu können, dass sie dadurch von der literarischen Kultur ferngehalten werden, wird bei diesen wohlmeinenden Versuchen nicht weiter bedacht. Und selbst wenn man die Sprache unter pragmatischen Gesichtspunkten sehen und als „praktisches Bewusstsein" deuten wollte – bedeutete eine stark vereinfachte Sprache nicht auch ein stark vereinfachtes Bewusstsein?

Die mit dem Standardargument der Zugangserleichterung zu abschreckenden Kulturtechniken allmählich durchgesetzte Tendenz, die zusammenhängende Schreibschrift abzuschaffen und durch eine unzusammenhängende Buchstabenschrift, eine leicht zu erwerbende „Grundschrift", zu ersetzen, scheint genau dies im Sinne zu haben. Schon jetzt können Jugendliche, die in viel gelobten Laptop-, Notebook- oder Smartphone-Klassen unterrichtet werden, nicht mehr mit der Hand schreiben. Dass dabei mehr verlorengeht als nur eine überholte Kulturtechnik, wissen alle, die sich näher mit dem Zusammenhang von Lesenlernen und Schreibenlernen, von Feinmotorik und Hirnentwicklung, von Kreativität und Freiheit beschäftigt haben. Auch hier wird die Reduktion auf das vordergründig Funktionale erkauft mit dem Verzicht auf Bedeutungsvielfalt und auf die Möglichkeit, souverän über unterschiedliche Techniken des Erzeugens und Lesens von Texten zu verfügen.

Ist der Prozess des Schreibens selbst kreativ, dann weiß man in dem Moment, in dem man den ersten Satz formuliert, nicht, wie der letzte Satz lauten könnte. Schreiben in diesem avancierten Sinn heißt nicht, Gedanken, Argumente, Überlegungen oder Theorien in eine angemessene sprachliche Form zu bringen, sondern im Vertrauen auf die mögliche Eigendynamik des Schreibens darauf zu bauen, dass aus dem Fortschreiben der Wörter die Gedanken und Ideen überhaupt erst entstehen. Die Voraussetzung dieses Vertrauens aber ist eine Freiheit, die den Schreibenden an keine Vorgaben bindet.

Was bedeutete dies für die Realität des Schreibunterrichts? Schreiben wird in der Regel unter pragmatischen Gesichtspunkten gesehen, bei denen es genau darum geht, bekannte Informationen oder andere Vorgaben textsorten- und adressatengerecht aufzubereiten. Eine der am weitesten verbreiteten Formen des Schreibens im Unterricht hat mit Schreiben im eigentlichen Sinn gar nichts mehr zu tun: das Ausfüllen und Ankreuzen. Dass nicht nur im Sachunterricht, sondern auch im Sprachunterricht immer mehr mit Aufgaben gearbeitet wird, bei denen es nur noch darum geht, ein Wort einzusetzen, zu unterstreichen, zu ergänzen oder aus einer vorgegebenen Liste eine Auswahl zu treffen, mag zwar die eine oder andere Kompetenz schulen, der Prozess des Schreibens wird dadurch aber systematisch sabotiert.

Das gilt nicht nur für die Erarbeitung der Grundlagen, sondern setzt sich auch in der Sekundarstufe, ja an den Universitäten fort. Was dabei verlorengeht, ist letztlich die Fähigkeit, überhaupt ein Gefühl dafür zu entwickeln, was es heißt, zusammenhängende Sätze zu bilden, die zumindest einer basalen Logik folgen. Dass an Universitäten bei Klausuren immer mehr Studenten erschrecken, wenn sie erfahren, dass sie Fragen oder Themen in vollständigen Sätzen beantworten oder behandeln sollen, zeigt dies nur allzu deutlich.

Die in Deutschland gültigen „Bildungsstandards im Fach Deutsch" fordern zum Beispiel, dass die Schüler „Schreibstrategien anwenden", ihr Wissen und ihre Argumente „darstellen", komplexe Texte „zusammenfassen" und Texte für unterschiedliche Medien „gestaltend schreiben" können. Die an diesen Standards orientierten „Schreibaufträge" zergliedern den Prozess des Schreibens in die Beantwortung von Fragen, die einzeln abgearbeitet werden müssen, und dort, wo eine eigene Position entwickelt werden soll, muss natürlich vorher ein „Schreibplan" oder eine „Mindmap" angelegt werden.

Die Aufgabenstellungen bei der schriftlichen Reifeprüfung im Fach Deutsch spiegeln diese Position wider. Da es ja darum geht, bestimmte Kompetenzen zu überprüfen, muss jede Aufgabe in einzeln abzuarbeitende Fragestellungen zerteilt werden, die einen natürlichen Schreibfluss, eine Entfaltung von Gedanken oder die Etablierung einer begrifflichen Ordnung als Resultat – nicht als Voraussetzung – des Schreibprozesses prinzipiell nicht mehr zulassen. Die Angst, dass bei einem frei gestellten Thema irgendetwas hingeschrieben wird, das sich jeder Überprüfbarkeit entzieht, war und ist sicher nicht unberechtigt. Der freie Aufsatz hatte seine Tücken. Aber deshalb jungen Menschen überhaupt die Möglichkeit zu verwehren, sich wenigstens hin und wieder dem Prozess des Schreibens überlassen zu können, um sich selbst mit einer Ordnung oder Unordnung ihrer Gedanken zu konfrontieren, die sich erst im Schreiben gebildet hat, kommt dem mutwilligen und fahrlässigen Verzicht auf eine zentrale Bildungserfahrung gleich.

Auch die Texte und Kontrollfragen, die etwa der Pisa-Test benutzt, um die Lesekompetenz zu überprüfen, verraten einen einseitigen und eingeschränkten Lesebegriff. Im Zuge der Bestimmung des Lesens als einer ständig zu überprüfenden Kompetenz geht die aktuelle Lesedidaktik dazu über, jeden Leseakt durch vermeintlich hilfreiche Kontroll- und Verständnisfragen zu stören und damit zu zerstören. Wer ein aktuelles Lesebuch zur Hand nimmt, wird erstaunt sein über die ohnehin schon knappen Texte, die nach wenigen Absätzen schon durch Arbeitsaufträge, Kontrollfragen und Übungen unterbrochen sind. Wie soll ein Kind, ein junger Mensch unter diesen Bedingungen Lust am Lesen entwickeln, wie soll er lernen, sich der Dynamik des Lesens zu überlassen, in einen Text zu versinken, in den Sog des Geschriebenen zu geraten, wenn er alle paar Minuten über das Gelesene Rechenschaft ablegen, sich nach jedem Absatz überprüfen lassen muss?

Wir leben nicht mehr in einer Welt, in der die Literatur und mit ihr das Buch das Leitmedium war, und die berechtigte Klage über den Verlust der Fähigkeit, auch anspruchsvolle Texte zu lesen, darf nicht vergessen, dass diese Form des Lesens als Kulturtechnik drastisch an Bedeutung verloren hat. Da gibt es nichts zu beschönigen, und die beschwichtigenden Versicherungen kinderfreundlicher Lesedidaktiker, dass heute mehr denn je gelesen werde, weil ständig über Smartphones auch Texte oder Textfetzen ausgetauscht und weitergeleitet würden, klingen ungefähr so wie die Behauptung, dass heute mehr denn je geritten würde, weil fast jeder Mensch einige Dutzend Pferdestärken wenn nicht zwischen seinen Schenkeln, so doch unter seinem Hintern habe. Nein, wir halten die meist dämlichen Sätzchen auf Twitter, die Statusmeldungen und die dazugehörigen Kommentare auf Facebook und die in der Regel niveau- und stillosen postings der User digitaler Medien nicht für Literatur.

Der Eingang in das Reich der Literatur aber hatte seinen Preis: Erfordert war eine Disziplinierung der Sinne und des Körpers, wie sie kein anderes Medium dem Menschen abverlangte. Im Gegensatz zur Sprache, zum Hören und zum Sehen ist uns das Entziffern und Arrangieren von Buchstaben nicht von Natur gegeben. Lesen und Schreiben sind mehr als eine menschheitsgeschichtlich betrachtet sehr spät erfundene Kulturtechnik – sie sind eine Form der Weltaneignung und Welterzeugung, die in bestimmter Weise die Negation der unmittelbaren Selbst- und Welterfahrung zur Voraussetzung hat. Wer liest oder schreibt, dem muss im Wortsinn Hören und Sehen erst einmal vergehen. Der Sinn von Schule lag einmal darin, diese Negation erfahrbar zu machen und einzuüben.

Lesen und Schreiben sind keine Tätigkeiten, die man einmal lernt, jahrzehntelang brachliegen lassen und trotzdem bei jeder Gelegenheit reaktivieren kann. Wer nicht ständig liest, verlernt das Lesen wieder; wer Sprache und Texte nur unter pragmatischen Gesichtspunkten sieht, wird nur dann lesen, wenn es gar nicht anders geht; wer für die Schicksale, Geschichten, Tragödien und Komödien der Literatur keinen Enthusiasmus entwickeln kann, wird Lesen letztlich als Zumutung empfinden; wer nicht das Buch als physisches Objekt lieben und hassen gelernt hat, wird nie richtig lesen lernen; wer in eine Schule geht, in der aufgrund vorgegebener Bildungsstandards und anwendungsorientierter Kompetenzen diese Liebe zur Literatur nicht mehr vermittelt werden darf, wird zum Analphabetismus verurteilt. So wohltönend können die Reden der Bildungsreformer und ihrer politischen Adepten gar nicht sein, dass sich dahinter nicht jene Geistfeindlichkeit bemerkbar machte, die den Analphabetismus als geheimes Bildungsziel offenbart. Wäre es anders, gäbe es, zumindest als Schulversuch, nicht nur Notebook-Klassen, sondern vor allem und in erster Linie wirkliche Buch-Klassen. In der generellen didaktischen Missachtung des

Buches – „Ganzschrift" heißt das dafür zuständige Unwort – zeigt sich die Praxis der Unbildung in ihrer erbärmlichsten Gestalt.

Dabei wäre alles ganz einfach: Lesen und Schreiben sind Kulturtechniken, deren grundlegende Beherrschung unerlässlich ist. Dass der Erwerb dieser Techniken nicht jedem leichtfällt, ist kein Grund, das Betrachten von Bildern zu einem Akt des Lesens und das Ankreuzen von Wahlmöglichkeiten zu einem Akt des Schreibens hochzustilisieren. Besser wäre es, all jene, die Schwierigkeiten beim Erwerb dieser Fähigkeiten haben, mit allen zur Verfügung stehenden Mitteln zu unterstützen, damit sie wirklich lesen und schreiben lernen.

Hans Maier

Alles Lernen war mir Leben

Viel Licht, länger werdende Schatten: Deutschlands Bildungswesen ein halbes Jahrhundert nach Pichts Katastrophenruf

Vor 50 Jahren, 1964, veröffentlichte Georg Picht sein Buch „Die deutsche Bildungskatastrophe". Mit dieser Sammlung von Artikeln, die vorher in der Wochenzeitung „Christ und Welt" erschienen waren, zeichnete er ein düsteres Bild vom Zustand des deutschen Bildungswesens: zu wenig Abiturienten, zu geringe Ausgaben für die Bildung, zu große Unterschiede zwischen Stadt und Land, zwischen Knaben und Mädchen, Bürger- und Arbeiterkindern. Der Altphilologe und Leiter des Internatsgymnasiums Birklehof in Hinterzarten im Schwarzwald forderte, die Zahl der Abiturienten müsse sich verdoppeln, und er machte zugleich die Rechnung für die Hochschulen auf: Um die Pädagogenlücke zu schließen, müssten (vorübergehend) fast alle Hochschulabsolventen Lehrer werden.

Pichts Katastrophenruf war der Auftakt für einen umfassenden Ausbau der weiterführenden Schulen und der Hochschulen – in Deutschland, aber auch in Österreich und in der deutschsprachigen Schweiz. Die Expansion dauerte zwei Jahrzehnte lang, ehe sie Mitte der achtziger Jahre, im Zeichen des Geburten- und Schülerrückgangs, allmählich an Schwung verlor. Neue Schulen, neue Hochschulen, mehr Abiturienten, Studenten, Lehrer, Hochschullehrer, mehr und bessere Bildung für immer mehr Menschen: das war die ebenso einfache wie einleuchtende Parole.

Zumindest äußerlich und quantitativ kann sich das Ergebnis sehen lassen. 1964 gab es in der Bundesrepublik etwa 50 000 Studienberechtigte, 2014 sind es (mit den neuen Ländern) rund 370 000. Lehrer gab es 1964 knapp 300 000; heute ist die Zahl auf das mehr als Doppelte gestiegen. Die regionale Verteilung der Bildungschancen hat sich verbessert; es gibt heute weiterführende Schulen ebenso in ländlichen Gebieten wie in Städten. Endlich stiegen auch die Bildungsausgaben: 1964 gaben Bund, Länder und Gemeinden für Bildung, Wissenschaft und Kultur etwa 20 Milliarden Mark aus; heute sind es rund 170 Milliarden Euro im Jahr.

Weit mehr Schüler gingen nun in Realschulen, Gymnasien und Berufsschulen – allmählich eine Mehrheit der Schulbevölkerung, während 1964 noch 70 Prozent die Hauptschule besucht hatten. Lernmittelfreiheit und kostenfreier Schulweg wurden eingeführt. Kindergärten, Schulen, Hochschulen, alles expandierte; es gibt wohl außerhalb der gleichfalls gewachsenen Sozialleistungen kein Tätigkeitsfeld des Staates, das in den vergangenen Jahrzehnten stärker und breiter ausgebaut wurde als das Bildungswesen.

Picht war nicht der Erste, der auf die Bedeutung schulischer Bildung für die Jugendlichen verwies. Die pädagogische Bewegung hatte damals fast den ganzen Erdball erfasst. Während zahlreiche Entwicklungsländer den Schritt zu Schriftkultur und Alphabetisierung taten, weitete sich in den entwickelten Ländern das Bildungswesen aus wie nie zuvor. Den stärksten Anstoß gab der sogenannte Sputnikschock. Dass es den Russen 1957 erstmals gelang, einen künstlichen Satelliten in eine Umlaufbahn um die Erde zu schießen, führte zu nachhaltigen Diskussionen und zu politischen Reaktionen in der amerikanischen Öffentlichkeit. Große Schul- und Hochschulreformen kamen in Gang. Indirekt waren auch die europäischen Bildungsreformen, die in den frühen sechziger Jahren begannen, eine Antwort auf den gesteigerten Wettlauf und Wettbewerb der Supermächte. Die Strukturen, die unsere heutige Schul- und Hochschulpolitik bestimmen, sind allesamt in den sechziger und siebziger Jahren des 20. Jahrhunderts entwickelt worden.

Inzwischen ist die Bildungsreform in die Jahre gekommen, und Gewinne und Verluste liegen vor aller Augen. Zunächst wird man es als Gewinn verbuchen, dass die Möglichkeiten der weiterführenden Bildung, des Studiums, der akademischen Qualifizierung erheblich ausgeweitet wurden. Die Bildungschancen kamen nicht mehr nur einer schmalen Elite, sondern einem runden Drittel junger Menschen zugute – eine Veränderung von historischem Rang. Während vom frühen 19. Jahrhundert bis in die fünfziger Jahre des 20. Jahrhunderts die Zahlen der Abiturienten und der Akademiker in Deutschland niemals vier Prozent eines Altersjahrgangs überschritten, stiegen sie von den sechziger Jahren an auf mehr als 30 Prozent.

Das kann man als einen Schritt zu mehr und besserer Bildung ansehen, aber auch als eine Annäherung an die demokratische Umwelt: Die Ressourcen für Führungseliten wurden breiter; die Kluft zwischen Führenden und Geführten verringerte sich; „Bildung" nahm politische Elemente in sich auf. Dass sich Bonn (und Berlin) in dieser Hinsicht von „Weimar" unterscheiden, hängt nicht zuletzt mit der ungleich stärkeren Präsenz qualifizierter Bildung im öffentlichen Raum zusammen, wie sie sich nach 1945 – und erst recht nach 1964 – entwickelt hat. Schulen und Universitäten bildeten nicht mehr – wie noch zum Teil in der Weimarer Republik – eine Gegenwelt zum „Staat" und ein mögliches Rückzugsgebiet vor der „bösen" Politik. Politische Partizipation schloss jetzt auch das Bildungswesen ein. Die Zweite Republik war in dieser Hinsicht längst nicht mehr – wie man es, wenn auch übertreibend, von Weimar gesagt hat – eine „Demokratie ohne Demokraten".

Die letzten obrigkeitsstaatlichen Züge der Schule – Körperstrafen, Frontalunterricht vom erhöhten Katheder herab, Abwehr von Diskussion und Gegenfragen, der Einfluss übermächtiger „Gymnasiarchen", die keinen Widerspruch dulden – das alles verschwand in dieser Zeit.

Gewiss, zur Schule gehörten immer auch Übung, Wiederholen, Pauken, Disziplin, die „Normalisierung" des schweifenden Lebewesens Mensch – daher ja die Namen für Erziehung in vielen Sprachen: – das Herausführen (educare), Entrauhen (erudire).

Doch wenn das Schulische übertrieben wird, wenn die Schulmeister herrschen und das Lernen zum mechanischen Drill verkümmert, gerät die Schule in ein schiefes Licht – ebenso, wenn sie, womöglich mit morgendlicher Flaggenhissung und politischen Appellen, nationale Uniformierung betreibt (wie heute noch in vielen Ländern). Es war daher folgerichtig, dass man die „Schule der Nation" in Deutschland nach 1945 in einen demokratischen Kontext stellte, dass ihre oft unbefragte Autorität der Kritik und dem Widerspruch geöffnet wurde.

Auch inhaltlich veränderte sich die Schule. An die Stelle der alten Stoffpläne traten die curricularen Lehrpläne – dazu bestimmt, das Ziel der Bildung deutlicher zu umreißen und das Stoffliche als bloßen Weg dahin zu kennzeichnen. Der alte Bildungskanon befriedigte nicht mehr; er sollte beweglicher gestaltet werden. Eine gewisse Wahlfreiheit sollte vor allem den Oberschülern – die inzwischen mit achtzehn Jahren volljährig geworden waren – zugutekommen. Die Oberstufe der Gymnasien individualisierte und differenzierte sich, sie näherte sich der Arbeitsweise der Universitäten an. Manche Facharbeit erreichte in den achtziger und neunziger Jahren fast Universitätsniveau, und nicht wenige begabte Einzelne entwickelten professionelle Forscherqualitäten.

Eine spezifische Wirkung der Bildungsreform seit den sechziger und siebziger Jahren ist erstaunlicherweise bisher den Sozialhistorikern entgangen. Die Gründung weiterführender Schulen auf dem Land (durch die von Picht unterstützten Schulentwicklungspläne der Länder) hatte auch erhebliche Folgen für das Verhältnis von Stadt und Land in Sachen Bildung. Dies gilt vor allem für die großen Flächenländer Niedersachsen, Nordrhein-Westfalen, Bayern, Baden-Württemberg, Hessen, Rheinland-Pfalz. Auch hier eröffneten die Reformen der sechziger und siebziger Jahre eine neue Dimension der Schulgeschichte.

Seit dem 19. Jahrhundert waren weiterführende Schulen im Wesentlichen städtische Schulen. Vor allem das Humboldt-Süvernsche Gymnasium als Antriebskraft der Bewegung war eine durch und durch stadtbürgerliche Angelegenheit. Das Land blieb hinter der wachsenden Bildungsbeflissenheit der Städte weit zurück – es hatte ja, vor allem im katholischen Süden und Westen Deutschlands, seine eigenen Schulen, nämlich die meist auf dem Land gelegenen Klosterschulen, in der Säkularisation verloren. Man kann wohl davon ausgehen, dass ein Bub auf dem Land in Bayern, Baden-Württemberg oder im Rheinland im 18. Jahrhundert vor der Säkularisation größere Bildungschancen hatte als im 19. Jahrhundert – denn die nahe gelegenen Klosterschulen waren nach 1806 verschwunden, und Verkehrsmittel zu den Gymnasien oder später zu den Realschulen der nächstgelegenen Städte gab es noch nicht. (Die Mädchen gingen in beiden Jahrhunderten leider leer aus.) Das katholische Bildungsdefizit, von dem in den Reformjahren viel die Rede war, ist ja nicht zufällig entstanden. Die meisten Katholiken wohnten auf dem Land.

Dieses Bildungsdefizit – und damit der Grundschaden der Säkularisation – wurde durch den Ausbau der weiterführenden Schulen auf dem Land in den sechziger und siebziger Jahren des 20. Jahrhunderts so gut wie vollständig beseitigt. Ich sehe in dieser sozialgeschichtlichen Veränderung auch einen Grund dafür, dass im gegenwärtigen Deutschland der Süden den Norden und Osten wirtschaftlich, aber auch im Schulerfolg (siehe die Pisa-Ergebnisse!) eingeholt, ja überflügelt hat.

Endlich ist daran zu erinnern, dass die reformierte Schule in den achtziger Jahren in eine zunehmende Internationalität und Interkulturalität hineinwuchs. Das Bildungswesen musste sich verstärkt um Kinder, Schüler und Studenten anderer Nationen kümmern, es musste Rücksicht nehmen auf andere Sprachen und andere Mentalitäten. Es konnte nicht mehr einfach voraussetzen, dass alle Schüler aus einem Elternhaus mit Deutsch als Muttersprache kamen und dass die Schule diese Muttersprache nur entwickeln, in Regeln fassen und weiterentfalten musste, nicht aber die Aufgabe hatte, sie von Grund auf aufzubauen.

Ebendas aber war nun plötzlich notwendig, die veränderte Zusammensetzung der Schulbevölkerung verlangte es. Das war nicht nur für die Grundschulen eine neue Erfahrung, die hier die Hauptlast tragen. In ganz Europa sind ja bis heute Schulen keine eigentlichen Sprachenschulen. Sie rechnen noch mit der alten Gleichung des Nationalstaats: Muttersprache = Elternhaus = muttersprachliche Schule. Doch wie lange können sie das noch?

Schon in den siebziger Jahren wurde in München mit Hilfe Harald Weinrichs das Konzept „Deutsch als Fremdsprache" entwickelt. Es galt, das „geliebte Deutsch" einmal „vom Rücken her" – aus der Perspektive derer, die nicht Deutsch sprachen – zu sehen und grammatisch neu aufzubauen. Inzwischen gibt es das Fach „Deutsch als Fremdsprache" an allen deutschen Universitäten. Grundzüge gingen auch in die Lehrerbildung ein. Damit verfügt die deutsche Schule über ein entwicklungsfähiges Konzept für die Mehrsprachigkeit, die fraglos die europäische Zukunft prägen wird – ein Konzept für den nötigen Ausgang des europäischen Schulwesens aus der monolingualen Enge des Nationalstaats. Ob dieses Konzept in der nötigen Breite und Tiefe realisiert wird, ist noch offen. Sein Erfolg ist auch eine Frage – und nicht die unwichtigste – an die gemeinsame Bildungspolitik von Bund und Ländern.

Die Bildungsreform war alles in allem ein durchaus gelungenes Experiment. Die Gewinne für Schulen und Hochschulen sind offenkundig. Doch ist nun auch von den Defiziten, den ungelösten Problemen, den offenen Fragen zu reden. Sie werden seit Jahren heftig diskutiert – manchmal freilich so, dass man nur die Verluste sieht und die Fortschritte in den sechziger und siebziger Jahren aus dem Auge verliert.

Beginnen wir mit Pichts (und seiner Nachfolger) größtem Fehler. Picht sah richtig, dass man in Deutschland im internationalen Vergleich mehr Abiturienten brauche. Er übersah jedoch (oder verharmloste) den Umstand, dass in unserem Land acht bis neun von zehn Abiturienten studieren – was in den wenigsten anderen europäischen Ländern der Fall ist. Die enge Korrelation zwischen Abiturienten und Studienanfängern war aber stets eine der hartnäckigsten Konstanten des deutschen Bildungswesens. Ich habe darauf schon 1972 in meiner Kritik an Picht („Zwischenrufe zur Bildungspolitik") hingewiesen. Nur ein Beispiel: Schweden war seit den sechziger Jahren das von den deutschen Reformern bewunderte und zur Nachahmung empfohlene Bildungs-Musterland. Aber nur jeder vierte schwedische Gymnasialabsolvent studierte an einer Hochschule. Eine Vermehrung der Abiturientenzahlen musste also in Deutschland ganz andere Auswirkungen haben als in Schweden. Die Begeisterung darüber, dass man bei uns endlich dabei sei, die schwedischen Abiturientenzahlen zu erreichen, ging deshalb ins Leere: Man hatte die „Nebenfolgen" im Hochschulbereich nicht bedacht; sie traten alsbald ein in Gestalt eines strikten Numerus clausus in zahlreichen Fächern.

Der Zustrom einer sechsfach höheren Zahl von Studienanfängern blieb nicht ohne Folgen. Die pathologischen Befunde sind bekannt: Der Druck der Studentenzahlen erzwang Priorität für die (schulmäßige) Lehre – eine Tendenz, die sich in späteren Jahrzehnten mit „Bologna" fortsetzte; die Forschung trat zurück, ebenso der Wettbewerb unter den Hochschulen; international konkurrenzfähige Spitzenleistungen wurden seltener. Aber nicht nur wissenschaftliche Verluste waren zu verzeichnen, auch Praxisverluste. Das Hauptbeispiel war die Medizin. Nachdem der Zulassungseifer der Gerichte vernünftige Ausbildung innerhalb der überfüllten Fakultäten praktisch unmöglich gemacht hatte, war der Staat genötigt, auf die zum Scheinbetrieb gewordene akademische Medizinerausbildung zwei externe praktische Jahre draufzusatteln – ein Beispiel, wie die Dinge aus dem Lot geraten können, wenn Vorausdenken und Planung fehlen.

Auch beim Blick auf die Schule gab es Einseitigkeiten. Die Reformer der sechziger Jahre, die Picht folgten, vernachlässigten weite Bereiche der schulischen Wirklichkeit. Vor allem das berufliche Bildungswesen blieb ihnen fremd; es kommt in den Büchern von Picht, Dahrendorf und Edding schlechterdings nicht vor. Man starrte gebannt auf den Mangel an Gymnasiasten, Abiturienten, Studenten – ungeachtet der Tatsache, dass die Mehrzahl der Schüler (damals) Hauptschulen und berufliche Schulen besuchte und einen praktischen Beruf anstrebte. Das klassische Aufstiegsschema des „Akademikers" wurde nicht in Frage gestellt, die alte Minderbewertung der beruflichen Bildung nicht aufgehoben. Dabei war gerade in den Jahren der Reform eine weiterführende berufliche Bildung entstanden, die sich zu einer kraftvollen Alternative zu Gymnasium und Abitur hätte entwickeln können.

Es muss kritisch verzeichnet werden, dass von 1964 bis heute die Linie Gymnasium – Abitur – Studium stetig „überbucht" und die Linie Hauptschule/Realschule – berufliche Weiterbildung – Beruf zu wenig nachgefragt wird. Darin zeigt sich, dass die grundlegenden Steuerungsprobleme der Bildungsreform bis heute nicht gelöst sind – was vielleicht auch damit zusammenhängt, dass sich inzwischen die traditionellen Kultusministerien in den meisten Ländern in kleinere Schul-, Hochschul- und Kulturministerien aufgelöst haben und dass die Bildungspolitik in der Öffentlichkeit massiv an Gewicht verloren hat, wie man bei jeder Regierungsbildung in einem Land der Bundesrepublik erkennt.

Am problematischsten war jedoch ein veränderter Blick auf die Schule. Sie wurde im Zug des Ausbaus rigoros in den Dienst der Zukunft, des „Lebens" gestellt, bis zu dem Grad, dass sie ihr pädagogisches Eigenrecht verlor. An die Stelle der „Schule" im alten Sinn – Schule (schola) hieß ursprünglich „Muße" – trat die Lebensdienlichkeit. Nützlichkeitsdenken drang in den Unterricht ein. Jedes Fach musste sich ausweisen, welchen messbaren Ertrag es hatte. Man hatte vergessen, dass es, lange bevor es die Schule als Pflicht gab, schon die Schule als Muße gegeben hatte – als ein Bündnis von Lehrenden und Lernenden, als freiwillige Verbindung von Älteren, Erfahrenen, mit Jüngeren, die unerfahren, aber wissbegierig waren.

„Wir lernen nicht für die Schule, sondern für das Leben" – dieser vielzitierte Satz hört sich im ersten Augenblick gut an. Aber was bedeutet er für die Schule? Sie wird funktionalisiert, wird in den Dienst von etwas gestellt, was jenseits des konkret erfahrenen Schullebens liegt; sie verliert mit der Muße ihr Eigenrecht, ihr eigenes Dasein, und wird zur Präparandenanstalt auf künftige Dinge hin. Welch eine Enteignung! Plötzlich ist Bildung kein Selbstzweck mehr, kein unmittelbar erfahrbares, gegenwärtiges Glück – sie soll sich ja für später, fürs Leben, lohnen. Sie soll eine Antwort parat haben auf die lästige, allgegenwärtige Frage „Was bringt's?"

Mit anderen Worten, die Schule wird nicht mehr pädagogisch, sondern gesellschaftspolitisch betrachtet. Sie wird verantwortlich gemacht für den sozialen Aufstieg oder Abstieg. Dementsprechend wird sie dann auch erbarmungslos verrechtlicht. Am Ende steht eine Schule, die zur „bürokratischen Zuteilungsapparatur von Lebenschancen" geworden ist, deren Gegenwartsgewicht gering ist, die erst in einer imaginären Zukunft Bedeutung gewinnt.

Kein Zweifel, dass die Entdeckung der Lebensdienlichkeit und der gesellschaftlichen Dimension der Schule auch Positives mit sich gebracht hat – wird doch unser Lebensschicksal von den Jahren, die wir auf Schulbänken verbringen, aufs stärkste mitbestimmt. Ebenso gewiss ist aber, dass das Pädagogische zurückweichen oder schwinden muss, wenn diese Perspektive überwiegt oder gar alleinherrschend wird. So war es jedoch in den Bildungsreformen des vergangenen Jahrhunderts fast überall auf der Welt. Da galt in der Schulpolitik tatsächlich fast nur noch die Langzeitperspektive: Was bedeutet Schule für die Zeit danach, was bedeutet sie für die berufliche und soziale Entfaltung, für den Aufstieg, das Lebenszeiteinkommen?

Weitgehend aus dem Blick geriet die Gegenwart: Was bedeutet Schule hier und jetzt, was bedeutet diese Stunde, diese Lehrerin, dieser Lehrer, diese Begegnung mit Mitschülern, diese soziale Erfahrung – was bedeutet dieser eine, unwiederbringliche pädagogische Augenblick? Schulen können langweilige und furchterregende, aber auch anregende, anziehende, ja unvergessliche Orte sein. Ihr Wert liegt nie allein in ihrer Bedeutung für das spätere Leben. Jean Paul hat bei Gelegenheit seiner eigenen, höchst armen und bescheidenen Schule von der „Seligkeit des Miteinanderhausens" und „Ineinanderwohnens" gesprochen; er meinte rückblickend auf seine Schülerjahre: „Alles Lernen war mir Leben." Ist es nicht gerade das, was der Schule in den vergangenen Jahrzehnten verlorenging? Müsste sie es nicht mit allen Kräften wiederzugewinnen versuchen?

Ein Blick auf manche heutige, weitgehend versachlichte Schule lehrt doch eines: Wenn die Erinnerung an die alte Paideia, das frei gewählte Bündnis zwischen den Erziehern und denen, die lernen wollen, gänzlich schwindet, wenn im Schulraum nur noch die Zukunft und nicht mehr die Gegenwart herrscht, dann nützen am Ende auch gutgemeinte Vorschriften, Weisungen und Lehrpläne nicht mehr. Dann wird der einmalige pädagogische Moment zu einer berechenbaren Sache, die niemanden mehr überraschen kann. Dann tritt an die Stelle des herrlich zwecklosen, aber sinnvoll bereichernden Umgangs miteinander die perfekte Herrichtung junger Menschen für die Abläufe des Lebens. Dann wird Schule zu einem Raum, in dem das Funktionale vorherrscht und menschliche Schicksale nur noch am Rand vorkommen.

Eine solche Schule würde vielleicht reibungslos und störungsfrei arbeiten und der Schulverwaltung wenig Ärger machen. In meinen Augen wäre sie freilich ein ähnlich unzulängliches, ja inhumanes Gebilde wie ein Sozialstaat, der das Wort Nächstenliebe nicht mehr kennte. Sie hätte eine alte Weisheit vergessen, die der Schulrat Adalbert Stifter immer wieder in Erinnerung brachte und die auch in heutigen Tagen Geltung hat: dass alle Erziehung Umgang ist. Eine Schule, die den sozialen Umgang in der Gegenwart einem imaginären Zukunftsaufstieg opfert, hat ihren pädagogischen Auftrag verfehlt.

Welche Rolle kommt der Schule, der Bildung im heutigen Zeitalter, dem Zeitalter der Medien, zu? Es ist nach meiner Meinung ein kritisch-korrigierender, ein Gleichgewicht herstellender Part. Die Orientierungspunkte heißen im Unterschied zu den auf Bild und Ton gestellten Medien: Sprechen, Denken, Begreifen, Unterscheiden. Die Schule muss heute nicht mehr so vieles zeigen und veranschaulichen wie früher. Darin ist „Opas Zeigestock" tatsächlich überlebt. Das Fernsehen, die digitalen Medien bringen „die Welt" ins Haus, ja geben sie uns in die Hand. Wichtig aber bleibt die Einübung von Denk- und Urteilsfähigkeit, die Ordnung der vielfältig auf die jungen Menschen eindringenden Erscheinungen, die Ausbildung eines Sensoriums für Primärerfahrungen zur Korrektur der von den Medien sekundär vermittelten Realität.

All das ist nicht möglich ohne Sprachfähigkeit. So bleibt es die wichtigste Aufgabe der Schule, sprechen zu lehren und Sprache zu pflegen. Angesichts der suggestiven Bild- und Toneindrücke und eines nur allzu oft vor Bild und Ton verstummenden Elternhauses muss die Schule die diffusen und bruchstückhaften Vorstellungen von Welt und Leben in den Köpfen junger Menschen zu einem Ganzen ordnen: indem sie sie zur Sprache bringt. Diese Aufgabe kann dem Bildungswesen niemand abnehmen – auch im „Zeitalter nach Gutenberg" nicht.

Klaus Mainzer

Die Berechnung der Welt

Können Big Data-Ergebnisse Theorie und Beweis ersetzen?

Dass diese Welt von einer steigenden Datenflut überrollt wird, ist Alltagserfahrung in Studium, Forschung und Beruf. Nur Zahlen und Fakten zählen. Die wenigsten wissen, woher die Datenströme kommen, wie sie entstehen und welche Gesetzmäßigkeiten ihnen zugrunde liegen. Einige wissen, dass im Hintergrund Computernetze wirken, die wie Nervensysteme unsere Zivilisation weltweit durchziehen. Immer schnellere, kleinere und preiswertere Computerfunktionen und Sensoren erzeugen immer mehr Daten und automatisieren die Welt. Menschen werden durch ihre Daten immer besser kontrollierbar.

Andererseits erlauben große Datenmassen günstige Geschäftsmodelle. Warum sollten wir uns lange mit dem Warum und Wieso aufhalten? Schnelle Suchmaschinen finden scheinbar Lösungen unserer Probleme, bevor wir die Ursachen und Gesetze verstanden haben. So taumeln wir effektivitätsversessen und mit rasanter Geschwindigkeit in eine Zukunft, in der nur noch der schnelle Erfolg zählt.

Einflussreiche Propheten der digitalen Welt propagieren bereits „das Ende der Theorie" – ein radikaler und neuer Paradigmenwechsel, so glaubt man, der die Ursachen und Wirkungen von Krankheiten, Märkten und Verbrechen nicht mehr verstehen muss, sondern durch blitzschnelles Durchforsten von riesigen Datenmengen Muster und Korrelationen erkennt, die Voraussagen von Trends erlauben. Gemeint ist dabei keine wahrscheinlichkeitstheoretisch begründete Hochrechnung aus repräsentativen Stichproben. Gemeint ist die Berechnung von Korrelationen aus nahezu allen Daten eines gesamten Datensatzes. Tatsächlich waren es nur Korrelationen über Anfragen und Kaufverhalten im Internet, die Google 2009 den Ausbruch einer Epidemie voraussagen ließen, ohne langwierige Datenerhebungen von z.B. Gesundheitsämtern und repräsentative Stichproben abzuwarten oder sogar medizinisch begründete Modelle des Krankheitsverlaufs kennen zu müssen.

Ebenso lassen sich Markttrends und Profile von Produkten aus scheinbar zufälligen und nicht zusammenhängenden Daten über Personen, ihre Themen und Präferenzen schneller erschließen als über gezielte Befragungen. Bemerkenswerte Erfolge gelangen in der Prävention von Verbrechen, indem aufgrund von automatischen Datenanalysen die Wahrscheinlichkeit von Diebstahl, Einbrüchen und Tötungsdelikten in bestimmten Regionen berechnet wurden und präventiv Polizei vor Ort die Straftaten verhinderte: Das kommt dem Science Fiction Film „Minority Report" erstaunlich nahe, in dem in einer total vernetzten Welt eine Art von Gedankenpolizei Straftaten vollständig ausschalten wollte.

Technisch bezeichnet man mit dem Schlagwort „Big Data" gigantische Datenmengen von Nachrichten und Signalen unzähliger Sensoren, die in konventionellen Datenbanken nicht mehr bearbeitet werden können. Dazu wurden neue Softwarewerkzeuge entwickelt, die nicht mehr wie klassische Computerprogramme mit einem Rechnerprozessor auskommen. Vielmehr werden in Parallelrechnung viele Prozessoren in Superrechnern gleichzeitig eingesetzt, um so eine Reduktion der Komplexität in der Bearbeitung zu erreichen. In diesem Sinn lassen sich mit „Big Data" konkrete Geschäftsmodelle für Firmen aller Art entwickeln, die möglichst adaptiv, trendsicher und schnell auf Märkte reagieren sollen. Datenmengen, Sensoren und Rechenkapazität unterliegen exponentiellen Wachstumsgesetzen (z.B. Mooresches Gesetz). Man spricht bereits von exponentiellen Technologien und Firmen (z.B. Google).

Die Frage aller Fragen: Warum?

Es wäre daher leichtfertig, den Big Data Hype als Marketingstrategie herunterzuspielen. Tatsächlich wird hier ein Trend sichtbar, der bereits die Dynamik menschlicher Zivilisation maßgeblich bestimmt und auch die Wissenschaften erfasst hat: Was wäre, wenn in Zukunft tatsächlich neue Erkenntnis und die Lösung unserer Probleme nur von der schieren Steigerung von Datenmengen, Sensoren und Rechenpower abhängen? Ist die Suche nach Erklärungen, Ursachen und kausalen Zusammenhängen, Gesetzen und Theorien angesichts der steigenden Komplexität der Probleme nicht völlig überholt? Können wir uns angesichts des Tempos zivilisatorischer Entwicklung und der Notwendigkeit schneller Entscheidungen überhaupt noch solche zeitraubende Grundlagenforschung leisten? Sollten wir nicht die „Warum"-Frage vergessen und auf das „Was" der Daten beschränken?

Als Gesetze zu Rechenregeln wurden

Historisch steht die „Warum"-Frage am Anfang menschlichen Denkens in Wissenschaft und Philosophie. Warum bewegen sich Sterne und Planeten in regelmäßigen Bahnen? Ist die Vielfalt der Stoffe aus einfachen Grundbausteinen aufgebaut? In griechischer Tradition entstand eine faszinierende Idee, die den weiteren Entwicklungsgang von Forschung grundlegend beeinflusste: Der scheinbar chaotischen Vielfalt der Sinneseindrücke liegen einfache Gesetze der Symmetrie und Regelmäßigkeit zugrunde, die mathematisch beschreibbar sind. Das ist der Trend einer theoriegeleiteten (hypotheses-driven) Forschung. Dahinter steht die Überzeugung: Erst wenn wir eine gute Theorie haben, können wir wissen, wonach wir suchen, um die Vielfalt der Welt zu verstehen und zu bewältigen.

Aber auch die datengetriebene (data-driven) Forschungsperspektive ist keineswegs neu. Es waren die Babylonier, die für damalige Verhältnisse große Massen von Daten über astronomische Beobachtungen, Ernteergebnisse, Handel, Gewerbe und Verwaltungsabläufe auf unzähligen Tontafeln in Keilschrift festhielten. Aus den Regelmäßigkeiten in den astronomischen Daten wurden erstaunliche Voraussagen über Planetenkonstellationen abgeleitet, ohne sie allerdings erklären zu können und zu wollen. In der Neuzeit kritisierte der schottische Aufklärungsphilosoph David Hume kausale Verknüpfungen von Ereignissen schließlich als Hirngespinste und führte sie auf Korrelationen von Sinneseindrücken zurück. Mit Auguste Comtes Positivismus zog der Glaube an Fakten und Daten auch in die Sozialwissenschaften ein.

Daten werden Zahlen zugeordnet und damit berechenbar. Gesetze werden zu Rechenregeln, um mathematische Gleichungen zu lösen. Ende des 18. Jahrhunderts ist für den Mathematiker und Astronomen Pierre Simon Laplace die Himmelsmechanik durch Anfangsdaten und Bewegungsgleichungen vollständig bestimmt. Daher kommt es nur auf die Berechnung von Gleichungslösungen an, um zu präzisen Voraussagen zu gelangen. Wenn also, so argumentiert Laplace, einer „Intelligenz" alle diese Daten und Gleichungen gegeben wären, müsste für sie die Welt total berechenbar sein. Diese von Laplace unterstellte „Intelligenz" geht als Laplacescher Geist in die Geschichte ein. Naheliegend ist es heute, sich darunter einen Superrechner vorzustellen.

Sind Gesetze aber tatsächlich überflüssig, ein Relikt aus einer Zeit, als Naturgesetze noch wie bei Galilei und Newton als „Gedanken Gottes" in der Sprache der Mathematik aufgefasst wurden? Von Nietzsches „Gott ist tot" zum „Tod der Gesetze" als unumkehrbarer Trend der modernen Welt? Massen von Daten und Zahlen alleine sind für uns aber ebenso sinnlos wie die Milliarden von Sinneseindrücken, die unsere Sinnesorgane tagtäglich bombardieren. Seit frühster Kindheit haben wir gelernt, uns an Mustern und Regelmäßigkeiten dieser Daten zu orientieren. Stellen wir uns ein Gerät vor, das eine Folge von Werten aus den Ziffern 0 und 1 (Bits) generiert. In der Bitfolge 01010101010101010101 erkennen wir die periodische Abfolge des Paares 01. Es ist daher kürzer, die Regel „10 mal 01" zu notieren und mit dieser Regel die nächsten Schritte dieser Abfolge vorauszusagen. In der Datenfolge 01100010111001011110 ist kein Muster zu erkennen und damit auch keine Möglichkeit der Voraussage. Um diese Abfolge zu beschreiben, gibt es keine kürzere Darstellung als die Folge selber. Regeln und Gesetze sind also zunächst Datenkompressionen, die ein Muster zum Ausdruck bringen.

Unser Gehirn wurde während seiner Evolution auf Datenkompression und Reduktion von Komplexität trainiert. Blitzschnelle Entscheidungen hängen von dieser Fähigkeit ab. Das traf nicht nur im Überlebenskampf während der Steinzeit zu. Auch im heutigen Geschäftsleben und in der Politik stehen wir unter dem Druck häufig reflexartiger Entscheidungen. Superrechner und Big Data scheinen diesen Trend nach der schnellen Entscheidung zu bedienen. Gelegentlich bilden wir uns aber auch Zusammenhänge und Muster ein, denen nur scheinbare Korrelationen von Ereignissen zugrunde liegen. Wetterregeln unserer Vorfahren waren häufig nicht besser begründet als das Zockerverhalten von Börsenspekulanten. Aber die Muster und Korrelationen von Big Data bleiben zufällig, wenn wir die zugrunde liegenden Zusammenhänge nicht verstehen. Natürlich greift ein Ebola- oder Krebspatient in seiner äußersten Not nach dem Strohhalm einer statistischen Korrelation zwischen einem unverstandenen Medikamenteneffekt und einer möglichen Lebensverlängerung. Die langjährige Forschung nach den biochemischen Gesetzen, die dieser Korrelation zugrunde liegen oder auch nicht, mag für ihn persönlich zu spät kommen. Endgültig bieten aber nur diese Gesetze eine verlässliche und reproduzierbare Therapie.

Big Data ist ohne immer stärker werdende Superrechner nicht möglich. Aber auch der Computertechnik liegt eine mathematische Theorie zugrunde, die erst die Rechenleistungen möglich macht. Es war der britische Logiker und Mathematiker Alan Turing, der maßgeblich die Theorie der Berechenbarkeit begründete. Mit der logisch-mathematischen Definition der nach ihm benannten Turing Maschine schuf er den Prototyp, auf den wir mathematische Theoreme über Berechenbarkeit unabhängig von technischen Standards ihrer Realisation beziehen können. Andere Logiker wie Gerhard Gentzen entwickelten Kalküle, mit denen sich die Korrektheit formaler Systeme prüfen lässt. Das hat unmittelbare Folgen auch für die Praxis: Wenn wir von einem komplexen Computerprogramm einer industriellen Produktionsstraße vorher mathematisch beweisen können, dass es widerspruchsfrei und vollständig arbeitet, können später auftretende Unfälle und teure Produktionsfehler vermieden werden. Probieren und mehr oder weniger zufällige Daten helfen nur wenig. Je komplexer die moderne Lebenswelt wird und je abhängiger wir von Softwareprogrammen werden, umso größer sind die Herausforderungen an ein sicheres Software Engineering. Verlässlichkeit und Nachprüfbarkeit kommen an Beweisen und Gesetzen nicht vorbei.

Eine „neue Art der Wissenschaft"?

Andererseits machen die Sirenenklänge von schnellen Erfolgen mit Big Data und Superrechnern selbst vor der Mathematik nicht halt. Der amerikanische Logiker Gregory Chaitin und der Popper-Schüler Imre Lakatos propagierten ein quasi-empirisches Vorgehen in der Mathematik. Axiome sind danach bestenfalls Hypothesen wie in den Naturwissenschaften, die als plausibel gelten, sich bisher bewährt haben und deren Annahme für neue Problemlösungen dienen. Ob sie beweisbar sind oder sich widerspruchsfrei in Theorien einfügen, spielt keine Rolle mehr. Big Data und Superrechner versprechen eine neue Auflage dieser Problemlösungssuche unter den Bedingungen moderner Technik.

So verkündete der amerikanische Informatiker und Software-Unternehmer Stephen Wolfram 2002 eine „neue Art der Wissenschaft" (A New Kind of Science), in der Computerexperimente anstelle mathematischer Beweise und Theorien treten werden. Wolfram hatte umfangreiche Musterentwicklungen von zellulären Automaten in einem bis dahin nicht gekannten Umfang durchgeführt und bemerkenswerte Zusammenhänge zwischen vielfältigen Strukturbildungen beobachtet. Zelluläre Automaten bestehen aus schachbrettartigen Gittern, deren Zellen nach ausgewählten Regeln ihre Zustände (z.B. die Farben Schwarz oder Weiß) ändern und dabei von der Farbverteilung der jeweiligen Zellumgebung abhängen. Schnelle Computerleistungen erlaubten Musterentwicklungen in vielen nachfolgenden Generationen, die vorher nicht möglich waren. Wie heute bei Big Data konnte man nun feststellen, dass sich bestimmte komplexe Muster aus scheinbar zufälligen Regeln gebildet hatten. Die Frage „Warum" blieb unbeantwortet. Stattdessen wurden, wie heute bei Big Data, Klassifikationen und Korrelationen von beobachteten Gemeinsamkeiten vorgenommen.

Für Wolfram war das ein neues Forschungsparadigma, wie zukünftig auch Mathematik und theoretische Physik sich entwickeln werden: Mit gewaltigen Rechenleistungen wird man probieren und experimentieren, um Problemlösungen zu finden. Theorien, Beweise und Erklärungen werden überflüssig, da sie zu aufwendig seien und bestenfalls nachträglich nur das bestätigen, was man sowieso schon gesehen und beobachtet hat. Man sollte die Ressourcen stattdessen lieber nutzen, um weiter Neues zu entdecken und zu erzeugen. Zehn Jahre später entwickelte Wolfram mit seiner Firma die Such- und Wissensmaschine Wolfram Alpha, mit der er nach dem Vorbild von Big Data gewaltige Datenmengen in Facebook mit Mustern, Clustern und Korrelationen durchforstete. Wieder lautet die Devise: Computerexperiment, Überraschung und Entdeckung, statt Begründung, Erklärung und Beweis!

Beispiel CERN

Tatsächlich können wir aber erst auf der Grundlage von Beweisen und Gesetzen das genaue Verhalten von z.B. zellulären Automaten voraussagen. Im CERN produzieren zwar Teilchenkollisionen gigantische Massen von physikalischen Daten. Aber erst eine gute Theorie wie die von Peter Higgs sagte uns, wonach wir im Fall des Higgs' Teilchens überhaupt suchen sollten. In Bioinformatik und Lebenswissenschaften werden wir mit komplexen Datenmassen konfrontiert, deren gesetzmäßige Zusammenhänge sich erst in ihren Anfängen erschließen. Medikamente in der Medizin helfen jedenfalls wenig, wenn wir auf kurzfristige Dateneffekte setzen, ohne die gesetzmäßigen Zusammenhänge verstanden zu haben. Was in der Wirtschaft passiert, wenn wir uns nur auf unverstandene Eckdaten verlassen, hat die Wirtschaftskrise von 2008 gezeigt. Die Vorausberechnung von Kriminalität, Terror- und Kriegseinsätzen hilft wenig, wenn wir die zugrunde liegenden sozialen und politischen Ursachen von Konflikten nicht begreifen.

Gefragt ist Urteilskraft

Dieser Beitrag ist ein Plädoyer für die Besinnung auf die Grundlagen, Theorien, Gesetze und Geschichte, die zu der Welt führen, in der wir heute leben. Die Welt der Software und schnellen Rechner wurde erst durch logisch-mathematisches Denken möglich, das tief in philosophischen Traditionen verwurzelt ist. Wer dieses Gedankengeflecht nicht durchschaut, ist blind für die Leistungsmöglichkeiten von Big Data, aber auch Grenzen der Anwendung in unserer Alltags- und Berufswelt. Am Ende geht es um eine Stärkung unserer Urteilskraft, d.h. die Fähigkeit, Zusammenhänge zu erkennen, das „Besondere", wie es bei Kant heißt, mit dem „Allgemeinen" zu verbinden, in diesem Fall die Datenflut mit Reflexion, Theorie und Gesetzen, damit eine immer komplexer werdende und von Automatisierung beherrschte Welt uns nicht aus dem Ruder läuft.

Giovanni Maio

Die Tiefenschichten des Lebens

Über Wert und Würde des Alters

Forschung & Lehre: Wie kommt es, dass westliche Gesellschaften sich so sehr dem Jugendwahn und einer Fitnessideologie verschrieben haben?

Giovanni Maio: Das hängt damit zusammen, dass wir heute dazu neigen, das Leben einseitig nach den Kriterien einer ökonomistisch geprägten Leistungsgesellschaft zu bewerten. Unter dieser Perspektive deuten wir jeden Menschen als einen „Unternehmer seiner selbst", der seinen Körper als „Biokapital" optimal zu investieren und zu verwerten hat. Durch die Glorifizierung von Produktivität, Mobilität und Aktivismus erhält der moderne Mensch ein gebrochenes Verhältnis zu den Situationen der Angewiesenheit, die er einseitig als Verunmöglichung von Autonomie deutet. Das Hilfsbedürftigwerden erscheint dem modernen Menschen als das Ende des eigenen Ichs und als etwas, was man nur mit Schrecken hinnehmen kann. Vor diesem Hintergrund wird das Alter als Schwundstufe des Menschen betrachtet, anstatt zu realisieren, dass man sich auch in seiner Hilfsbedürftigkeit einen Rest an individueller Lebensführung bewahren kann. Man kann angewiesen und doch zugleich man selbst sein. Daher muss es ein zentrales gesellschaftliches Ziel werden, neue Gestaltungsräume zu erschließen, nach strukturellen Voraussetzungen zu suchen, die eine je individuelle und der eigenen Persönlichkeit entsprechende Lebensführung älterer Menschen, so weit es geht, ermöglichen. Also Räume zu schaffen, die es alten Menschen ermöglichen, ihre eigenen ganz besonderen Kompetenzen als alte Menschen, ihre Kompetenzen als einzigartige Menschen einzubringen, und sei es die Kompetenz, über Gesten, Mimiken, Satzbruchstücke etwas zu erzählen, etwas zu vermitteln.

Forschung & Lehre: Wo bleibt die Würde des Altwerdens und -seins?

Giovanni Maio: Die Würde des Altwerdens können wir nur dann herstellen, wenn wir den alten Menschen für das achten, was er ist und nicht für das, was er kann. Der alte Mensch gibt uns etwas, allein durch das Leben, das er selbst gelebt hat, durch die Art und Weise, wie er gelebt und wie er seine eigene Lebensgeschichte gestaltet hat. Er erzählt uns etwas durch das so und nicht anders gelebte Leben. Aber wir können diese Gefühle der Achtung nur dann empfinden, wenn wir uns eben wirklich öffnen für das Sein des alten Menschen und ihn nicht vorschnell reduzieren auf das, was er nicht mehr kann.

Forschung & Lehre: Welchen Anteil daran haben die Erfolge und Versprechungen der modernen Medizin?

Giovanni Maio: Die moderne Medizin hat sehr viel für den alten Menschen getan, man denke nur an die vielen Geriatrischen Kliniken. Aber es gibt auch andere Bereiche der Medizin, die eben Werbung dafür betreiben, das Alter abschütteln zu können. So tragen zum Beispiel weite Bereiche der Anti-Aging-Medizin dazu bei, dass das ohnehin negative Altersbild unserer Zeit zementiert und verstärkt wird.

Forschung & Lehre: Wie lebt es sich als alter Mensch in einer zunehmend technisierten Welt, die in immer kürzeren Intervallen Innovationen hervorbringt? Erzeugt das nicht eine tiefe Verunsicherung?

Giovanni Maio: Für viele alte Menschen ist das Verunsicherung, auch Überforderung, meist Verlust der Geborgenheit. Diese Geborgenheit muss man den alten Menschen zurückgeben. Das kann nicht dadurch geschehen, dass man Technik kritisiert, sondern dass man zusätzlich zur Technik Zwischenmenschlichkeit mit den alten Menschen ermöglicht, sich für sie interessiert und sie als etwas ansieht, was es zu entdecken gilt.

Forschung & Lehre: Was ist der Sinn bzw. der eigene Wert des Alterns und Altseins?

Giovanni Maio: Jede Lebensphase hat ihren Sinn. Alle Jahreszeiten eines Lebens sind in ihrer eigenen Bedeutung als wertvoll anzuerkennen, und das gesamte Leben ist nur in seiner Zyklenhaftigkeit richtig beschrieben. Heute wollen wir diese Zyklenhaftigkeit nicht anerkennen und würden viel lieber das aktive und tätige Lebensalter festzurren und dabei stehenbleiben. Das mittlere Lebensalter wird somit nicht als Durchtrittsalter gesehen, sondern zum Modell für das ganze Leben erklärt. Die unbestreitbaren und leidvollen Schattenseiten des Alters dürfen nicht bagatellisiert werden, aber wir brauchen nicht bei der Defizitperspektive stehenbleiben, sondern können uns vergegenwärtigen, dass das Alter, gerade weil es eine abnehmende Lebensphase ist, uns nochmals zu besonderen Tiefenschichten des Lebens hinführen kann. Das Alter kann eine Art Lupe sein, die das Wesentliche im Leben aufscheinen lässt – sowohl für den alten Menschen als auch für alle Menschen, denen eben im Angesicht eines alten Menschen und seiner Lebensweise die Relativität von Vorlieben und Lebenszielen deutlich werden kann. Das Alter – so meine Überzeugung – macht uns in gewisser Weise offen dafür, dass das, was uns heute so wichtig erscheint, morgen nur noch von relativem Wert sein kann. Letzten Endes gibt uns das Alter den Impuls, darüber nachzudenken, dass die Lebenszufriedenheit von anderen Zielen abhängig sein kann, als wir in den leistungsstarken mittleren Lebensjahren überhaupt vermuten können. Der alte Mensch kann die jungen Menschen weiser machen, wenn sie sich nur öffnen für das, was der alte Mensch allein durch sein Sein und durch seinen oft kreativen individuellen Umgang mit seiner Begrenztheit tagtäglich zum Ausdruck bringt.

Forschung & Lehre: Ist es gut, dass heute vermehrt über Altsein und damit zusammenhängende Tabus (z.B. Sexualität) gesprochen und geschrieben wird, oder erhöht es eher den individuellen Leistungsdruck?

Giovanni Maio: Ich halte es für problematisch, wenn wir meinen, auch die privatesten Bereiche des menschlichen Lebens nunmehr zum öffentlichen Thema machen zu müssen. Ich denke, dass es gerade in den intimen Bereichen ganz intime, private und individuelle Lösungen braucht, die nicht in der Zeitung verhandelt werden können. Das gilt übrigens für alle Lebensalter, meine ich.

Forschung & Lehre: Was muss sich in der Einstellung zum Alter in der Zukunft ändern?

Giovanni Maio: Wir müssen eine neue Kultur des Umgangs mit dem Alter und den Alten etablieren, eine Kultur, die offen bleibt für die Einsicht, dass sie es sind, die uns viel zu geben vermögen. So erschließen sich im Alter eigene Potenziale, die eben weniger mit den gängigen Qualifikationsmerkmalen unserer Leistungsgesellschaft zu tun haben. Über diese Vergegenwärtigung und im Bewusstsein der Endgültigkeit, mit der das Leben sich im Alter definitiv abrundet, bekommt der Mensch die Chance, das wirklich Wichtige und Tragende im Leben schärfer als je zuvor zu erkennen. Der alte Mensch wird sozusagen unbestechlicher, gerade weil er nichts zu verlieren hat. Es ist die enger gewordene Zeit, die dem alten Menschen den Blick für das Wesentliche schärft. Die Knappheit, die man also so schmerzhaft empfindet, ist zugleich auch eine wertvolle Ressource für sie und zugleich für die gesamte Gesellschaft, sofern sie sich neu interessiert für das Leben des alten Menschen. Es geht letzten Endes darum, neu zu lernen, dem alten Menschen mit tiefer Achtung und Hochgefühl zu begegnen, weil jeder alte Mensch uns so viel zu sagen hat. Wir müssen nur bereit sein, ihm eine Stimme zu geben.

Jürgen Mittelstraß

Die Verhältnisse zum Tanzen bringen

Wer keine Fragen mehr stellt, ist tot. Das gilt auch in der Wissenschaft. Also fragen wir nach der Zukunft des deutschen Wissenschaftssystems: Wie vernünftig ist die Unterscheidung zwischen dem Universitären und dem Außeruniversitären, auf die Forschung bezogen und institutionell verstanden? Wie konsistent sind die außeruniversitären institutionellen Identitäten wie die Max-Planck-Gesellschaft, die Helmholtz-Gemeinschaft, die Leibniz-Gemeinschaft und die Fraunhofer-Gesellschaft in sich und gegenüber anderen? Gibt es eine Einheit des Außeruniversitären gegenüber dem Universitären, und wie könnte diese aussehen? Wie überzeugend ist angesichts von Doppel- und Dreifachforschung, wiederum institutionell gesehen, der vermeintlich erlösende Hinweis auf die Notwendigkeit von Redundanzen im eigenen System? Gibt es nicht auch ein europäisches Wissenschaftssystem? Und ein globales?

Keine dieser Fragen ist wirklich beantwortet; sie werden in der Regel nicht einmal gestellt. Doch angesichts der Stagnation in allem Grundsätzlichen ist eine neue Strukturidee vonnöten – und wenn sie auch nur dazu dienen sollte, die wissenschaftlichen Verhältnisse zum Tanzen zu bringen.

Zunächst zur gegebenen Situation. Da sind erstens die Universitäten. Ihre Aufgabe ist es, Forschung und Lehre zu verbinden, das heißt einer Forschung, die sich mit der Ausbildung des wissenschaftlichen Nachwuchses auch für wissenschaftsnahe Berufsfelder verbindet, und einer Lehre, in der sich die Forschung spiegelt. Neben die traditionellen Universitäten wie Heidelberg, München und Göttingen traten in den siebziger und achtziger Jahren Neugründungen wie Konstanz und Bielefeld, bewusst als Reformuniversitäten geplant und realisiert. Mit ihnen sollte sich das Universitätssystem selbst verändern, sollte das 19. Jahrhundert mit oder ohne Wilhelm von Humboldt und seiner Berliner Universitätsreform verlassen werden. Diese Erwartung ging nicht in Erfüllung.

Dafür eine andere, an der die Universitäten heute leiden: Sie wurden mit einem Ausbildungssoll von mittlerweile mehr als 40 Prozent eines Altersjahrgangs zu Massenveranstaltungen, in denen sich das Prinzip einer forschungsnahen Lehre auf beiden Seiten zur reinen Rhetorik verflüchtigt. Auch die Fachhochschulen, die gleichzeitig mit der universitären Gründungswelle entstanden, bieten wenig Entlastung.

Und da sind zweitens die außeruniversitären Forschungseinrichtungen. 1948 als Nachfolge der 1911 errichteten Kaiser-Wilhelm-Gesellschaft zur Förderung der Wissenschaften gegründet, finanziert von Bund und Ländern mit derzeit etwa 1,6 Milliarden Euro, widmet sich die Max-Planck-Gesellschaft in mehr als 80 Instituten der Grundlagenforschung in den Natur-, Bio-, Geistes- und Sozialwissenschaften. Ihr organisierendes Prinzip ist das (nach ihrem Gründer) sogenannte Harnack-Prinzip. Auf neuen, vielversprechenden Forschungsfeldern werden Institute um Spitzenforscher gegründet, die zugleich mit ihren Gründern sterblich sein sollen. Neues sollte sich insofern auch in immer neuen Institutionalisierungen zum Ausdruck bringen.

Im Unterschied zur grundlagengetriebenen Forschung in den Max-Planck-Instituten ist die Forschung in den 18 Zentren der zu 90 Prozent vom Bund finanzierten Helmholtz-Gemeinschaft (2014 mit über 2,5 Milliarden Euro) in strategischer Ausrichtung programmgetrieben. Es geht um Energie, Struktur der Materie, Erde und Umwelt bis zu Luftfahrt, Raumfahrt und Verkehr. Forschung im öffentlichen Interesse bedeutet zugleich Anwendungs- und Politiknähe.

Die Leibniz-Gemeinschaft, 1992 aus Bund-Länder-geförderten Forschungseinrichtungen von überregionaler Bedeutung und einigen Instituten der Akademien der DDR entstanden, besteht mit einem Bund-Länder-finanzierten Etat von etwa 1,5 Milliarden Euro aus fast 90 eigenständigen Forschungsinstituten. Institutionell gesehen war es eine Verlegenheitslösung, denn man fand für die Ost-Institute keine aufnehmenden Partner auf Seiten der Universitäten und des außeruniversitären Wissenschaftssystems. Allerdings fand die Lösung überraschenderweise das besondere Engagement des Wissenschaftsrates, der damit seine Rolle als beratende unabhängige Wissenschaftsinstanz verließ und selbst für einige Jahre quasi Partner der werdenden Leibniz-Gemeinschaft wurde.

Die Fraunhofer-Gesellschaft, 1949 gegründet, ist mit derzeit knapp 60 Instituten und einem Finanzvolumen von mehr als zwei Milliarden Euro heute die größte Einrichtung für angewandte Forschung in Europa. Unter dem Motto „Forschen für die Praxis" arbeitet sie eng mit Industrie und Wirtschaft, aber auch der öffentlichen Hand als Vertragspartnern zusammen. Im Mittelpunkt stehen die Entwicklung von Schlüsseltechnologien und die Gestaltung des Innovationsprozesses. Nicht zu vergessen ist schließlich auch die von Ministerien des Bundes und der Länder betriebene Ressortforschung, die in eigenen Instituten stattfindet, die der Kontrolle durch die Wissenschaft weitgehend entzogen sind. Sie leistet wissenschaftliche Politikberatung in Form forschungsbasierter Dienstleistungen.

Insgesamt handelt es sich um ein Wissenschaftssystem, um das andere Länder die Bundesrepublik beneiden. Für alle Probleme wissenschaftlicher Art und jedes wissenschaftliche Interesse ist gesorgt. Wer die absolute Freiheit der Forschung sucht und auch in der (forschungsnahen) Lehre eine willkommene Herausforderung sieht, geht zur Universität, wer diese Freiheit ohne Verpflichtung zur Lehre will, geht zu Max-Planck, wer die Programmforschung schätzt, ist bei Helmholtz bestens aufgehoben, wer auf Innovationen von wirtschaftlicher Bedeutung aus ist, findet dazu bei Fraunhofer alle wünschenswerten Voraussetzungen, und in Leibniz spiegelt sich das alles in einem weiten Institutionenspektrum noch einmal wider.

Ist dieses in sich wenig flexible System aber auch die Zukunft? Entspricht es noch einer Entwicklung, in der sich der Forschungsbegriff ändert und sich die Abwägung zwischen Grundlagenforschung und angewandter Forschung auf jeder Forschungsstufe neu stellt? In der das Neue zunehmend an den fachlichen und disziplinären Rändern und damit nicht mehr in den institutionellen Kernen entsteht, sich vielmehr inter- oder transdiziplinär definiert? Was heißt es, wenn Zusammenarbeit, auch über institutionelle Grenzen hinweg, großgeschrieben wird und lokale Wissenschaftspolitik zunehmend ihren Reiz und ihre Bedeutung verliert?

Bevor nun weiter kleine Brücken zwischen den Teilsystemen der Wissenschaft geschlagen werden – ein wenig universitäre Lehre für die Außeruniversitären, gemeinsame Graduiertenschulen, hier und da gemeinsame Projekte –, sollte die Vernunft eines Systems als solche in Frage gestellt werden, das aus weitgehend voneinander isolierten Teilsystemen universitärer und außeruniversitärer Art besteht. Aus sich selbst heraus tut das System dies nicht – so dokumentiert in der Art und Weise, wie die „Allianz der Wissenschaftsorganisationen" mit Fragen dieser Art umgeht, obwohl es unter anderem zu deren Aufgaben gehört, zur strukturellen Weiterentwicklung des deutschen Wissenschaftssystems Stellung zu nehmen. Man begegnet sich freundlich in den eigenen institutionellen Grenzen und verteidigt diese, wenn Feinde oder Nöte, etwa finanzieller Art, in Sicht sind.

Wer in Deutschland neue Ideen über die Zukunft des Wissenschaftssystems sucht, der schaut zuvörderst auf den Wissenschaftsrat – und wird enttäuscht. Einschlägig sind hier neuerdings die im Jahr 2013 veröffentlichten „Perspektiven des deutschen Wissenschaftssystems". Der Wissenschaftsrat sucht darin die Frage zu beantworten, wie ein leistungsfähiges Wissenschaftssystem „in zehn bis 15 Jahren" aussehen soll – ohnehin eine sehr kurz gefasste Perspektive, die diesen Namen eigentlich nicht verdient. Viel ist ihm dabei nicht eingefallen. Es wird das Hohelied der Hochschulen gesungen, als wäre deren derzeitige Struktur problemlos und gottgewollt; es wird eine ausreichende Finanzierung beschworen, natürlich nicht in nachhaltiger, sondern in Paktmanier („Zukunftspakt"); und das Wissenschaftssystem wird „in seiner jetzigen Form" als selbstverständliche, jederzeit tragfähige Basis empfohlen, wenn in Teilen auch ein wenig entwicklungsbedürftig.

Allgemein werden Verbesserung in der tertiären Bildung (Stichworte: Betreuungsrelation, Durchlässigkeit, Personalentwicklung, Profilierung) und eine Stärkung der Hochschulen im Wissenschaftssystem (Stichworte: Grundfinanzierung, Flexibilisierung, Governance und immer wieder auch hier: Profilierung) für notwendig gehalten. Kein Wort über mögliche Änderungen der Strukturen. Es wird vielmehr nur aufgesattelt, mit „Merian-Professuren" und „Liebig-Zentren" als zusätzlichen Profilierungselementen – als gäbe es nicht schon genug Sonderprofessuren und mangelte es an Zentrumseinfällen. Den außeruniversitären Forschungseinrichtungen, hier der Leibniz- und der Helmholtz-Gemeinschaft, wird Konstanz auf bewährten Wegen empfohlen. Zusammenarbeit in den gegebenen Strukturen soll verstärkt, die gegebene Forschungsinfrastruktur muss besser genutzt werden. Und auch hier immer wieder: die Paktrhetorik. In jedem Fall: nichts Neues unter der wissenschaftspolitischen Sonne.

Hinter dem offenkundigen Strukturkonservatismus des deutschen Wissenschaftssystems stehen bewahrungsstrategische Vorstellungen, die äußerst hartnäckig sind. Drei seien genannt. Erstens: Redundanz und Wettbewerb. Zu den Argumenten, die häufig angeführt werden, um eine schwerverständliche Vielfalt fachlicher und disziplinärer Forschungseinrichtungen vergleichbaren Profils und vergleichbarer Aufgaben zu rechtfertigen, gehört ein Pochen auf die Vorzüge von

Redundanz und Wettbewerb. Redundanz, so heißt es dann, soll sicherstellen, dass zu jeder Zeit, auch über die nationalen Wissenschaftsteilsysteme hinweg, ausreichende Forschungsressourcen bereitstehen, um in der Forschungsentwicklung präsent zu sein; Wettbewerb im eigenen Hause, das heißt, in nationalen Grenzen, gegebenenfalls auch nur über die Straße, soll der eigenen Leistungssteigerung dienen, ganz so, als gäbe es keine intrinsischen Leistungsmotivationen – Wissenschaft als Lebensform oder auch als Beruf – und keine externen Wettbewerber, europäisch wie global gesehen. Mit dem Redundanzpostulat verhält es sich ebenso. Reicht es nicht, wenn das, was man nicht oder in nicht ausreichendem Maße hat, jenseits der eigenen Systemgrenzen und nationalen Grenzen zu finden ist? Wenn Wissenschaft in epistemischen Dingen keine Grenzen kennt, sollte das nicht auch für ihre Institutionalisierungen gelten?

Zweitens: Wachstum. Der immer wieder laut werdende Ruf nach noch mehr Wissenschaft und noch mehr Wissenschaftlern ist vor dem Hintergrund des Gegebenen ebenso albern wie der Ruf nach immer mehr akademisch, und das heißt hier vor allem: immer mehr universitär Ausgebildeten – in Deutschland zu Lasten der höchst leistungsfähigen beruflichen Bildung. Wollen die Deutschen ein einig Volk von Akademikern werden? Es kommt auch in der Wissenschaft nicht auf bloßes Ressourcenwachstum an (schon jetzt ist Wissenschaft auf eine beängstigende Weise unüberschaubar geworden und kann selbst der fleißigste Wissenschaftler nicht mehr alles lesen, was auch nur in seinem eigenen spezialisierten Fach geschrieben wird), sondern auf die Konzentration auf Leistungsspitzen. Es gibt heute in den Vereinigten Staaten allein in der Eastern Division, einer von drei Sektionen, mehr als 3000 Philosophen – im alten Athen hat eine Handvoll von ihnen mehr geleistet. Auch hier tun Augenmaß und Differenzierung not, im Strukturellen wie im Qualitativen.

Schließlich drittens: der Forschungsbegriff. Aus dem Forscher, wie ihn die Tradition kannte – Forschung war immer die Forschung Einzelner – ist heute die Forschung, eine Institution, geworden. So sprechen wir leichthin von der Universitätsforschung, der Max-Planck-Forschung oder der Helmholtz-Forschung, als handle es sich dabei um eigene Entitäten, hinter denen das eigentliche forschende Subjekt verschwindet (zu verschwinden hat). Gleichzeitig wird der Forschungsbegriff semantisch aufgeblasen. Alles ist heute Forschung: wenn Historiker in Archiven verschwinden, Philosophen Bleistifte spitzen, Chemiker ein Reagenzglas in die Hand nehmen, Soziologen Fragebögen entwerfen. Kein Wunder, wenn da auch halluzinierende „Zukunftsforscher" oder Marketingkundige auf dem Siegel Forschung bestehen. Das Inflationäre spült das Besondere weg, auch, horribile dictu, in der Wissenschaft.

Die Universität, der vielbeschworene Kern unseres Wissenschaftssystems, hat ihr erfolgreiches Paradigma, die Humboldt-Universität, verlassen und treibt seither orientierungslos dahin. Bologna ist hier kein neues Paradigma, sondern nur eine Ablenkung – eklektisch zwischen unterschiedlichen Systemen wählend, forschungsfern das Studium in eine neue Verschulung führend, bildungsallergisch, das Partikulare an die Stelle des Universalen setzend. Universitätsprobleme werden, wenn überhaupt, als Managementprobleme diskutiert und behandelt, Universitätsgesetze, in Deutschland absurderweise 16 an der Zahl und mit jeder Legislaturperiode neue, verkommen zur Spielwiese der Politik, statt mit auskömmlichen Haushalten wird mit Pakten regiert, an deren Ende die Universität stets als Verliererin dasteht. Das Rad der Ersatzinitiativen mit Verfallsdatum dreht sich aufs Neue.

Auch die Universität selbst tut sich mit vernünftiger Selbstbestimmung schwer. Sie streckt sich nach der politischen Decke, stimmt in den Managementchor ein, erträgt geduldig immer neue Evaluations- und Akkreditierungseinfälle und kopiert Fachhochschulstudiengänge wie Tourismus oder Pflege. Wer von einer Idee der Universität spricht, einer alten oder neuen, gilt als weltfremd oder unverbesserlicher Idealist – als wäre das Idealistische eine Krankheit, die mit empirischer Demut ausgetrieben werden müsste.

Ein Wachstum über alle Maßen, ein bildungsferner Zeitgeist, eine unerwartete Renaissance des verwaltenden und des wirtschaftenden Verstandes werden der Universität zum Verhängnis. Unter den Schlagworten der Exzellenz, der Effizienz, der Innovation und des verschriebenen, in Rating und Ranking gefassten Wettbewerbs mutiert der universitäre Gedanke zum Spiegel einer Gesellschaft, die selbst nicht weiß, wie sie sich verstehen soll – der Überfluss an Soziologenangeboten wie denen einer postindustriellen, postmodernen, einer Wissens-, Informations-, Risiko-, Dienstleistungs- und Freizeitgesellschaft ist ein beredtes Beispiel dafür. Kein Wunder, dass der Universität bei all diesen Beglückungs- und Entglückungsangeboten selbst nichts mehr einfällt, jedenfalls nichts, was aus einer handfesten Identitätskrise herausführen könnte.

Resignieren oder doch noch einmal die Frage nach einer neuen Strukturidee stellen und zu beantworten versuchen? Hier – das Gegebene im Blick und eine Idee vor Augen – der Versuch einer optimistischen Antwort in Stichworten.

Erstens. Universitäten als Forschungs- und Lehrleistungszentren neuer Art, nämlich, verglichen mit heute, wesentlich kleineren Zuschnitts, konzentriert auf (1) eine nicht nur rhetorisch befolgte forschungsnahe Lehre, (2) die Pflege der Fächer und Disziplinen in ihren auch in inter- oder transdisziplinärer Hinsicht relevanten Teilen und (3) die Ausbildung des wissenschaftlichen Nachwuchses für alle Wissenschaftsteile. Als Modell könnte das Institute for Advanced Study/Princeton dienen, ein universitäres Zentrum besonderer Art, erweitert um ein Masterstudienprogramm der gewohnten Art. Die schleichend übernommene Aufgabe einer akademischen Ausbildung von 40 und mehr Prozent eines Altersjahrgangs macht es unmöglich, sich auf die genannten, eine Universität im Kern definierenden Aufgaben zu konzentrieren. Kurzum: Vom Humboldt-Paradigma auch in der Universität zu einer anderen Art Harnack-Paradigma, das in diesem Falle auch unabdingbare Humboldt-Teile einschlösse, nämlich die forschungsnahe Lehre und ein Wissenschaftsbewusstsein auch auf Seiten der Studierenden.

Zweitens. Fachhochschulen als Regelhochschulen, mit aus den Universitäten ausgelagerten, nicht unmittelbar forschungsorientierten Teilen. Viele dieser universitären Teile entsprechen schon jetzt eher dem Modell Fachhochschule als dem Modell Universität. Dazu müsste das Fachhochschulsystem erheblich ausgebaut werden, auch zu Lasten der Universitäten beziehungsweise über die Übernahme universitärer Studienteile hinaus.

Drittens. Helmholtz-Zentren als Entwicklungskerne europäischer Forschungszentren. Als Modell käme hier etwa das European Molecular Biology Laboratory (EMBL) in Betracht, ein 1973 gegründetes, durch 20 europäische Mitgliedstaaten sowie Australien finanziertes Institut der Grundlagenforschung in Heidelberg. Wo eine solche Umwandlung aus politischen Gründen nicht geht oder die ursprüngliche Aufgabe erschöpft ist, Schließung – die Zentren wurden als sterbliche gegründet – oder, verbunden mit einer Redimensionierung, Überführung in Universitäten neuen Zuschnitts oder in eine Max-Planck-Struktur. Das hätte bereits mit Jülich und Karlsruhe nach dem Ende des Kernforschungsprogramms geschehen sollen.

Viertens. Max-Planck-Institute, getreu ihrer ursprünglichen Definition, als Schrittmacher an neuen Forschungsfronten, dabei, das Harnack-Prinzip wirklich beherzigend, kleiner – es müssen ja nicht fünf und mehr Direktoren beziehungsweise Abteilungen sein -, flexibler, sterblicher als heute. In ihren derzeitigen Großformaten verwischt sich der strukturelle und systemische Unterschied gegenüber den Helmholtz-Zentren.

Fünftens, die Leibniz-Institute: Auflösung einer im Wesentlichen imaginären institutionellen Einheit, teilweise Eingliederung von Instituten der Normalforschung in Universitäten, dann Überführung in einzelne objektbezogene spezielle Forschungsverbünde (Beispiele: die fünf forschenden Museen und die fünf forschenden Pädagogik-Institute der Gemeinschaft). Als eigens ausgewiesenes Wissenschaftssystem fehlt der Leibniz-Gemeinschaft nicht nur eine institutionelle, sondern auch eine materiale Idee. Ihr Gründungsprozess macht das deutlich, ihre propagandistisch vorgetragene Idealisierung als Wissenschaftssystem eigenen Typs – institutionelle Pluralität als Einheit beziehungsweise Identität besonderer Art (geht das überhaupt?) – ist ein eher durchsichtiges Manöver und kommt zu spät.

Sechstens. Auflösung der Einrichtungen der Ressortforschung, sofern diese nicht definierten nationalen (vielleicht auch anders definierten und zu begründenden) Erfordernissen dienen, wie das Robert Koch- und das Paul-Ehrlich-Institut.

Fraunhofer-Institute bleiben siebtens als paradigmatisches Erfolgsmodell unverändert. Hier greift auch der im politischen Diskurs so gern und so unpräzise verwendete Innovationsbegriff. Innovation ist, recht verstanden, die technikorientierte Entwicklung und Anwendung von forschungsbezogenem Wissen unter gesellschaftlichen Zwecken. Genau das leistet die Fraunhofer-Gesellschaft mit ihren Instituten. Wo der Ausdruck „Innovation" dagegen unterscheidungslos auf beliebige wissenschaftliche Ergebnisse wie andernorts auf die Umstellung von einer Dreierkette auf eine Viererkette im Fußball oder auf sich hebende oder senkende Rocksäume angewendet wird, wird er sinnlos.

Alle Punkte zusammengenommen, könnten zu einer wirklichen Reform unseres Wissenschaftssystems führen, zu einer Reform, die mehr wäre als das Herumschieben altbekannter Systembausteine und Semantiken. Wahrscheinlich ist eine solche Entwicklung nicht. Sie würde, auch von den Systembetroffenen selbst, ein wesentliches Umdenken erfordern. Dabei ginge es nebenbei auch darum, die Definitionshoheit in Sachen Wissenschaft, die längst an internationale Entwicklungen verloren wurde, wenigstens zum Teil wieder zurückzugewinnen. Faktisch sind wir von Meistern – noch einmal eine kleine Erinnerung an Humboldt und Harnack – zu Kopisten geworden. Wer meint, alles sei gut, wie es ist, sitzt einem falschen Hegel – „was ist, ist vernünftig" – auf. Der richtige hat mehr von Vernunft gehalten, nicht nur in den Köpfen der Philosophen, sondern auch in der Wirklichkeit, wenn sie sich im Flug der Eule so zeigt.

Die anfangs gestellten Fragen haben eine Antwort, bescheidenermaßen nicht unbedingt die Antwort, gefunden: Die Unterscheidung zwischen dem Universitären und dem Außeruniversitären löst sich mit der neuen Rolle der Universität auf. Zugleich ändern sich die außeruniversitären institutionellen Identitäten und deren vermeintliche Einheit. Redundanzwünsche erübrigen sich im Blick auf internationale Gegebenheiten. Dasselbe gilt von einer kleinkarierten Wettbewerbsideologie.

Begonnen wurde mit einem Hinweis auf den Wissenschaftsrat in der enttäuschten Hoffnung, dieser könnte mit seinen Empfehlungen zur Zukunft des deutschen Wissenschaftssystems so etwas wie Hegels Eule sein, in diesem Falle mit einem in die Zukunft gerichteten Flug. Mit dem Hinweis sei auch – und das wäre zugleich die pessimistische Antwort auf die Strukturfrage – der Schluss gemacht. Wenn der Wissenschaftsrat über das Forschungs- und Wissenschaftssystem in Deutschland nachdenkt, dann hat er längst seinen Frieden mit der bestehenden Ordnung gemacht. Bund und Länder sorgen dafür, dass hier nichts Unbequemes oder gar Revolutionäres ins Auge gefasst wird. Die Handschrift der Zukunft bleibt hier, wie auch sonst in den deutschen Wissenschaftsdebatten, verborgen.

Herfried Münkler

Soldat ohne Staat

Dass die Einflusszonen der großen politischen Akteure und deren Gewichtsverteilung im 21. Jahrhundert anders sein werden, als sie es im 20. Jahrhundert waren, ist seit längerem prognostiziert worden: Die Kontrolle von Grenzen und Territorien werde an Bedeutung verlieren, und statt dessen werde sich der Fokus der Macht, jedenfalls der Weltmacht, auf die Lenkung und Überwachung des Fluiden verschieben. Man hatte freilich damit gerechnet, dass sich die Verschiebung der weltpolitischen Gewichte weitgehend auf dem Feld der Wirtschaft abspielen und kriegerischen Auseinandersetzungen dabei nur eine marginale Rolle zukommen würde. Das dürfte eine allzu optimistische Prognose gewesen sein. Der Krieg im Osten der Ukraine könnte für eine Rückkehr des Krieges in das Ringen um die weltpolitische Ordnung des 21. Jahrhunderts stehen, und in ihm geht es noch einmal um die Verfügung über Territorien. Deswegen beunruhigt uns Europäer der Russland-Ukraine-Krieg sehr viel mehr als alle anderen Konflikte, eingeschlossen das Vordringen der IS-Milizen in Syrien und im Irak. In den USA werden dagegen die Akzente genau umgekehrt gesetzt: Hier spielt Greater Middle East eine größere Rolle als die Ukraine. Darin deutet sich das Ende des „Westens" als geschlossen handelnder strategischer Akteur an. Europa wird sich zukünftig um die Stabilität seiner Ränder und Peripherien selbst kümmern müssen.

Der Russland-Ukraine-Krieg hat für uns nicht zuletzt darum eine besondere Brisanz, weil in ihn eine Atommacht verwickelt ist, deren Verantwortlichkeit für die Kampfhandlungen aber nur schwer zu fassen ist. Das liegt nicht nur an Putins Undurchsichtigkeit, sondern auch an einer neuen politisch-militärischen Strategie: Haben die Russen im Georgienkrieg, der beim ersten Blick eine Reihe von Ähnlichkeiten mit dem Ukrainekrieg aufweist, auf den konzentrierten Einsatz ihrer überlegenen Streitkräfte gesetzt, um den Waffengang innerhalb weniger Tage für sich zu entscheiden, so wenden sie nun eine spiegelverkehrte Strategie an: Sie unterstützen ihre Anhänger in der Ostukraine verdeckt und dosieren diese Unterstützung so, dass die ukrainischen Streitkräfte gegenüber den Separatisten nicht die Oberhand bekommen. Von ihrer potentiellen militärischen Überlegenheit machen sie jedoch keinen Gebrauch, sondern setzen auf schrittweise Infiltration und Separation. Während sie in Georgien den Krieg eskaliert und so für sich entschieden haben, schlüpften sie in der Ostukraine mitunter gar in die Rolle des Deeskalierers, indem sie die Separatisten um die Einhaltung eines Waffenstillstands oder den Austausch von Gefangenen „baten".

Sieht man genauer hin, so zeigt sich, dass im Georgien- und im Ukrainekrieg jedoch eines gleich bleibt: das russische Bestreben, nicht in die Rolle eines Angreifers zu geraten, sondern aus der Position eines Verteidigers heraus agieren zu können. In Georgien/Ossetien bot ihnen die Offensive der georgischen Armee die Chance dazu, während sie in der Ostukraine zwischen der Behauptung, das Recht auf politische Selbstbestimmung zu verteidigen und humanitäre Hilfe zu leisten, hin und her wechselten, einer Hilfe im Übrigen, die sie, wie die russische Seite mehrfach behauptete, gegen eine unbarmherzig agierende ukrainische Armee militärisch durchsetzen musste. Auf mindestens zwei Wegen ist hier also das Verbot von Angriffskriegen in der UN-Charta unterlaufen und ausgehebelt worden. Der Ukrainekrieg droht dadurch zum Präzedenzfall zu werden: Wenn das russische Beispiel Schule macht, könnte er zum Anfang vom Ende der nach dem Zweiten Weltkrieg installierten internationalen Ordnung werden. Die augenscheinliche Ratlosigkeit der Europäer verstärkt diese Gefahr.

Inzwischen wird von einer Rückkehr des Kalten Krieges oder auch einem Neuaufleben des klassischen Staatenkrieges gesprochen. Auf der Suche nach historischen Analogien und politischen Mustern führt das jedoch in die Irre. Für einen neuen Kalten Krieg fehlen die geschlossenen Blöcke von vor 1989, und um einen zwischenstaatlichen Krieg nach herkömmlichem Modell handelt es sich in der Ostukraine ja gerade nicht. Gleich zu Beginn seines monumentalen Werks „Vom Kriege" hat der preußische Kriegstheoretiker Carl von Clausewitz den Krieg als „ein wahres Chamäleon" bezeichnet, in dem Brutalität, Kreativität und Rationalität zusammenspielen und je nach den spezifischen Mischungsverhältnissen das Erscheinungsbild eines Krieges bestimmen. Was wir zurzeit beobachten, ist eine völlig neue Mischung dieser drei Grundelemente des Krieges, und sie ist geeignet, das nach 1945 installierte Regime der Kriegsverhinderung auszuhebeln. Insofern geht es inzwischen durchaus auch um die Grundzüge einer neuen Weltordnung.

Es fällt auf, dass die USA, der bisherige Globocop der internationalen Ordnung, im Russland-Ukraine-Krieg keine herausgehobene Rolle spielen; das Erfordernis eines Gegenhandelns, das die russischen Optionen begrenzen soll, liegt vor allem bei den Europäern. Die sind damit jedoch erkennbar überfordert. Sie ahnen, dass sie infolge der US-amerikanischen Aufmerksamkeitsverlagerung aus dem atlantischen in den pazifischen Raum die Probleme an ihrer Peripherie in Zukunft ohne die Hilfe der USA werden bearbeiten müssen, haben aber keine Vorstellung davon, wie und womit sie das tun wollen bzw. können. Zurzeit setzen sie darauf, dass der Gebrauch militärischer Macht durch den Einsatz wirtschaftlicher Macht blockiert werden kann. Das Problem dabei ist freilich, dass diese beiden Machtsorten unterschiedlichen Zeitregimen unterliegen: Militärische Macht zeitigt kurzfristige Effekte, wirtschaftliche Macht entfaltet ihre Wirkung über längere Zeiträume. Militärische Macht verhindert eher als dass sie gestaltet; wirtschaftliche Macht kann Entwicklungen gestalten, aber einen Gegenspieler nicht kurzfristig ausschalten. Auch das ist eine Form asymmetrischer Konfliktaustragung.

Inzwischen ist davon die Rede, der russische Präsident Putin verfolge einen langfristig angelegten Plan, Schritt für Schritt das alte Sowjetimperium unter der Leitidee eines russisch dominierten eurasischen Machtblocks wiederherzustellen. Bei einem europäischen Gegenhandeln dürfte sich wirtschaftliche Macht langfristig als eine wirksamere Waffe denn militärische Macht erweisen. Seit der Mitte des 20. Jahrhunderts hat sich gezeigt, dass Vulnerabilität in solchen Konflikten eine größere Bedeutung hat als Vulneranz, dass also die eigene Verwundbarkeit nur bedingt durch die Fähigkeit, anderen Wunden zuzufügen, kompensiert werden kann. Militärische Macht hat im Gefolge dessen an Relevanz verloren. Der Ukrainekrieg erinnert daran, dass sie deswegen jedoch nicht irrelevant geworden ist. Mit ihr können nach wie vor „Tatsachen" geschaffen werden, die später nur schwer rückgängig zu machen sind. Die Krim ist dafür ein Beispiel.

Aber selbst wenn Putin einen solchen Plan verfolgen würde und der Ukrainekrieg nicht die indirekte Folge des Maidan-Umsturzes in Kiew wäre, so würde es sich dabei doch um die Wiederherstellung eines Imperiums handeln, das an früheren Formen der Großreichsbildung orientiert ist. Die Messlatte der herkömmlichen Landimperien war das kontrollierte Territorium. Im Vergleich dazu ist das imperiale Projekt der USA auf die Kontrolle von „Strömen" hin angelegt: Strömen von Kapital und Informationen, Gütern und Dienstleistungen, Rohstoffen und Personen. Nicht um die Inbesitznahme eines strategisch wichtigen Stücks Boden geht es dabei, sondern um die Kontrolle und Steuerung eines Gesamtzusammenhangs. Globale Überwachungs- und Spähprogramme sowie Flugzeugträger und Kampfdrohnen sind dafür wichtiger als Panzer und Raketenwerfer. Insofern sind einige der Kriege und Konflikte, die uns zur Zeit beschäftigen, auch Auseinandersetzungen um die Frage, welche Art von Ordnung im 21. Jahrhundert dominant sein wird: die Kontrolle von Territorien und die Verfügung über Grenzen oder die Kontrolle und Beeinflussung des Fluiden und sich permanent Verändernden. Mit der Alternative zwischen der Kontrolle des Festen und des Fluiden als Grundlage der Weltordnung ist auch die Reichweite der je geltend gemachten Werte und Normen verbunden: Wer sich auf Territorien beschränkt, kann seine Normansprüche räumlich begrenzen; wer aufs Fluide setzt, muss auf universellen Werten bestehen. Das erklärt das beschränkte Interesse der USA an den Entwicklungen in der Ostukraine. Wobei es freilich zu einfach wäre, die USA ausschließlich auf die politische Linie der sanfteren Machtausübung festzulegen, denn noch ringen beide geopolitischen Schulen, die der Territorien und die des Fluiden, dort miteinander um die Vorherrschaft. Es ist jedoch absehbar, dass die in der Tradition der Seeherrschaft stehenden Geostrategen des Fluiden die Oberhand bekommen.

In deren Logik sind Herausforderungen wie die durch al Qaida, Boko Haram in Teilen Afrikas sowie jetzt durch die IS-Milizen in Syrien und im Irak viel gefährlicher und folgenreicher als das dieser Sicht zufolge an antiquierten Vorstellungen hängende Agieren Putins; al Qaida, IS und wer sonst noch immer sind Konkurrenten bei der Kontrolle des Fluiden: sie sind für die USA gefährlich, weil sie analogen Denk- und Handlungsmodellen folgen. Fasst man die Entwicklung des Dschihadismus vom ersten Afghanistankrieg (dem der Mudschaheddin gegen die Rote Armee) bis zu den jüngsten Kämpfen in Syrien und im Nordirak zusammen, so haben wir es mit einem neuen Typus der „internationalen Brigaden" zu tun, die sich mal hier, mal da konzentrieren, Territorien erobern und zeitweilig kontrollieren, deren Existenz aber nicht an der Gebietskontrolle hängt, sondern sich jederzeit ins Fluide auflösen kann, um dann an anderer Stelle erneut feste Gestalt anzunehmen. Folgenreich verwundbar sind diese neuen Gewaltakteure für die USA nur dort, wo sie eine territoriale Gestalt angenommen, sich also verkörperlicht haben, denn nur dann sind sie mit militärischen Mitteln angreifbar. Deswegen werden die USA überall dort zu massiver militärischer Gewalt greifen, wo islamistisch beherrschte Territorien entstanden sind. Ansonsten führen sie einen permanenten Krieg gegen diese Organisationen mit Kampfdrohnen. Schon jetzt ist dies ein tendenziell global angelegter Krieg, der eher einer Polizeiaktion als dem klassischen Duell ähnelt. Die von Clausewitz genannten Grundelemente des Krieges – Brutalität, Kreativität und Rationalität – sind auch hier identifizierbar, treten aber in einem völlig anderen Mischungsverhältnis auf als in der Ostukraine oder als dies bei dem chinesisch-japanisch-koreanischen Streit um die Sukaku-Inseln akut werden kann.

Das, was wir als Krieg bezeichnen, stellt sich inzwischen erheblich vielgestaltiger dar als noch vor einigen Jahrzehnten. Die herkömmlichen Unterscheidungen zwischen Angriffs- und Verteidigungskrieg oder zwischen Staaten- und Bürgerkrieg haben ihre orientierende Kraft verloren. Sie sind analytisch nicht bedeutungslos, aber die Mehrzahl der Kriege, mit denen wir es inzwischen zu tun haben, sind Hybride zwischen diesen klassischen Unterscheidungen oder Neuformatierungen der Gewalt, die sich diesen Ordnungsbegriffen entziehen. Über kurz oder lang wird das auch für das Kriegsvölkerrecht Folgen haben. Das Insistieren auf einer Rechtsordnung, die durch die Erfahrung der beiden Weltkriege geprägt ist, wird für die Regulation und Begrenzung der Gewalt in den neuen Weltordnungskonflikten nicht mehr genügen. Das Ringen um die neue Weltordnung ist darum auch ein Ringen um die Regeln, die dabei zu beachten und einzuhalten sind. Die Polymorphie des Kriegsgeschehens macht einen Konsens über das neue Regelwerk nicht einfacher. Das andere Problem ist, dass die Europäer ihre Rolle und Position in diesen Konflikten und bei deren Bearbeitung noch finden müssen. Es ist zu erwarten, dass das bisher gepflegte Beobachten und Kommentieren dabei nicht genügen wird. Die seit Jahrzehnten expandierende EU muss zu festen Grenzen kommen und den Prozess ihrer Erweiterung beenden, wenn der Konflikt mit Russland um die geopolitische Zugehörigkeit der Ukraine nicht in einen europäisch-russischen Dauerkonflikt überführt werden soll. Gleichzeitig muss sich die EU aber auch um die Stabilität ihrer Peripherie bemühen bzw. in deren Stabilität investieren. Ohne die verlässliche Krücke historischer Analogien wird die Suche nach dem nicht nur richtigen, sondern auch rechten Weg schwer werden. Doch die Erosion der alten Ordnung und die sich häufenden Kriege zwecks ihrer Zerstörung zwingen dazu.

Margit Osterloh und Alfred Kieser

Kommt, lasst uns noch ein paar Längsdenker mehr produzieren

Braucht die deutsche Wissenschaft noch mehr Bürokratie?

Der Wissenschaftsrat hat jüngst „Empfehlungen zur Zukunft des Forschungsratings" verabschiedet. Nach der Lektüre werden es sich deutsche Wissenschaftlerinnen und Wissenschaftler zweimal überlegen, ob sie ungewöhnliche Forschungsprojekte in Angriff nehmen sollen. Empfohlen wird nämlich, die Wissenschaft in Deutschland mit einem „flächendeckenden" Rating zu überziehen. Alle sieben Jahre sollen 22 bis 25 Fächer mit ihren Lehrstühlen und Instituten – insgesamt etwa neunzig Prozent aller Universitätsprofessuren – einer vergleichenden Beurteilung unterworfen werden. In Erwartung von Evaluationen sind Forscher jedoch gut beraten, bewährte Ergebnisse zu variieren statt akzeptierte Forschung durch neue Ansätze radikal in Frage zu stellen.

Denn so setzen sie sich nicht dem Risiko aus, dass Gutachter Ansätze beurteilen, die sie – weil neu – nicht angemessen würdigen können. Nobelpreisträger erhielten nicht selten über Jahre hinweg negative Bewertungen, weil ihre Kollegen mit ihrer Forschung nichts anzufangen wussten. Jüngstes Beispiel ist der Nobelpreisträger für Chemie des Jahres 2011, Daniel Shechtman, der vor dreißig Jahren von seinen Kollegen aus dem Labor geworfen wurde, weil er angeblich eine Schande für seine Forschergruppe war. Wer punkten will, vermeidet darum besser risikoreiche Forschung und rüstet vom Querdenken auf Längsdenken um.

Die Empfehlungen des Wissenschaftsrates missachten nicht nur die zahlreichen empirischen Befunde zur Fehlbarkeit des Peer-Review-Systems. Sie reden darüber hinaus einer gigantischen „Reputationszuteilungsbürokratie" das Wort. Ein dichtes Netz von Gutachtergruppen zur Feststellung von Forschungsqualität soll etabliert werden. Pro Zyklus müssen 440 „unabhängige und international anerkannte Gutachterinnen und Gutachter" aufgeboten werden, die pro Fach, so schätzt der Wissenschaftsrat „im Mittel 12 Sitzungstage" und Vorbereitungszeiten im vergleichbaren Umfang hinter sich zu bringen haben.

Diese Schätzung erfasst allerdings nur einen Teil des Aufwands. So berichteten die Gutachter des Pilotprojekts Soziologie, vier bis sechs Wochen mit fast nichts anderem beschäftigt gewesen zu sein als mit dem Lesen von Texten der zu bewertenden Kollegen. Liegt der Schätzung die Annahme zugrunde, dass man sich in Zukunft mehr auf quantitative Indikatoren verlassen will? Die für Fächer tätig werdenden Gutachterinnen und Gutachter bilden Bewertungsgruppen, die von Steuerungsgruppen koordiniert werden. Darüber hinaus gibt es Fächergruppenkommissionen, die für wertende Vergleiche zwischen den Fächern einer Fächergruppe verantwortlich sind. Eine Geschäftsstelle mit zahlreichen Referentinnen und Sachbearbeitern steuert die Kommissionen, macht Öffentlichkeitsarbeit und erfasst laufend Daten, um sie den Gutachtern zur Verfügung zu stellen: „Daten zu Beschäftigten, Nachwuchsförderung, Drittmitteln und Projekten, Forschungspreisen und Auszeichnungen, Patenten sowie Publikationen". Hinzu kommen eine Begleitforschung und zusätzliche externe Evaluationen.

Wozu dieser bürokratische Apparat, der den Forschenden jede Menge Zeit zu Lasten von Forschung und Lehre kostet? Das Forschungsrating soll Potentiale freisetzen: „zu mehr Wettbewerb und Differenzierung im Wissenschaftssystem sowie zu einer erhöhten internationalen Anschlussfähigkeit". Und es soll ein „wirksames und nützliches Instrument zur Reflexion in einzelnen Fächern" sein.

Nicht alles, was Wissenschaftler von sich geben, ist Wissenschaft

Aber: Begutachtungen ihrer zur Veröffentlichung eingereichten Aufsätze und ihrer Anträge auf Finanzierung von Forschungsprojekten sowie Akkreditierungen und Reakkreditierungen ihrer Studiengänge veranlassen Forschende ohnehin laufend zur Selbstreflexion. Auf diese Selbstreflexion allein verlässt sich der Wissenschaftsrat aber nicht. Er will darüber hinaus Hochschulleitungen und der Politik „belastungsfähige Informationen" – gemeint sind belastbare – zur Verfügung stellen, welche Fächer an welchen Standorten internationale Sichtbarkeit und Anschlussfähigkeit erreichen, sowie „strategisches Steuerungswissen", wie die nachhinkenden Fächer dies ebenfalls schaffen können.

Zur Beruhigung der Gemüter soll wohl die Bekräftigung des Prinzips beitragen, „dass Wissenschaftsleistungen adäquat nur von Wissenschaftlerinnen und Wissenschaftlern beurteilt werden können". Gutachter werden nicht einfach von der Bürokratie bestimmt, sondern von den Fachvereinigungen vorgeschlagen. Den Disziplinen werde die Möglichkeit geboten, „Bewertungsprozesse aktiv mitzugestalten und bei hochschulpolitischen Diskursen und Entscheidungen nicht wissenschaftsfernen und fachunangemessenen Bewertungen zu unterliegen".

Weiterhin soll wohl beruhigend wirken, dass der Wissenschaftsrat in die massive Kritik an Rankings mit einstimmt. Auf Rankings basierende Evaluationen im Ausland würden häufig zur Vernachlässigung der Forschungsqualität zugunsten der Forschungsquantität, führen, eine Tendenz zu risikoarmer Forschung auslösen sowie die innere Motivation beschädigen. Dennoch hätten diese Praktiken deutlich gemacht, dass Verfahren zur Bewertung von Forschungsleistungen inzwischen etabliert und ein fester Bestandteil des Wissenschaftsbetriebs seien. Man traut ihnen „Leistungsanreize" zu.

Unerwähnt bleiben die zahlreichen Studien, die negative Auswirkungen solcher Leistungsanreize auf die Wissenschaftssysteme konstatieren. Wenn andere Länder flächendeckende Überwachungen der Wissenschaft einrichten, suggeriert der Wissenschaftsrat, dann darf Deutschland nicht hinterherhinken. Aber das von vielen deutschen Experten hochgelobte Wissenschaftssystem der Vereinigten Staaten ist nicht einer flächendeckenden, periodisch wiederkehrenden Kontrolle unterworfen.

Die Zauberformel, die das flächendeckende Rating zu einem validen Instrument machen soll, lautet: Informed Peer-Review. Das ist eine Begutachtung durch etablierte Kolleginnen und Kollegen unter Einbezug von qualitativen und quantitativen Informationen. Dieses Verfahren zeichne sich vor allem durch folgende Besonderheiten aus: Es sei ein „wissenschaftsgeleitetes Vorgehen", weil es ausschließlich durch fachlich ausgewiesene Wissenschaftlerinnen und Wissenschaftler konzipiert wird und die Fachgesellschaften eingebunden werden.

Allerdings gibt es in der Wissenschaft kontroverse Ansichten darüber, wie eine wissenschaftlich fundierte Bewertung von Forschung auszusehen hat. Der Wissenschaftsrat legt nicht dar, welchen der widersprüchlichen Ansätze er aus welchen Gründen folgt. Weiterhin sei eine hohe Qualität und Validität durch aufwendige Prüfprozesse, etwa durch Begleitforschung gewährleistet. Doch schon auf der Basis der vorausgegangenen Pilotprojekte insbesondere zum Fach Soziologie sind umfangreiche kritische Analysen des Ratings vorgelegt worden, die jetzt nirgends erwähnt werden. Zählt als Begleitforschung nur diejenige, die vom Wissenschaftsrat selbst in Auftrag gegeben worden ist?

Die Kriterien, entlang derer Forschung bewertet werden soll, sind: Forschungsqualität/Impact, Reputation/Anerkennung, Drittmittelaktivitäten und Infrastrukturen, Nachwuchsförderung, Wissensvermittlung und Wissenstransfer.

Schon auf den ersten Blick fällt auf, dass diese Kriterien nicht unabhängig voneinander sind. Wer keine gute Forschungsqualität nachweisen kann, hat es schwer, eine hohe Reputation zu erwerben oder Drittmittel zu akquirieren, und wird wahrscheinlich auch als Wissensvermittler weniger stark nachgefragt. Die Forschungsqualität ist das eindeutig dominierende Kriterium. Von Multidimensionalität kann also keine Rede sein.

Wer gibt dem Wissenschaftsrat einen Statistik-Kurs?

Die Benotung als exzellent, sehr gut, gut, befriedigend und nicht befriedigend wird – wie bei den Pilotprojekten – flugs zu einem Ranking der Standorte umfunktioniert. Ein Blick ins Internet zeigt, dass nach Abschluss der Pilotstudien diejenigen Universitäten, deren Fächer gut abschnitten, sich selbst im Vergleich zu anderen Universitäten eifrig gerankt haben. Aber: Keiner weiß so recht, was Forschungsqualität eigentlich ist. Der Wissenschaftsrat misst sie dennoch zentral und hierarchisch. Er versieht sie zudem mit einem amtlichen Gütesiegel – und konstruiert damit Wirklichkeit. Die Vielfalt und unvermeidliche Widersprüchlichkeit kreativer Forschung weicht der heiligen Einfalt von Rankings.

Der vom Wissenschaftsrat konzipierte Bewertungsprozess hat mehrere Stufen. Zwei Peers bewerten zunächst unabhängig voneinander eine Einrichtung (meist einen Lehrstuhl), indem sie ihr für jedes Kriterium eine Note zuordnen und diese begründen. Stimmen die beiden Gutachter nicht überein, sind sie zunächst angehalten, untereinander einen Konsens zu erzielen. Sollte dies nicht gelingen, wird, wie im Abschlussbericht der Bewertungsgruppe Soziologie dargelegt, ein Sondergutachter „mit Spezialkompetenz" hinzugezogen. In einer dritten Bewertungsphase legt die gesamte Bewertungsgruppe die Bewertungen der Einrichtungen fest.

Grundlage der Bewertung der des Kriteriums Forschungsqualität/Impact sind Publikationen. In den naturwissenschaftlichen Fächern werden zu deren Bewertung in erster Linie die sogenannten Impact-Faktoren der Zeitschriften herangezogen, in welchen Forschungsergebnisse publiziert sind. Der Impact-Faktor bemisst sich nach der durchschnittlichen Anzahl von Zitierungen aller Aufsätze in dieser Zeitschrift – das ist aber ein unsinniges Maß. Generell gilt: Wenige Aufsätze erhalten viele Zitationen, viele Aufsätze wenige oder gar keine. Man kann deshalb nicht vom Impact-Faktor einer Zeitschrift auf die Qualität einzelner Beiträge schließen, sofern man Zitierungen überhaupt für ein Qualitätsmaß hält.

Wer auch nur eine Grundausbildung in Statistik genossen hat, weiß, dass bei einer stark schiefen Verteilung von Eigenschaften nicht von dieser auf Eigenschaften einzelner Einheiten geschlossen werden darf. Die Bewertung der Aufsätze einer Forschungseinheit auf der Basis von Zitationsdaten ist deshalb jüngst in der „San Francisco Declaration on Research Assessment (DORA)" geächtet und inzwischen von mehr als vierhundert bedeutenden wissenschaftlichen Vereinigungen unterzeichnet worden. Der Wissenschaftsrat aber stellt in seinem Forschungsrating den Gutachtern solche Indikatoren zur Verfügung.

Auch Drittmittel als Indikatoren der Forschungsstärke unterliegen heftiger Kritik. Die Berlin-Brandenburgische-Akademie der Wissenschaften hat unlängst eine solche Analyse veröffentlicht (F.A.Z. vom 6. November). Drittmittel sind ein Maß des Forschungs-Inputs, nicht des Erkenntnis-Outputs. Sie hängen im Übrigen mit anderen Daten, welche Forschungsqualität zu messen vorgeben, kaum zusammen.

In den sozial- und geisteswissenschaftlichen Fächern sollen die Gutachter Publikationen qualitativ bewerten. Im Pilotprojekt Soziologie sollten pro Forschungseinheit mindestens zwei charakteristische Publikationen eingereicht werden. Waren in einer Einrichtung mindestens vier Wissenschaftler tätig, konnte pro zusätzliche drei Wissenschaftler je eine weitere Publikation eingereicht werden (z.B. vier bis sechs Wissenschaftler durften maximal je drei, sieben bis neun Wissenschaftler maximal je vier Publikationen einreichen usw.). Die Gutachter lasen also nicht einmal eine Publikation pro Wissenschaftler der zu bewertenden Einrichtungen!

Bei der Beurteilung der Qualität gab es auf dieser Grundlage „in jedem Fall eine einmütige Notenfestlegung". Das nimmt nicht Wunder, denn fünf der sechzehn Gutachter der Pilotstudie Soziologie waren nicht nur Emeriti, sondern „grand old men" dieses Fachs. Solche Herren streiten sich nicht, und vor allem die Jüngeren streiten sich nicht mit ihnen.

Halbwissen x Selbstzufriedenheit + Durchsetzungsfähigkeit = Rating

Wie Erfahrungen mit dem britischen „Research Assessment Exercise" zeigen, werden meist solche Wissenschaftler als Gutachter gewählt, die im jeweiligen Mainstream ihres Fachs erfolgreich sind. Das heißt: Konventionelle Forschung wird begünstigt. In vielen Fällen dürfte es in den Pilotprojekten jeweils nur einen Experten für die in einer Forschungseinheit erforschten Teildisziplinen gegeben haben. Diesen dürften dann jeweils die Meinungsführerschaft bei der Bewertung der Forschungsqualität dieser Teildisziplin zugefallen sein.

Im Pilotprojekt Soziologie haben beispielsweise 16 Peers 25 Teilgebiete der Soziologie identifiziert. Das bedeutet: Die Gesamtbewertung des Fachs war in gewisser Weise das Ergebnis der Aggregation der Einschätzungen einzelner Gutachter, die mit einigen der beforschten Teilgebiete nur teilweise vertraut waren, gewichtet mit deren Durchsetzungsfähigkeiten. Umso wahrscheinlicher ist es unter diesen Bedingungen, dass quantitative Indikatoren den Ausschlag geben, häufig die zweifelhaften Impact-Faktoren.

Somit gilt: Die Zusammensetzung der Bewertungsgruppe hat einen starken Einfluss auf die Bewertung. Man kann mit guten Gründen bezweifeln, dass der Diskurs in einer Bewertungsgruppe die Subjektivität der Bewertungen einzelner Peers reduziert. Wird so verlässliches „Steuerungswissen" erzeugt?

Beurteilungen lösen bei Wissenschaftlern in aller Regel Reaktionen aus, welche die Ergebnisse verfälschen. Dieses Problem wird in den Empfehlungen des Wissenschaftsrates nicht einmal erwähnt, obwohl es in der Diskussion zur Evaluation von Forschungsleistungen eine große Rolle spielt: Wissenschaftler betreiben dann „gaming the game". Zum Beispiel widmen sie ihre Aufsätze modischen Themen, um Zitationen zu forcieren, sie verwenden leicht erreichbare Datensätze, sie bilden Zitationskartelle, sie zitieren bevorzugt ihre eigenen Schriften und Aufsätze in Zeitschriften, in denen sie veröffentlichen wollen, um deren Impact-Faktoren in die Höhe zu treiben.

Neue Tricks werden hinzukommen. Wissenschaftler sind außerordentlich findig, wenn es um die Entdeckung von Möglichkeiten geht, quantitative Indikatoren zu beeinflussen. Schuld daran ist nicht nur fehlgeleiteter Ehrgeiz, sondern ein „Lock-in"-Effekt, dem sich Universitäten, Fachbereiche und Forschungseinheiten nur schwer entziehen können. Haben sich einmal bestimmte Rankings als Lieferanten relevanten „Steuerungswissens" und als Verteilschlüssel für Ressourcen und Reputation etabliert, ist es für eine Institution notwendig, das Spiel mitzuspielen und bevorzugt solche Kolleginnen und Kollegen zu berufen, welche die Regeln des Ranking-Spiels beherrschen.

Das flächendeckende Rating innerhalb von Fächern erzeugt auf diese Weise die Realität, die zu messen es vorgibt. Dies nach Kriterien, die minimalen wissenschaftlichen Standards nicht standhalten. Wie bei Kreditratings erstellt eine Agentur auf der Basis unzureichender Information Bewertungen, um Akteure, die noch weniger als die Agentur über die bewerteten Institutionen wissen, zu Entscheidungen zu veranlassen. Die sich an der Bewertung orientierenden Entscheidungen bewirken, dass die Wirklichkeit sich den Bewertungen annähert. Das lässt die Ratingagenturen gut aussehen. Immer weniger fällt auf, dass viele der von ihnen ausgelösten Entscheidungen falsch sind. Dass es im Wissenschaftssystem keine bereinigenden Crashs gibt, macht die Sache nicht besser.

Darüber hinaus ist der im Rating angelegte Vergleich über Fächer hochproblematisch, weil er suggeriert, ein bestimmtes Fach sei förderungswürdiger als ein anderes – eine Aussage, an der die Politik interessiert ist, die aber auf wissenschaftlicher Basis nicht begründet werden kann. Ratings liefern – anders als anlassbezogene Evaluationen, die der Wissenschaftsrat bisher mit gutem Erfolg erstellt hat – auch keine Empfehlungen, wie man Defizite beheben kann. Stattdessen wird mit ungeheurem bürokratischen Aufwand die Vielfalt an Kreativitätspotentialen eingeschränkt, auf deren Ausschöpfung wissenschaftlicher Fortschritt beruht – und dies mit den Weihen des höchsten Gremiums der deutschen Wissenschaft. Kurz: Die bürokratischen und zentralistischen Empfehlungen des Wissenschaftsrates sind überflüssig und schädlich.

Bettina Pfleiderer

Integrationsschwierigkeiten

Die Kategorie Geschlecht in der Medizin

Es ist schon lange bekannt, dass Männer und Frauen sich nicht nur in ihrer Biologie (z.B. im Hinblick auf ihren Hormonstatus und die genetische Ausstattung) unterscheiden, sondern auch in ihren soziokulturellen Rollen, die zusätzlich durch Faktoren wie ethnische Zugehörigkeit und Kultur sowie der sozialen Schicht beeinflusst werden. Biologische und soziokulturelle Faktoren sind dabei nicht unabhängig voneinander, sondern stehen in Wechselwirkung miteinander. Will man der Kategorie Geschlecht in der Medizin gerecht werden, muss man daher beide Dimensionen (im englischen „Sex" und „Gender" genannt) berücksichtigen.

Das Querschnittsfach, das das Geschlecht in seiner gesamten Komplexität als einen wichtigen individuellen und theoretischen Aspekt der Medizin mit einbezieht, ist die Gendermedizin. Diese versucht, den Einfluss des Geschlechts auf die Entstehung, Symptomatik, den Verlauf einer Krankheit sowie auf Risikofaktoren, Diagnostik und Therapie zu verstehen und zu berücksichtigen.

Geschlechtsspezifische (Neben-)Wirkungen und Symptome

Das Wissen um solche Effekte und Wechselwirkungen ist sowohl für den einzelnen Patienten als auch für die Volksgesundheit von großer Bedeutung. Z.B. entstehen faktisch alle Zivilisationskrankheiten wie Herz-Kreislauferkrankungen, Krebs, Stoffwechsel- und neurodegenerative Krankheiten mit einer deutlichen Präferenz für ein Geschlecht. Wirkungs- und Nebenwirkungsprofile vieler Medikamente sind geschlechtsabhängig. Lange Zeit wurde zum Beispiel die Einnahme von Aspirin generell zur Prävention von Herzinfarkten empfohlen. Aber nachdem vorhandene Daten der klinischen Studien nach Geschlecht differenziert ausgewertet wurden, merkte man, dass ausschließlich Männer von der Einnahme profitieren, Frauen nicht. Auch weiß man, dass Frauen bei vielen Medikamenten eine andere Dosierung als Männer benötigen und häufiger unter Nebenwirkungen leiden. Das weibliche Geschlecht per se ist zudem ein Risikofaktor für die späte Diagnose einer Erkrankung, wie am Beispiel des Herzinfarkts zu sehen ist. Dieser gilt immer noch als die typische Männerkrankheit und es ist nicht allgemein bekannt, dass sich die Symptome bei einem Herzinfarkt zwischen den Geschlechtern unterscheiden können. Typische Herzinfarktsymptome von Frauen können Kiefergelenkschmerzen oder Rückenschmerzen sein, während bei Männern vor allem die klassischen Symptome wie ausstrahlender Schmerz in den Arm auftreten.

Klinische Studien und der Faktor Geschlecht

Man sollte nun annehmen, dass die Integration des Faktors Geschlecht in biomedizinische und klinische Forschungs-und Studienkonzepte inzwischen eine Selbstverständlichkeit ist. Dennoch ist die Berücksichtigung der biologischen und soziokulturellen Geschlechterkomponente öfter die Ausnahme als die Regel. Frauen sind in vielen klinischen Studien immer noch unterrepräsentiert, für Tierstudien werden meist nur männliche Versuchstiere verwendet und die Ergebnisse dann auf beide Geschlechter übertragen. Eine interessante Beobachtung besteht darin, dass das Geschlecht der Versuchsleiter bei Tierversuchen von großer Bedeutung zu sein scheint, wie eine bahnbrechende Arbeit aus Nature Methods zeigte. Die Autoren berichteten, dass besonders männliche Ratten durch den Geruch männlicher Versuchsleiter (Testosteronderivate) gestresst werden und die Tiere stressbedingt weniger Schmerzen empfinden. Gleiche Dosen von Schmerzmedikamenten haben damit im Tierversuch eine unterschiedliche Wirkung in Abhängigkeit vom Geschlecht der Tiere sowie von der Versuchsleitung. Die Berücksichtigung von Geschlechteraspekten ist also von weitreichender Bedeutung, z.B. im Hinblick auf die Entscheidung, welche Medikamente weiterentwickelt werden. Das Ignorieren der geschlechtsspezifischen Wirkung eines Testmedikaments könnte zur Folge haben, dass mögliche neue innovative Behandlungsoptionen erst gar nicht in Betracht gezogen werden.

Auch bei Menschen gibt es einen unbewusst vorhandenen „gender bias", wenn es um Schmerzen geht: Männer geben in Gegenwart von Ärztinnen geringere Schmerzen an als bei Ärzten, weil es mit der Rolle eines „starken Mannes" besser vereinbar ist. Bei Frauen ist die Schmerzäußerung unabhängig vom Geschlecht der behandelnden Person.

Doch eine nach Geschlecht differenzierte Auswertung der Daten findet immer noch zu wenig statt. Dies ist umso erstaunlicher, da bereits 1993 vom US-amerikanischen „National Institute of Health" (NIH), dem wichtigsten Fördermittelgeber in den USA und auch weltweit (www.nih.gov), beschlossen wurde, Frauen und Männer zu gleichen Anteilen in klinische Studien einzuschließen (Revitalization act). Im Mai 2014 ging das NIH einen Schritt weiter und legte fest, dass zukünftig zusätzlich in präklinischen Forschungsprojekten sowohl männliche als auch weibliche Versuchstiere bzw. männliche als auch weibliche Zelllinien in gleicher Weise berücksichtigt werden müssen. Entsprechend wurden die Begutachtungsrichtlinien für Forschungsanträge verändert und es sollen nur solche Projekte finanziert werden, die das Geschlecht in Konzeption und Auswertung berücksichtigen.

Was die Gendermedizin betrifft, hinkt die deutsche Forschungslandschaft den internationalen Entwicklungen in hohem Maße hinterher. Es gibt keine verbindlichen Richtlinien für die Integration von Geschlecht in biomedizinische, präklinische und klinische Forschung, und es gibt wenige Wissenschaftlerinnen und Wissenschaftler und nicht primär die Förderorganisationen, die eine Integration des Geschlechts in die Forschung fordern.

„Geschlecht" gleich „Frauenforschung"?

Warum tun wir uns so schwer mit diesem Thema? Ein Grund dafür kann darin liegen, dass das Thema „Geschlecht" immer noch mit reiner Frauenforschung und/oder als Gleichstellungsmaßnahme gleichgesetzt wird. Dieses Missverständnis im Hinblick auf die Integration des Geschlechts in die Inhalte der biomedizinischen Forschung und der klinischen Medizin scheint sich hartnäckig in den Köpfen zu halten.

Umso wichtiger wird eine frühzeitige und selbstverständliche Integration von geschlechterspezifischen Inhalten in die grundständige Lehre der Medizin und den Naturwissenschaften, um auf lange Sicht die medizinische Gesundheitsversorgung beider Geschlechter nachhaltig zu verbessern und die Ergebnisse der Laborforschung effektiv in der klinischen Medizin und der Präventionsmedizin umzusetzen.

Heike Schmoll

Das Nest der Bildungsaristokraten

Becker, Picht, Dönhoff und die „protestantische Mafia"
der frühen Bundesrepublik

Die frühe intellektuelle Gründungsphase der Bundesrepublik ist geprägt von einer schmalen protestantischen Elite, die der sozialliberale Ralf Dahrendorf als „protestantische Mafia" charakterisiert hat. Im Wesentlichen ging es den Protagonisten jener Mafia darum, die Trennung von Wissenschaft und Politik aufzuheben und eine vernünftig begründete und moralisch nicht überhöhte gesellschaftliche Ordnung zu etablieren. Es gehörten ihr nicht nur Carl Friedrich und Richard von Weizsäcker an, sondern auch die Familien Picht und Curtius, die damalige Chefredakteurin der „Zeit", Marion Dönhoff, und die gesamten Protagonisten des reformpädagogischen Milieus, die häufig selbst aus der Theologie stammten. Hinzu kamen in der Frühphase der preußische Kultusminister Carl Heinrich Becker sowie sein Sohn Hellmut Becker, der spätere Gründer des Max-Planck-Instituts für Bildungsforschung, der Intendant des Westdeutschen Rundfunks, Claus von Bismarck, der damalige Vorsitzende des Wissenschaftsrats, Ludwig Raiser, und Werner Heisenberg, Direktor des Max-Planck-Instituts für Physik, sowie Präsident der Alexander von Humboldt-Stiftung.

Einige von ihnen haben das Tübinger Memorandum der Acht mitverfasst, das den Versuch machte, die Erstarrung der späten Adenauer-Ära aufzubrechen. Zu den wichtigsten Reformzielen des Memorandums gehörte eine aktive Außenpolitik, die zwar an der Wiedervereinigung festhielt, aber den Souveränitätsanspruch auf die Gebiete jenseits der Oder-Neiße-Linie aufgab und insbesondere Verständigung mit Polen suchte. Solche Zeitansagen waren damals sehr ungewöhnlich, wie der in Frankfurt (Oder) vergleichende Kulturwissenschaft der Neuzeit lehrende Gangolf Hübinger bei einer Tagung zu den beiden Familien Curtius und Picht im Deutschen Literaturarchiv in Marbach erläuterte.

Er verwies auch darauf, dass die Zeitgeschichte als Ort der wissenschaftlichen Selbstbeobachtung einer demokratischen Gesellschaft oder Aufarbeitung der diktatorischen Vergangenheit damals an den Universitäten noch längst nicht etabliert war und von Evangelischen Akademien und Forschungsstätten wie der 1958 gegründeten Heidelberger Forschungsstätte der Evangelischen Studiengemeinschaft (FEST) übernommen wurde.

Picht und Dahrendorf waren gewissermaßen die bildungspolitischen Antipoden. Beide hatten klassische Philologie studiert. Der Bildungsaristokrat Picht jedoch blieb von den althumanistischen Kulturidealen sowie von einer Synthese aus Platon, Stefan George und Heidegger geprägt. Dahrendorf indessen ließ sich leiten von Marx, Popper und Kant und betrachtete damals schon die soziale Ungleichheit in modernen Industriegesellschaften als brennendes Problem, während Picht geschichtsphilosophisch idealistisch argumentierte, der Gesellschaft aber in einer Doppelrolle als klassischer Gelehrter und medienstrategisch geschickt agierender Bildungsreformer gegenübertrat.

Der mediale Transmissionsriemen der protestantischen Mafia war die Wochenzeitung „Zeit" mit Marion Gräfin Dönhoff, deren Rolle noch nicht hinreichend geklärt werden konnte, weil die „Zeit" ihr Archiv für Forscher wie Hübinger nicht öffnete, für den Dönhoff-Biographen Klaus Harpprecht, der sich den Exklusivzugang dazu sicherte, indessen schon. Wie sich der Aufstieg der „Zeit" zum liberalen Leitmedium der sechziger Jahre genau vollzog, ist derzeit nicht genau zu sagen. Das von Hübinger zitierte Bekenntnis Richard von Weizsäckers allerdings spricht Bände: „Georg Picht, Marion Dönhoff, Ludwig Raiser, das ist das Nest, aus dem ich geschlüpft bin." Friedrich Sieburg, der genau nicht zu diesen Protagonisten zählt, meint indessen als Außenseiter, es gehe „von der Bande, die sich in der ‚Zeit' zusammengerottet hat, ... ein Terror aus, dem sich sogar einige große Sortimenter beugen".

Über jene intellektuelle Gründungsgeschichte verraten die Privatarchive der Familien Curtius und Picht, die seit kurzem im Literaturarchiv zugänglich sind und gerade erschlossen werden, wenig. Sie werden die laufende Forschung über die Eliten der deutschen Nachkriegszeit allerdings fruchtbar ergänzen, wenn ihr vornehmlich privater Charakter durch die Erforschung anderer Archiv- und Briefbestände vervollständigt wird. Wer in den beiden Familienarchiven zu forschen beginnt, wird nicht umhinkönnen, etwa im Falle des Bildungsreformers Georg Picht, das Bundesarchiv in Koblenz und Berliner Archivbestände hinzuzuziehen.

Er wird aber auch Einblicke in die unterschiedlichen, schillernden Figuren der Familie Curtius und die Lebenswirklichkeit einer offenen Ehe etwa bei Greda Picht und ihrem Mann Werner Picht erhalten, der im preußischen Kultusministerium unter Carl Heinrich Becker die Abteilung Erwachsenenbildung leitete. Friedrich Curtius, der Vater Greda Pichts und des Heidelberger (später Bonner) Romanisten Ernst Robert Curtius, war einer der nüchternen und daher häufig unterschätzten Gestalten. Das legte Ernst-Peter Wieckenberg (München), der das Privatarchiv beider Familien in einer frühen Phase geordnet hat, dar. 1903 war der Jurist in Straßburg zum Präsidenten des Direktoriums der Kirche Augsburger Konfession geworden und war ein enger Freund Albert Schweitzers, den er in seiner geräumigen Amtswohnung in Straßburg beherbergte.

Greda Curtius, das vierte und jüngste Kind von Friedrich Curtius, wurde 1889 geboren. Sie war gewissermaßen der Mittelpunkt der Familie und strahlte einen eigentümlichen Zauber aus, den Sabine Lepsius in einem ungemein eindrücklichen Gemälde festhielt, das sich im Privatbesitz der Familie Picht befindet. Die an Greda gerichteten Briefe des Vaters Friedrich Curtius dokumentieren nicht nur eine enge Vater-Tochter-Beziehung, sondern sind auch Zeugnisse des protestantischen Bildungsbürgertums der damaligen Zeit. Der Tag begann im Hause Curtius mit einer Familienandacht und endete auch damit, an Friedrichs Geburtstag wurde stets der 139. Psalm vorgelesen, weshalb dessen Lieblingsenkel Georg Picht von der Mutter Greda auch aufgefordert wurde, diesen Psalm bis zum nächsten Besuch des Großvaters in Hinterzarten, im Alt-Birkle, dem späteren Standort des Landerziehungsheims Birklehof, auswendig zu lernen.

Greda bekam bei Albert Schweitzer Klavier- und Orgelunterricht und unterhielt zu ihm ein „wie immer geartetes Liebesverhältnis", wie Teresa Löwe-Bahners, die über die Entstehungsgeschichte des Birklehofs in Hinterzarten gearbeitet hat, in Marbach sagte. Greda, die von Schweitzer „Evchen" oder „mein Orgelkind" genannt wurde, sei beinahe mit ihm verlobt gewesen, doch dazu sei es nur deshalb nicht gekommen, weil sie nicht mit Schweitzer nach Afrika habe gehen wollen. Ihren späteren Mann Werner Picht hatte Greda als Freund ihres Bruders Robert schon in Straßburg kennengelernt. Während ihrer Ehe berichtet Greda ihrem Mann freimütig über ihre außerehelichen Verhältnisse, während er ihr als Soldat in Frankreich von einer jungen Geliebten erzählt und ihr rät, ihre Freiheit nicht weniger auszukosten.

Dieser Aufforderung hätte es kaum bedurft, denn offenbar sei Franz Rosenzweigs Einschätzung vom „großen allgemeinen Liebensmanschepanscheozean" nicht völlig aus der Luft gegriffen gewesen. Im privaten Bereich seien solche offenen Beziehungen auch kein Problem, wohl aber, wenn sie auf Institutionen wie Internate mit Familienprinzip übertragen würden, gab Löwe-Bahners zu bedenken. Das und noch viele andere Mosaiksteine dieser bemerkenswerten Tagung in Marbach werden irgendwann zu einer bundesrepublikanischen Gründungsgeschichte zusammenfließen und ein neues, aufschlussreiches Bild der unmittelbaren Nachkriegszeit ergeben.

Michael Stolleis

Wir Europäer lesen einander immer weniger

Wenn ein historisches, soziologisches oder philosophisches Buch nicht auf Englisch publiziert wird, findet es in Europa keine fremdsprachigen Leser. Es gibt zu wenig Übersetzungen in den Geistes- und Sozialwissenschaften.

In Europa werden mehr als 140 einheimische Sprachen gesprochen, darunter die 24 Amtssprachen der Europäischen Union. Es hat sich seit der Antike ständig sprachlich ausgetauscht, es gab Überlagerungen und Verdrängungen, Rezeptionen und Vermischungen. Religiöse, ethnische, kulturelle und staatliche Identitätsbildungen knüpften oft an die Sprache als Ausweis der Herkunft an. „Muttersprache" und „Vaterland" ergänzten sich oder traten in Spannung zueinander. Junge Nationalstaaten entstanden als Sprachgemeinschaften und machten gerade deshalb oft ihren sprachlichen Minderheiten das Leben schwer.

Der sprachlichen Vielfalt Europas entspricht eine rege Übersetzungstätigkeit. Für Übersetzungen von Literatur bietet sich eine lange Liste von Fördermöglichkeiten. Alle großen Kulturstiftungen sind beteiligt, in der Schweiz, in den Niederlanden, in Deutschland und in Österreich, und über ihnen und neben ihnen die Europäische Kulturstiftung. Banken, Versicherungen, große Verlage haben eigene Kulturstiftungen, die in Netzwerken verbunden sind. Spezielle Stiftungen widmen sich der Förderung von Übersetzungen, etwa für Übersetzungen von Literatur ins Deutsche, für den wechselseitigen Literaturaustausch, für Vermittlung von Belletristik aus Afrika, Asien und Lateinamerika, für literarische Übersetzungen aus slawischen Sprachen ins Deutsche und umgekehrt (Perewest), für den kulturellen Austausch mit und in Südosteuropa (Traduki mit S. Fischer-Stiftung und Goethe-Institut). Das ist alles höchst erfreulich. Niemandem wird es einfallen, diesen Reichtum an Möglichkeiten und Ermutigung zu tadeln.

Blickt man allerdings auf die Geistes- und Sozialwissenschaften, dann zeigt sich ein etwas anderes Bild. Hier werden fast ausschließlich Übersetzungen ins Englische gefördert. Die Fritz

Thyssen Stiftung, die Verwertungsgesellschaft Wort, der Börsenverein des Deutschen Buchhandels und das Auswärtige Amt finanzieren die „Übersetzung herausragender geistes- und sozialwissenschaftlicher Werke ins Englische". Mit der Auszeichnung „Geisteswissenschaften International", so heißt es, werden Werke unterstützt, deren Übersetzung ins Englische für den Wissenschaftsstandort Deutschland von Bedeutung ist.

Die Volkswagen-Stiftung hat, wie andere Stiftungen, die Übersetzungsförderung ins Französische nun eingestellt. Es gibt noch Ausnahmen davon, etwa das Goethe-Institut oder die S. Fischer-Stiftung sowie sehr verdienstvoll der Fund for Central and East European Book Projects (CEEBP) in Amsterdam, aber insgesamt ist die Dominanz des Englischen im Bereich der Geistes- und Sozialwissenschaften überwältigend.

Das bedeutet, dass sich europäische Geistes- und Sozialwissenschaftler mehr und mehr über das Medium des Englischen wahrnehmen oder eben gar nicht. Noch vor hundert Jahren gehörte es in Deutschland unter Gebildeten zum guten Ton, Französisch und Englisch zu sprechen oder jedenfalls lesend zu verstehen, von den alten Sprachen Latein und Griechisch ganz zu schweigen. Entsprechend war es in Frankreich und Italien. Heute lesen beispielsweise Deutsche immer weniger Französisch, Franzosen immer weniger Deutsch, trotz jahrzehntelanger Förderung. Engländer lernen kaum andere Sprachen, da sie überall verstanden werden und meinen, darauf vertrauen zu können, dass wichtige Neuerscheinungen sie auf Englisch erreichen. Niederländische und skandinavische Autoren, meist perfekt mehrsprachig, publizieren oft sowohl nationalsprachlich als auch englisch. Dagegen werden spanische oder italienische geisteswissenschaftliche Bücher in Mittel- oder Nordeuropa praktisch nicht mehr im Original gelesen, noch weniger polnische, ungarische, finnische, estnische, griechische, slowenische oder serbische. Die „kleinen Nationen" müssen deshalb immer mehrsprachig agieren, und dies heißt heute primär Englisch.

Mit anderen Worten: Europäische Geistes- und Sozialwissenschaftler müssen den Umweg über England und die Vereinigten Staaten nehmen, um miteinander ins Gespräch zu kommen. Was nicht auf Englisch erscheint, und das ist die große Masse, ist für breitere Kreise praktisch verloren. Das damit bezeichnete Problem betrifft weniger die spezialisierten Wissenschaftler selbst, die sich untereinander austauschen oder sonst irgendwie zu helfen wissen. Das Problem liegt vielmehr im schwindenden kulturellen Austausch großer Wissenschaftslandschaften. Wenn alles aus dem Gesichtsfeld schwindet, was nicht durch das Nadelöhr des Englischen gelangt, dann entsteht Fremdheit. Diese Fremdheit steht aber einem sich politisch integrierenden und zugleich seine kulturelle Vielfalt bewahrenden Europa diametral entgegen. Gewiss begegnet man sich heute auf zahllosen wissenschaftlichen Kongressen, lauscht den simultan übersetzten Vorträgen und diskutiert über sie, aber die in der Muttersprache des Vortragenden geschriebenen Werke bleiben ungelesen. Viele Zusendungen fremdsprachiger Bücher werden im bibliothekarischen Austausch nur registriert, aber nicht verarbeitet, vor allem wenn sie aus kleineren Sprachgemeinschaften kommen.

Was demnach notwendig erscheint, wäre eine Intensivierung der Übersetzungstätigkeit europäischer geistes- und sozialwissenschaftlicher Werke außerhalb des Englischen. Vor allem in den im weitesten Sinn historischen und literaturwissenschaftlichen Fächern bedarf es eines intensiveren kontinentaleuropäischen Austauschs. Historiker, Rechtshistoriker, Kunsthistoriker oder Theologen, um nur diese zu nennen, analysieren geistige Transferprozesse, die über das Medium Sprache – auch Bilder-, Symbol- und Zeichensprache – laufen. Nur dort sind sie zu fassen. Nur direkte Übersetzungen sind für diesen Austausch dienlich. Beim sprachlichen Zwangsumtausch über das Englische oder Amerikanische geht nicht nur die Masse verloren, sondern auch die Qualität differenzierterer Verständigung.

Die erwünschte Intensivierung der Übersetzung wissenschaftlicher Werke könnte man sich innerhalb der bestehenden Stiftungen und der zur Verfügung stehenden Fördermittel durch eine Abwendung von der Monokultur des Englischen vorstellen. Es setzte eine Trendumkehr des Denkens voraus, eine gewisse Distanz zu dominierenden Sprachgewohnheiten der Naturwissenschaften und Ökonomie. Immerhin wäre es leichter, die vorhandene Struktur zu erweitern. Aber auch eine Neugründung wäre denkbar.

Beschränkte man sich dabei aus pragmatischen Gründen auf die europäischen Hauptsprachen, dann wäre es auch nicht allzu schwer zu realisieren. Eine überschaubare internationale Expertengruppe aus verschiedenen Fächern könnte die jährlichen Übersetzungskandidaten benennen, die entsprechenden Verlage könnten Druckbeihilfen erhalten, die Übersetzer faire Honorare. Der Organisationsaufwand könnte so gering wie möglich gehalten werden. Natürlich bliebe die Frage der Finanzierung. In unbescheidenen Träumen könnte man sich vorstellen, dass europäische Großunternehmen – man denke etwa an die Flugzeugindustrie in Toulouse, an die Großen der europäischen Autoindustrie in Stuttgart, München und Wolfsburg, an die Chemie-Giganten von Basel, Straßburg, Ludwigshafen, Höchst und Leverkusen – einen winzigen Bruchteil ihrer Gewinne einem solchen Kulturzweck widmeten, eingedenk dessen, dass sie hier ihre Wurzeln haben. Ihre Geschäftssprache bliebe Englisch, aber sie würden mit einem vergleichsweise geringen Aufwand etwas fördern, was in der globalen Anglisierung der Sprachen verlorenzugehen droht, nämlich die wissenschaftliche Kommunikation in der nichtökonomischen und nichtnaturwissenschaftlichen Sphäre. Wir brauchen sie, scheint mir, dringend, nicht nur um der wissenschaftlichen Gegenstände willen, sondern auch um ein Anwachsen antieuropäischer Stimmungen zu verhüten. Lauter werdende nationalistische Töne sind Signale für das Hochziehen geistiger Mauern gegen die „Anderen".

Würden sich die verschiedenen Ethnien, Gruppen und Staaten Europas besser untereinander austauschen, und zwar sprachlich direkt, ohne eine Brückenübersetzung ins Englische, dann würden auch Ökonomie und Naturwissenschaften davon profitieren. Denn sie beruhen, wie alles menschliche Handeln, auf Sprache, also auf jenem in vielen Jahrhunderten gewachsenen Reichtum des Ausdrucks, der Differenzierungen, Anspielungen, Ironie und Eleganz erlaubt, wie sie nur die Muttersprache bietet.

Ulrich Trottenberg

Prinzipiell wertneutral

Wer die Herrschaft der Algorithmen verteufelt,
macht es sich zu einfach.

Noch vor wenigen Jahren wurde ich meist verständnislos angesehen, wenn ich mich als Leiter eines „Institutes für Algorithmen" vorstellte. Heute hingegen sind Algorithmen in aller Munde. Zwar ist es gewiss erfreulich, wenn ein Begriff der – sonst noch immer so weniggeliebten – Mathematik (und Informatik) in das öffentliche Bewusstsein, in die Umgangssprache übergeht. Problematisch aber wird es, wenn der Begriff durch Missverständnisse in seiner Bedeutung verzerrt und irrational überladen wird. „Wir werden von Algorithmen beherrscht", „Ist er besser als wir?" – so lauten heute die Überschriften.

Algorithmen sind eindeutige, aus endlich vielen Schritten bestehende Verfahrens- oder Handlungsvorschriften zur Lösung eines mathematisch formulierten Problems. Das vielleicht älteste Beispiel ist der aus der Schule bekannte, 2300 Jahre alte euklidische Algorithmus zur Berechnung des größten gemeinsamen Teilers zweier natürlicher Zahlen. Wird ein Algorithmus in einer Programmiersprache formuliert, entsteht ein auf einem Computer ausführbares Programm. Jedes Stück Software, aber auch die größten Softwaresysteme setzen sich aus Algorithmen zusammen. Algorithmen können auch direkt in Hardware realisiert werden.

Algorithmen sind nichts Geheimnisvolles. MP3, GPS zur Navigation, die Reihenfolge der Treffer in Suchmaschinen (Page Ranking), die Chipkarten-Verschlüsselung – das sind Beispiele für Algorithmen, die wir täglich benutzen, ohne dass sie uns in Angst und Schrecken versetzen. Die mathematischen Prinzipien dieser Algorithmen können mit großem Erfolg im Schulunterricht behandelt werden; dies weckt bei den Schülern wegen der Alltagsnähe deutlich mehr Interesse und Begeisterung für Mathematik als zum Beispiel langwierige, praxisferne Kurvendiskussionen.

Zunächst ist die Unterscheidung von mathematischer Modellierung und Algorithmik wesentlich. Angewandte Mathematik entwickelt mathematische Modelle zur Beschreibung, Optimierung und/oder Prognose realer technisch-naturwissenschaftlicher Phänomene und Prozesse, aber auch wirtschaftlicher, gesellschaftlicher, medizinischer oder psychologischer Vorgänge und Entwicklungen. Um diese Modelle auf einem Computer auszuwerten, bedarf es entsprechender Algorithmen. Modellierung und zugehörige Algorithmik werden oft mit dem Begriff der numerischen Simulation zusammengefasst.

Das Schlagwort „Big Data" dagegen beschreibt den direkten Zugriff, die gezielte Auswertung und Analyse, die automatische Extraktion von Information und Wissen aus riesigen strukturierten oder unstrukturierten Datenmengen, etwa des Internets. Auch die „Big Data"-Analyse beruht auf Algorithmen, die auf hochleistungsfähigen Computern ausgeführt werden.

Algorithmen sind mathematische Werkzeuge. Wie die Mathematik als Ganzes, so sind auch Algorithmen prinzipiell wertneutral. Es ist für Studierende der numerischen Optimierung immer wieder faszinierend zu sehen, dass das exakt gleiche mathematische Modell und der gleiche Algorithmus für die optimale Versorgung einer notleidenden Bevölkerung in Regionen, die von Hunger und Katastrophen betroffen sind, und für die Schadensmaximierung durch Luftangriffe bei militärischen Auseinandersetzungen verwendet werden kann. So gibt es für viele der aktuellen Algorithmen multiple Anwendungsmöglichkeiten: Bilderkennungsalgorithmen kann man zum Beispiel zur Identifikation von Krebszellen oder für das Auffinden von gesuchten Personen in Menschenansammlungen einsetzen.

In Naturwissenschaft und Technik ist die Modellierung und Algorithmik unbestreitbar exakt und erfolgreich. Sie ist heute ein fundamentales Werkzeug insbesondere für die naturwissenschaftliche Erkenntnisgewinnung und für praktisch alle technischen Entwicklungen; numerische Simulation ist die dritte methodische Säule neben Theorie und Experiment. Die Wettervorhersage ist ein Beispiel für die großen Fortschritte in Modellierung und Algorithmik, bei einem Phänomen, das wegen seines chaotischen Charakters nur begrenzt prognostiziert werden kann.

In Anwendungsbereichen, in denen die Modelle noch unausgereift, ungenau oder sogar falsch sind, helfen noch so ausgeklügelte Algorithmen allerdings nicht weiter. Beispiele für Grenzen und Probleme der Modellierung aus den letzten Jahren sind etwa der überaus tragische Verlauf der Loveparade in Duisburg, die anfänglichen Fehleinschätzungen bei der „Aschewolke" oder die immer noch vorhandenen quantitativen Unsicherheiten bei der langfristigen Klimaprognose.

Ins Gerede gekommen sind Algorithmen aber eher im Kontext von Big Data, Cloud Computing und dem „Internet der Dinge" – insbesondere durch die NSA-Affäre. Die Algorithmen, die hier verwendet werden, sind teilweise hochspezialisiert, im Übrigen aber, was ihre mathematische Substanz im Vergleich zu den Algorithmen der numerischen Simulation angeht, heute noch relativ simpel. Die großen Erfolge, die mit diesen Algorithmen erzielt werden und mit ihren Weiterentwicklungen noch zu erwarten sind, liegen in der unermesslichen, immer weiter wachsenden Datenfülle, die für die Analyse zur Verfügung steht. Den Erfolgen und noch unübersehbaren zukünftigen Möglichkeiten dieser Methoden stehen allerdings Gefahren gegenüber – diese bestehen unter anderem im uneingeschränkten Zugriff auf riesige Mengen persönlicher Daten, in der Erkennung und Durchleuchtung individueller Persönlichkeitsprofile, im potenziellen Missbrauch von personenbezogenen medizinischen Daten – und ganz generell in der beherrschenden Marktmacht einiger weniger Firmen wie Google.

Automatische und individuelle Verschlüsselungsalgorithmen sind ein noch zu wenig genutzter Weg zum Schutz persönlicher Daten. Die mit Big Data und anderen Anwendungen verbundenen fundamentalen ethischen und rechtlichen Probleme, der Schutz der Persönlichkeitsrechte, die Datenschutzfragen allgemein, sind allerdings äußerst komplex. Nur in einem Zusammenspiel von (internationaler) Politik, Gesetzgebung und Gesellschaft können und müssen diese Fragen bearbeitet und gelöst werden, und zwar – wegen der ständigen technischen Weiterentwicklung – unbedingt unter Einbeziehung der technischen und insbesondere der algorithmischen Experten, welche die derzeitigen und zukünftigen Entwicklungen realistisch einschätzen können.

Heinrich August Winkler

1914 und die Folgen

Was der Erste Weltkrieg für die Geschichte der deutschen Demokratie bedeutet

I.

Wenige historische Schlagworte haben sich so schnell und so umfassend durchgesetzt wie die berühmte Formel des amerikanischen Diplomaten und Historikers George F. Kennan aus dem Jahr 1979, der Erste Weltkrieg sei die *„Urkatastrophe"* des 20. Jahrhunderts (*the* great seminal catastrophe of this century) gewesen. Ohne den Krieg der Jahre 1914 bis 1918 sind weder die Machtergreifung der russischen Bolschewiki noch die der italienischen Faschisten oder die der deutschen Nationalsozialisten und folglich auch nicht der von Hitler entfesselte Zweite Weltkrieg und der Holocaust zu erklären, also die säkularen Ereignisse, die Kennans Verdikt zugrunde liegen und seine Gültigkeit bestätigen.

Doch im Begriff der „Urkatastrophe" gehen die Wirkungen des Ersten Weltkriegs nicht auf. Zu seinen oft übersehenen befreienden Folgen gehört die Unabhängigkeit einer Reihe von europäischen Staaten, darunter Finnlands, Polens und der Tschechoslowakei. In der öffentlichen Diskussion noch weniger präsent ist ein anderer Zusammenhang, von dem im Folgenden die Rede sein soll: die Bedeutung, die der Erste Weltkrieg für die Entwicklung der parlamentarischen Demokratie in Deutschland hatte. Kriegsbedingte Demokratisierungsschübe hat es nach 1914, und verstärkt nach 1918, in vielen europäischen Staaten gegeben. Aber in kaum einem Land war der demokratische Neuanfang so vorbelastet wie in Deutschland.

Das deutsche Kaiserreich war eine konstitutionelle, keine parlamentarische Monarchie. Der Reichskanzler war dem Kaiser, nicht dem Reichstag verantwortlich. Der Reichstag ging aus einem nach damaligen Begriffen äußerst fortschrittlichen Wahlrecht hervor, dem allgemeinen gleichen Wahlrecht für Männer, die das 25. Lebensjahr vollendet hatten. Liberale Mustermonarchien wie Großbritannien und Belgien waren zur Zeit Bismarcks von einem derart demokratischen Wahlrecht noch weit entfernt. „Mehr Demokratie" im Sinne einer dem Parlament verantwortlichen Regierung forderten die Sozialdemokraten, seit 1890 die stärkste Partei und seit 1912 auch die stärkste Fraktion im Reichstag. Eine Teilnahme von Sozialisten an bürgerlichen Regierungen aber lehnte die SPD ab. Sie galt als „gefährliches Experiment", das nur dann statthaft sei, wenn es sich um einen „vorübergehenden und ausnahmsweisen Notbehelf in einer Zwangslage" handle: So stand es in einer von Karl Kautsky, dem Chefideologen der deutschen Sozialdemokratie, formulierten und nach ihm benannten Resolution, die der Kongress der Zweiten Internationale im September 1900 in Paris verabschiedet hatte.

Bei den bürgerlichen Parteien gab es nur wenig Unterstützung für das Verlangen nach einer Parlamentarisierung des deutschen Regierungssystems. Die konservativen Parteien lehnten jedes Zugeständnis an demokratische Forderungen strikt ab. Das katholische Zentrum hatte von einer Politik wechselnder Zweckbündnisse so viele Vorteile, dass es nicht daran dachte, sich in die Abhängigkeit von formellen Koalitionen zu begeben. Die Nationalliberalen wollten ebenfalls die konstitutionelle Regierungsweise beibehalten. Für die Parlamentarisierung setzte sich lediglich die linksliberale Fortschrittliche Volkspartei ein. Nimmt man das Nein der Sozialdemokraten zu Koalitionen mit bürgerlichen Parteien hinzu, ergibt sich aus alledem der Schluss, dass einer Parlamentarisierung Deutschlands vor 1914 eine wesentliche Voraussetzung fehlte: eine Reichstagsmehrheit, die aktiv auf ein derartiges System hinarbeitete und bereit war, dieses zu tragen.

Der große Wahlerfolg der SPD in den Reichstagwahlen vom Januar 1912, die ihren Stimmenanteil gegenüber der vorangegangenen Wahl von 1907 um 5,9 Prozentpunkte auf 34,8 Prozent ansteigen ließen, änderte an diesem Befund zunächst nichts. Für Reichskanzler Theobald von Bethmann Hollweg aber war der erneute Stimmenzuwachs der Sozialdemokraten der Anlass für eine Klarstellung: Die großen Aufgaben des deutschen Staatslebens lägen, sagte er am 16. Februar 1912, begleitet von Zustimmung auf der Rechten und Oho!-Rufen von links, im Reichstag, „nicht in der Richtung einer weiteren Demokratisierung unserer Verfassung. Deutschlands Lage in der Welt – das will ich den Theoretikern zurufen – ist nicht unangefochten genug, als dass wir auf eine straffe Organisation verzichten könnten."

Anders als die parlamentarische Rechte in Gestalt der Deutsch- und der Freikonservativen und von Publizisten aus dem Umfeld nationalistischer Agitationsverbände wie des Alldeutschen Verbandes und des Deutschen Wehrvereins war der Reichskanzler aber nicht der Meinung, dass nur ein Krieg Deutschland aus seiner prekären innenpolitischen Lage heraushelfen könne. Am 4. Juni 1914 setzte er sich gegenüber dem bayerischen Bevollmächtigten beim Bundesrat, Hugo von Lerchenfeld-Köfering, nicht nur von „vielen Militärs" ab, die einen Präventivkrieg forderten. Er distanzierte sich auch von „Kreisen im Reich, die von einem Krieg eine Gesundung der inneren Verhältnisse in Deutschland erwarten, und zwar im konservativen Sinne. Er – der Reichskanzler – denke aber, dass ganz im Gegenteil ein Krieg mit seinen gar nicht zu übersehenden Folgen die Macht der Sozialdemokratie, weil sie den Frieden predige, gewaltig steigern und manchen Thron stürzen könnte."

Dreieinhalb Wochen später, am 28. Juni 1914, fielen in Sarajewo die Schüsse, die den Ersten Weltkrieg auslösen sollten. Aus der Sicht des deutschen Militärs schuf die Ermordung des österreichischen Thronfolgerpaares eine Situation, die es zu nutzen galt: Deutschland konnte, wenn es Österreich-Ungarn bei einer Militäraktion gegen Serbien, den mutmaßlichen Urheber des Anschlags, beispräng, die Entschlossenheit Russlands testen, sich auf die Seite Serbiens zu stellen. Entschied sich St. Petersburg für die Konfrontation mit der Donaumonarchie und damit auch mit deren Zweibundpartner Deutschland, dann war es besser, diesen Krieg jetzt als später zu führen. Denn in wenigen Jahren würden das Zarenreich und seine möglichen Alliierten Frankreich und Großbritannien dank forcierter Rüstungen militärisch von den Mittelmächten nicht mehr zu bezwingen sein.

Anders als noch Anfang Juni fügte sich Bethmann Hollweg nach Sarajewo der Logik des „Jetzt oder nie". Die Erwartung der politischen Rechten, durch einen Krieg könne Deutschland seine weitere Demokratisierung verhindern, teilte der Kanzler auch jetzt nicht. Aber indem er seine politischen und moralischen Vorbehalte gegenüber einem Präventivkrieg in der Julikrise von 1914 zurückstellte (und dies später, im Februar 1918, in einem Gespräch mit dem fortschrittlichen Reichstagsabgeordneten Conrad Haussmann auch zugab), tat er, was beide Flügel der deutschen „Kriegspartei", der militärische und der zivile, von ihm erwarteten. Für die Militärs reichten militärische Überlegungen aus, um einen Präventivkrieg zu fordern. Die radikalen Nationalisten befürworteten ihn sowohl aus militärischen als auch aus innenpolitischen Gründen.

Militaristische Kriegsparteien gab es in allen Ländern, die sich am Ersten Weltkrieg beteiligten. Dass die Kriegspartei in Deutschland besonders stark war, lag vor allem an der verfassungsrechtlichen Sonderstellung des Militärs. Durch die militärische Kommandogewalt des preußischen Königs, deren Ausübung nicht der ministeriellen Gegenzeichnung bedurfte, ragte ein Stück Absolutismus in das Verfassungsrecht und die Verfassungswirklichkeit des Kaiserreichs hinein. Dazu kam die Militarisierung großer Teile der deutschen Gesellschaft. In keinem anderen Verfassungsstaat des alten Okzidents war die politische Kultur derart stark vom Denken in militärischen Kategorien geprägt wie im wilhelminischen Deutschland. Dass dem so war, konnte sich der zivile Flügel der Kriegspartei zugute halten: Er fungierte als parlamentarische und außerparlamentarische Lobby der Militärinteressen und war auch publizistisch höchst aktiv.

Vor diesem Hintergrund ist es erstaunlich, dass zwei der wichtigsten, von der Kritik in vieler Hinsicht mit Recht gelobten Neuerscheinungen zum Ersten Weltkrieg, Christopher Clarks „Schlafwandler" und Herfried Münklers „Großer Krieg", nicht nur den Eigenarten der deutschen Kriegspartei, sondern auch denen des politischen Systems des Kaiserreichs so gut wie keine Beachtung schenken. Beide widmen sich intensiv und verständnisvoll den Beweggründen der politischen Akteure in den wichtigsten europäischen Metropolen, aber kaum den innenpolitischen Kräfteverhältnissen, mit denen es die Staatslenker zu tun hatten, und noch weniger einem Vergleich der unterschiedlichen Gesellschaften, ihrer politischen Systeme und Kulturen. Clarks Urteil, in Russland, Deutschland und Österreich, Großbritannien und Frankreich sei „die militärische Planung letztlich den politischen und strategischen Zielen der zivilen Führungen untergeordnet" geblieben, ist, was Berlin, Wien und St. Petersburg betrifft, ebenso wenig haltbar wie seine Behauptung, die deutsche Politik in der Julikrise sei „eigentlich keine risikofreudige Strategie, sondern eine Strategie mit dem Ziel" gewesen, „das wahre Ausmaß der von Russland ausgehenden Bedrohung zu sondieren." Wenn Münkler Deutschland eine höhere Verantwortung für die Folgen des eigenen Handelns zuweist als anderen Mächten, dann nur, weil Deutschland in der Mitte Europas lag und stärker war als Österreich-Ungarn und Serbien.

Sehr viel pointierter und treffender ist (auch) in dieser Hinsicht die Feststellung Jörn Leonhards, des Autors der „Büchse der Pandora", des bedeutendsten der neuen Bücher zum Ersten Weltkrieg, im kaiserlichen Deutschland habe es ein „funktionierendes ziviles Gegengewicht, eine wirksame Kontrolle des Militärs" nicht gegeben, und so sei ein Vakuum entstanden, „in dem panikartige Einkreisungsvorstellungen und die vorschnelle Festlegung auf bestimmte Reaktionsmuster ein Übergewicht gewinnen konnten". Leonhards These, dass Deutschland „ohne Zweifel eine besondere Verantwortung in der Julikrise" zukam, bedeutet keine Rückkehr zur längst widerlegten Alleinschuldthese. Sie wirkt aber jenen nationalapologetischen Tendenzen in Deutschland entgegen, die durch die relativierenden Darstellungen der deutschen Politik in der Julikrise bei Clark und Münkler neuen Auftrieb erhalten haben. In Berlin wie in Wien waren in den Wochen nach dem Attentat von Sarajewo keine „Schlafwandler", sondern Va-banque-Spieler am Werk. In St. Petersburg sah es nicht viel anders aus.

II.

Mit ihrer Zustimmung zu den von der Reichsleitung beantragten Kriegskrediten am 4. August 1914 trugen die Sozialdemokraten der Tatsache Rechnung, dass der Krieg, den sie nicht hatten verhindern können, nunmehr eine vollendete Tatsache war. Dass Russland durch seine Generalmobilmachung das Ultimatum des Deutschen Reiches vom 31. Juli und tags darauf die deutsche Kriegserklärung ausgelöst hatte, verhalf dem Ja der SPD zu einer gewissen inneren Logik: Das Zarenreich galt der politischen Linken seit den Tagen von Marx und Engels als die Vormacht der europäischen Reaktion, die Verteidigung des eigenen Landes in einem Krieg mit Russland damit als legitim.

Am selben Tag wie die SPD stimmten auch die französischen Sozialisten den von der Pariser Regierung geforderten Kriegskrediten zu. In Frankreich folgte diesem Akt des republikanischen Patriotismus noch im August 1914 der Eintritt der Sozialisten in die Regierung des Ministerpräsidenten René Viviani im Zeichen der „union sacrée". Die deutschen Sozialdemokraten begnügten sich mit der Unterstützung des „Burgfriedens". Zu einer Regierungsbeteiligung der größten deutschen Partei kam es erst im Juli 1917, als der Gewerkschaftsfunktionär August Müller Unterstaatssekretär im Reichsernährungsamt wurde. Zeitgleich übernahmen auch Vertreter der bürgerlichen Parteien Regierungsämter im Reich und in Preußen. Drei Monate zuvor hatte sich die SPD gespalten: Den Mehrheitssozialdemokraten (MSPD), die am „Burgfrieden" und der Bewilligung von Kriegskrediten festhielten, stand seit April 1917 in Gestalt der Unabhängigen Sozialdemokratischen Partei Deutschlands (USPD) eine zweite sozialistische Partei gegenüber, die nicht mehr bereit war, diese Politik mitzutragen.

Der erste, wenn auch noch keineswegs unumkehrbare Schritt in Richtung einer Parlamentarisierung des deutschen Kaiserreiches stand im Zusammenhang mit der „Friedensresolution" des Reichstags vom 19. Juli 1917. In ihr forderten die nunmehr so genannten „Mehrheitsparteien" – die Mehrheitssozialdemokraten, das Zentrum und die Fortschrittliche Volkspartei – einen Frieden ohne erzwungene Gebietserweiterungen und politische, wirtschaftliche oder finanzielle Vergewaltigungen. Die Absage an die gigantomanischen Kriegsziele und die Siegfriedensparolen der nationalistischen Rechten und das Bekenntnis zu einem Verständigungsfrieden wurden zur Grundlage der künftigen politischen Zusammenarbeit zwischen den gemäßigten Flügeln von Bürgertum und Arbeiterbewegung im Interfraktionellen Ausschuss des Reichstags.

Vierzehn Monate später gab es auch für die Oberste Heeresleitung keinen Zweifel mehr, dass Deutschland den Krieg definitiv verloren hatte. Erich Ludendorff, der starke Mann des deutschen Militärs, zog aus dieser Einsicht einen politischen Schluss, den er mit seiner Version einer Dolchstoßlegende verknüpfte: Am 29. September 1918 bat er Kaiser Wilhelm II., „jetzt auch diejenigen Kreise an die Regierung zu bringen, denen wir es in der Hauptsache zu danken haben, dass wir soweit gekommen sind. Wir werden also diese Herren jetzt in die Ministerien einziehen sehen. Die sollen nun den Frieden schließen, der jetzt geschlossen werden muss. Sie sollen die Suppe jetzt essen, die sie uns eingebrockt haben."

Während Ludendorff die Verantwortung für die Niederlage von der Obersten Heeresleitung auf die Unterstützer der Friedensresolution abschieben sollte, drängten die Mehrheitsparteien, an ihrer Spitze die MSPD, auf die Parlamentarisierung des Reiches, weil sie sich vom Übergang zur Demokratie einen milderen Frieden auf der Grundlage der legendären „Vierzehn Punkte" des amerikanischen Präsidenten Woodrow Wilson vom Januar 1918 erhofften. Für Friedrich Ebert, den Vorsitzenden der Mehrheitssozialdemokraten, war die Bildung einer Koalitionsregierung mit den gemäßigten bürgerlichen Parteien die einzige Alternative zu einer Revolution, von der er befürchtete, dass sie sehr rasch einen ähnlich katastrophalen, nämlich bürgerkriegsartigen Verlauf nehmen würde wie in Russland nach der Machtübernahme der Bolschewiki im November 1917. Am 23. September 1918 machten sich Parteiausschuss und Reichstagsfraktion der MSPD Eberts Linie zu eigen.

Die klare Entscheidung für den „Klassenkompromiss" war nur möglich, weil mit den entschiedenen Gegnern der Kriegskreditbewilligung auch die unbedingten Anhänger des Dogmas vom proletarischen Klassenkampf die Partei verlassen hatten. Mit der Abkehr der MSPD von dieser marxistischen Tradition vertiefte sich der Gegensatz zwischen den gemäßigten und den radikalen Kräften in der deutschen Arbeiterbewegung. Die Spaltung der Sozialdemokratie war also, so paradox es klingt, beides: eine Vorbedingung und eine Vorbelastung der parlamentarischen Demokratie in Deutschland.

Am 3. Oktober 1918 ernannte Wilhelm II. mit dem Prinzen Max von Baden einen Mann zum Reichskanzler, auf den sich Ludendorff und die Mehrheitsparteien zuvor verständigt hatten. In seinem Kabinett waren Politiker der MSPD, des Zentrums und der Fortschrittlichen Volkspartei vertreten. Der faktischen Parlamentarisierung folgten am 28. Oktober die Änderungen der Reichsverfassung, die den formellen Übergang von der konstitutionellen zur parlamentarischen Monarchie brachten. Die Verfassungsreform vom Oktober 1918 markierte den Abschluss der ungleichzeitigen Demokratisierung des deutschen Kaiserreichs. Verglichen mit anderen europäischen Verfassungsstaaten war das allgemeine gleiche Wahlrecht für Männer sehr früh eingeführt worden, die parlamentarische Verantwortlichkeit der Regierung hingegen sehr spät. Dass diese Demokratisierung im Zeichen der militärischen Niederlage im Ersten Weltkrieg erfolgte, sollte sich bald als schwere Hypothek der weiteren politischen Entwicklung Deutschlands erweisen.

Doch die Parlamentarisierung des Reiches stand einstweilen nur auf dem Papier. Weder die Oberste Heeresleitung noch die Seekriegsleitung dachten daran, sich auf den Boden der „Oktoberreform" zu stellen. Sie betrieben eine Politik auf eigene Faust, die einer Kampfansage an die neue, parlamentarisch legitimierte Reichsleitung gleichkam. Der Höhepunkt der Militärrevolte war der Befehl der Seekriegsleitung an die Flotte, zu einer letzten Schlacht gegen England auszulaufen. Hiergegen rebellierten seit dem 29. Oktober zuerst die Matrosen der Hochseeflotte in Wilhelmshaven und Kiel und seit dem 3. November auch die Kieler Werftarbeiter. Am 7. November schlug die Revolte in Revolution um: Am 7. November stürzte in München als erster deutscher Thron der der Wittelsbacher. Am selben 7. November fiel Braunschweig in die Hände von Kieler Matrosen und örtlichen Regimentern, die sich ihnen angeschlossen hatten. Zwei Tage später rief Philipp Scheidemann, Eberts Mitvorsitzender an der Spitze der MSPD, von einem Balkon des Reichstags die deutsche Republik aus.

Die Revolution von unten brach aus, weil die Revolution von oben in Form der Oktoberreform gescheitert war – gescheitert an militärischer Obstruktion. Die Obstruktion des Militärs, und hier in erster Linie der Seekriegsleitung, machte es unmöglich, die Institution der Monarchie aufrechtzuerhalten. Für die Führung der MSPD kam nun alles darauf an, die Revolution in gemäßigte Bahnen zu lenken. Die Revolutionäre wider Willen sprangen gewissermaßen auf einen fahrenden Zug, dessen Lokomotive nicht besetzt war, brachten ihn unter ihre Kontrolle und stellten auf diese Weise sicher, dass Deutschland 1918/19 eine demokratische Revolution und keine Revolution nach russischem Vorbild, keinen allgemeinen Bürgerkrieg und keine Besetzung des Landes durch die Alliierten erlebte.

Dass in Deutschland 1918/19 keine „große" Revolution stattfand, die mit der französischen Revolution von 1789 oder der russischen vom November 1917 auf eine Stufe gestellt werden könnte, lag in der Logik der deutschen Geschichte. Vor dem Hintergrund des gesellschaftlichen und wirtschaftlichen Entwicklungsstands der Industrie- und Wissenschaftsnation Deutschland wirkte das vorparlamentarische System des Kaiserreiches rückständig. Zugleich kannte Deutschland 1918 dank des vor rund einem halben Jahrhundert eingeführten allgemeinen Reichstagswahlrechts für Männer bereits ein so hohes Maß an Demokratie, dass es nach dem Untergang des Kaiserreichs nicht mehr um eine Totalumwälzung, sondern nur um mehr Demokratie gehen konnte: um das Frauenwahlrecht, um die Demokratisierung des Wahlrechts in den Einzelstaaten, in den Kreisen und Gemeinden, um die volle Durchsetzung des Prinzips der parlamentarischen Verantwortung der Regierungen. Um der erstrebten parlamentarischen Demokratie ein festeres gesellschaftliches Fundament zu geben, hätten die Sozialdemokraten bei stärkerem politischen Gestaltungswillen in der revolutionären Übergangsphase zwischen dem Sturz der Monarchie am 9. November 1918 und der Wahl der Verfassunggebenden Nationalversammlung am 19. Januar 1919 weniger bewahren müssen und mehr verändern können. Aber ihr Beharren auf einer möglichst frühen demokratischen Legitimation der Republik war wohlbegründet. Sie hätten ihre Glaubwürdigkeit verloren, wenn sie der linksradikalen Parole „Alle Macht den Räten" gefolgt wären.

Die Bereitschaft zur Zusammenarbeit zwischen den gemäßigten Flügeln von Bürgertum und Arbeiterschaft war die Vorbedingung der ersten deutschen Demokratie, der Weimarer Republik. Erst im Ersten Weltkrieg und durch ihn kam diese Kooperation auf Reichsebene zustande. Die französischen Sozialisten, die ihre Minister bereits im Herbst 1917 aus der Regierung zurückgezogen hatten, stellten sich nach dem Ende des Ersten Weltkriegs wieder auf den Boden der „Resolution Kautsky" von 1900 und verweigerten fortan jede direkte Beteiligung an „bürgerlichen" Kabinetten. Hätten die deutschen Mehrheitssozialisten dieselbe Linie verfolgt, wäre es zur Gründung der Weimarer Republik gar nicht erst gekommen.

III.

Die Entstehungsgeschichte der deutschen Demokratie im Ersten Weltkrieg prägte nicht nur die Anfänge der Weimarer Republik, sondern auch ihr Ende. Der nationalistischen Rechten galt der Staat, der aus der Revolution von 1918/19 hervorging, als Ausdruck der Niederlage, als Oktroi der Sieger und damit als undeutsch. Am schärfsten artikulierten Hitlers Nationalsozialisten dieses verbreitete Ressentiment. Der einseitigen, in Artikel 231 des Versailler Vertrags festgeschriebenen Doktrin der Alliierten, dass Deutschland und seine Verbündeten die alleinigen Verursacher des Krieges seien, setzten sie und andere rechte Gegner der Republik eine Geschichtsdeutung entgegen, die letztlich auf eine deutsche Kriegsunschuldlegende hinauslief.

Als die erste deutsche Republik im Jahr 1930 nach dem Scheitern der letzten Mehrheitsregierung, eines Kabinetts der Großen Koalition unter dem sozialdemokratischen Reichskanzler Hermann Müller, auf ihre präsidiale „Reserveverfassung", das Regieren mit Notverordnungen des Reichspräsidenten, zurückgriff, erhielt Hitler die zusätzliche Chance eines pseudodemokratischen Appells an die Massen. Je mehr der Reichstag an Einfluss auf die Politik der Präsidialkabinette verlor, desto leichter fiel es den Nationalsozialisten, sich auf die seit Bismarcks Zeiten verbrieften Teilhaberrechte des Volkes in Gestalt des allgemeinen gleichen Wahlrechts zu berufen und die Staatsverfassung der späten Weimarer Republik als volksfern zu brandmarken. Hitler wurde damit zum Hauptnutznießer der ungleichzeitigen Demokratisierung Deutschlands vor 1918: der frühen Demokratisierung des Wahlrechts und der späten Demokratisierung des Regierungssystems im engeren Sinn.

Während des Ersten Weltkriegs hatten die deutschen Kriegsideologen den Ideen von 1789, also Freiheit, Gleichheit, Brüderlichkeit, die „Ideen von 1914" gegenübergestellt. Darin bündelten sie ihr Bekenntnis zu einem starken Staat, zu militärischer Stärke und zur Volksgemeinschaft, zu einem deutschen Sozialismus, den sie dem englischen Kapitalismus entgegenstellten, und der „innerlichen" deutschen Kultur, von der sie behaupteten, sie sei der oberflächlichen, materialistisch geprägten „Zivilisation" der westlichen Demokratien weit überlegen. Die Idee der universalen Menschenrechte hatte in diesem Denken keinen Platz. Sie galt als ideologische Verschleierung imperialistischer Ansprüche der Westmächte.

Die Herrschaft des Nationalsozialismus brachte die äußerste Übersteigerung des antiwestlichen Ressentiments, das sich seit 1914 in großen Teilen der deutschen Gesellschaft, und vor allem in den gebildeten Schichten festgefressen hatte. Was Hitler selbst im September 1939 zur ideologischen Rechtfertigung des von ihm entfesselten Zweiten Weltkriegs beitrug, erinnerte auffällig an die „Ideen von 1914": Dem kapitalistischen, ja plutokratischen England stellte er das soziale, ja sozialistische Deutschland gegenüber. Die Parole der Volksgemeinschaft war neben dem Führerkult und dem Reichsmythos schon lange zuvor zu einer der wirksamsten Propagandawaffen des „Dritten Reichs" geworden. Auch in Sachen Judenfeindschaft konnte Hitler an Vieles anknüpfen, was alldeutsche Agitatoren vor und nach 1914 vorgedacht und vorformuliert hatten. Seit 1933 aber war der extreme Antisemitismus in Deutschland im Besitz der Staatsmacht. Darin lag einer der wesentlichen Unterschiede in den Ausgangslagen von 1914 und 1939. Einen Weltkrieg als rassischen Vernichtungskrieg zu führen, war unter den Bedingungen des kaiserlichen Deutschlands noch völlig undenkbar gewesen.

Es bedurfte der Erfahrung der zweiten, diesmal totalen Niederlage Deutschlands im 20. Jahrhundert, um im Westen des ehemaligen Deutschen Reiches jenen Prozess einzuleiten, den Jürgen Habermas 1986, auf dem Höhepunkt des „Historikerstreits" um die Einzigartigkeit des nationalsozialistischen Judenmordes, als „die vorbehaltlose Öffnung der Bundesrepublik gegenüber der politischen Kultur des Westens" beschrieben hat.

Niemand kann sagen, wann Deutschland eine westliche Demokratie geworden wäre, wenn es den Ersten Weltkrieg nicht gegeben hätte. Fest steht, dass dieser Krieg der ersten deutschen Demokratie seinen Stempel aufgedrückt und erst die Niederlage von 1945 den Weg freigemacht hat für die Schaffung einer funktionstüchtigen parlamentarischen Demokratie im größeren der beiden Nachfolgestaaten des Deutschen Reiches. Für nationalapologetische Betrachtungen lässt dieser Sachverhalt keinen Raum. Das wiedervereinigte Deutschland tut deshalb gut daran, an der wichtigsten Errungenschaft der politischen Kultur der alten Bundesrepublik festzuhalten: dem selbstkritischen Umgang mit der eigenen Vergangenheit.

Die Autoren

Alt, Peter-André, ist Professor für Literaturwissenschaft und Präsident der Freien Universität Berlin.

Bredekamp, Horst, ist Professor für Kunstgeschichte an der Humboldt-Universität zu Berlin.

Brodkorb, Mathias, ist Minister für Bildung, Wissenschaft und Kultur des Landes Mecklenburg-Vorpommern.

Casper, Gerhard, lehrte Jura in Berkeley und an der University of Chicago. Von 1992 bis 2000 leitete er die Stanford University, an der er weiter lehrt.

Detering, Heinrich, ist Professor für Neuere deutsche Literatur und Vergleichende Literaturwissenschaft an der Universität Göttingen und Präsident der Deutschen Akademie für Sprache und Dichtung.

Dörpinghaus, Andreas, hat den Lehrstuhl für Systematische Erziehungswissenschaft an der Universität Würzburg inne.

Elger, Christian E., ist Direktor der Universitätsklinik für Epileptologie Bonn sowie Gründungsdirektor und seit 2009 Direktor des Centers for Economics and Neuroscience (CENs) Bonn.

Forgó, Nikolaus, ist Professor für IT-Recht und Rechtsinformatik an der Leibniz-Universität Hannover.

Gerhardt, Volker, lehrte bis zu seiner Emeritierung 2014 Praktische Philosophie an der Humboldt-Universität zu Berlin. Er wirkte mit in zahlreichen Universitäts-, Akademie- und Fachkommissionen. Von 2002 bis 2012 war er Mitglied im Nationalen Ethikrat. Letzte Buchveröffentlichung: Der Sinn des Sinns. Versuch über das Göttliche, München 2014 (C.H. Beck).

Kielmansegg, Peter Graf, (emeritiert) lehrte von 1985 bis 2002 Politische Wissenschaft an der Universität Mannheim. Von 2003 bis 2009 war er Präsident der Heidelberger Akademie der Wissenschaften.

Kieser, Alfred, lehrte bis zu seiner Emeritierung Betriebswirtschaftslehre an der Universität Mannheim und ist heute Vizepräsident für Forschung der Zeppelin Universität Friedrichshafen.

Köcher, Renate, Professor Dr., ist Geschäftsführerin des Meinungsforschungsinstituts Allensbach.

Lanier, Jaron, ist Informatiker, Musiker und, seit seinem ersten Buch „Gadget. Warum die Zukunft uns noch braucht" (2010), auch ein international erfolgreicher Autor. 2014 wurde er für seine kritische Auseinandersetzung über die Chancen und Gefahren der neuen digitalen Technologien mit dem Friedenspreis des Deutschen Buchhandels ausgezeichnet.

Lessenich, Stephan, ist Professor für Soziologie an der Ludwig-Maximilians-Universität München und Vorsitzender der Deutschen Gesellschaft für Soziologie (DGS).

Liessmann, Konrad Paul, lehrt Philosophie an der Universität Wien.

Maier, Hans, lehrte in den sechziger Jahren Politische Wissenschaft an der Ludwig-Maximilians-Universität München, war von 1970-1986 Bayerischer Staatsminister für Unterricht und Kultus und kehrte 1988 als Inhaber des Guardini-Lehrstuhls für Christliche Weltanschauung, Religions- und Kulturtheorie an die LMU München zurück.

Mainzer, Klaus, hat den Lehrstuhl für Philosophie und Wissenschaftstheorie an der Technischen Universität München inne.

Maio, Giovanni, ist Professor für Medizinethik an der Albert-Ludwigs-Universität Freiburg.

Mittelstraß, Jürgen, ist emeritierter Professor für Philosophie und Wissenschaftstheorie in Konstanz und Direktor des Konstanzer Wissenschaftsforums. Außerdem leitet er den Österreichischen Wissenschaftsrat.

Münkler, Herfried, hat den Lehrstuhl für Theorie der Politik am Institut für Sozialwissenschaften an der Humboldt-Universität zu Berlin inne.

Osterloh, Margit, ist emeritierte Professorin für Betriebswirtschaftslehre an der Universität Zürich.

Pfleiderer, Bettina, ist Professorin am Institut für Klinische Radiologie des Universitätsklinikums Münster und leitet dort die Arbeitsgruppe „Cognition and Gender".

Schmoll, Heike, Dr. h.c., ist Redakteurin der Frankfurter Allgemeinen Zeitung für Schul- und Hochschulpolitik sowie Fragen der wissenschaftlichen Theologie und Trägerin des von der Henning-Kaufmann-Stiftung im Stifterverband für die Deutsche Wissenschaft vergebenen Deutschen Sprachpreises.

Stolleis, Michael, war von 1975-2006 Professor für Öffentliches Recht und Neuere Rechtsgeschichte an der Goethe-Universität Frankfurt und von 1992 bis 2009 Direktor am Max Planck-Institut für europäische Rechtsgeschichte.

Trottenberg, Ulrich, ist Geschäftsführer der Beratungsfirma InterScience. Bis 2012 war er Professor für Mathematik an der Universität Köln und leitete das Fraunhofer-Institut für Algorithmen und Wissenschaftliches Rechnen (SCAI) in Sankt Augustin.

Winkler, Heinrich August, (emeritiert) lehrte von 1991 bis 2007 Neueste Geschichte an der Humboldt-Universität zu Berlin.

Quellennachweis

Peter-André Alt: *Jede Woche ein Artikel. Wie sich das Publizieren in den Geisteswissenschaften wandelt*
   Aus: Süddeutsche Zeitung vom 23. Juni 2014.

Horst Bredekamp: *Bilder wirken!*
   Aus: Süddeutsche Zeitung vom 10./11. Mai 2014. Das Gespräch führte Dr. Kia Vahland.

Mathias Brodkorb: *Paradoxien im europäischen Hochschulraum*
   Aus: Forschung & Lehre 8/2014, S. 600ff.

Gerhard Casper: *Reichtum gegen Wahrheit*
   Aus: Süddeutsche Zeitung vom 24. September 2014, erschienen unter dem Titel „Profit gegen Wahrheit".

Heinrich Detering: *Märkische Rübchen gemischt mit Kastanien*
   Aus: Forschung & Lehre 3/2014, S. 194ff.

Andreas Dörpinghaus: *Post-Bildung. Vom Unort der Wissenschaft*
   Aus: Forschung & Lehre 7/2014, S. 540ff. Vom Autor liegt zum Thema vor: Dörpinghaus, A./ Uphoff, I. K. (2012): Die Abschaffung der Zeit. Wie man Bildung erfolgreich verhindert. Darmstadt.

Christian E. Elger: *Mit Neuroökonomie aus der Finanzkrise?*
   Aus: Frankfurter Allgemeine Zeitung vom 16. Juli 2014. „© Alle Rechte vorbehalten. Frankfurter Allgemeine Zeitung GmbH, Frankfurt. Zur Verfügung gestellt vom Frankfurter Allgemeine Archiv".

Nikolaus Forgó: *Wer bin ich schon? Die Datafizierung des Lebens und das Datenschutzrecht*
   Aus: Forschung & Lehre 9/2014, S. 704f.

Volker Gerhardt: *Die Menschheit in der Person eines jeden Menschen. Zur Theorie der Humanität*
   Abschiedsvorlesung in der Humboldt-Universität zu Berlin, gehalten im Senatssaal am 10. Juli 2014. Der Beitrag mit Fußnoten und Literaturverzeichnis wird 2015 im „Jahrbuch politisches Denken" veröffentlicht.

Peter Graf Kielmansegg: *Schuld und Halbschuld*
   Aus: Frankfurter Allgemeine Zeitung vom 30. Juni 2014 (dort leicht gekürzt). „© Alle Rechte vorbehalten. Frankfurter Allgemeine Zeitung GmbH, Frankfurt. Zur Verfügung gestellt vom Frankfurter Allgemeine Archiv".

Renate Köcher: *Zeitenwende*
   Aus der Beilage „Denk ich an Deutschland 2014", erschienen unter dem Titel „Ist doch alles so schön bunt, schnell und einfach hier" anlässlich der Konferenz der Alfred Herrhausen Gesellschaft und der Frankfurter Allgemeinen Zeitung, S. 14f.

Jaron Lanier: *Der High-Tech-Frieden braucht eine neue Art von Humanismus, Rede zur Verleihung des Friedenspreises des Deutschen Buchhandels*
   Friedenspreis des Deutschen Buchhandels 2014 – Jaron Lanier, Ansprachen aus Anlass der Verleihung, hrsg. vom Börsenverein des Deutschen Buchhandels im Verlag der MVB, Frankfurt am Main 2014, deutsch/englisch, S. 53-80.

Stephan Lessenich: *Zur Neuverhandlung des Alters in der Aktivgesellschaft. Eine soziologische Perspektive*
   Aus: Forschung & Lehre 6/2014, S. 424f.

Konrad Paul Liessmann: *Analphabetismus als geheimes Bildungsziel*
   Gekürzte Fassung eines Kapitels aus der Streitschrift des Autors „Geisterstunde. Die Praxis der Unbildung", erschienen im September 2014 im Paul Zsolnay Verlag, Wien.

Hans Maier: *Alles Lernen war mir Leben*
   Aus: Frankfurter Allgemeine Zeitung vom 15. September 2014. „© Alle Rechte vorbehalten. Frankfurter Allgemeine Zeitung GmbH, Frankfurt. Zur Verfügung gestellt vom Frankfurter Allgemeine Archiv".

Klaus Mainzer: *Die Berechnung der Welt. Können Big Data-Ergebnisse Theorie und Beweis ersetzen?*
   Aus: Forschung & Lehre 9/2014, S. 696ff.

Giovanni Maio: *Die Tiefenschichten des Lebens. Über Wert und Würde des Alters*
   Aus: Forschung & Lehre 6/2014, 426f.

Jürgen Mittelstraß: *Die Verhältnisse zum Tanzen bringen*
Aus: Frankfurter Allgemeine Zeitung vom 22. September 2014. „© Alle Rechte vorbehalten. Frankfurter Allgemeine Zeitung GmbH, Frankfurt. Zur Verfügung gestellt vom Frankfurter Allgemeine Archiv".

Herfried Münkler: *Soldat ohne Staat*
Aus: Die ZEIT vom 29. September 2014.

Margit Osterloh und Alfred Kieser: *Kommt, lasst uns noch ein paar Längsdenker mehr produzieren*
Aus: Frankfurter Allgemeine Zeitung vom 24. Dezember 2013.

Bettina Pfleiderer: *Integrationsschwierigkeiten. Die Kategorie Geschlecht in der Medizin*
Aus: Forschung & Lehre 11/2014, S. 894f.

Heike Schmoll *Das Nest der Bildungsaristokraten: Becker, Picht, Dönhoff und die „protestantische Mafia" der frühen Bundesrepublik*
Aus: Frankfurter Allgemeine Zeitung vom 1. Oktober 2014. „© Alle Rechte vorbehalten. Frankfurter Allgemeine Zeitung GmbH, Frankfurt. Zur Verfügung gestellt vom Frankfurter Allgemeine Archiv"

Michael Stolleis: *Wir Europäer lesen einander immer weniger*
Aus: Frankfurter Allgemeine Zeitung vom 01. Oktober 2014. „© Alle Rechte vorbehalten. Frankfurter Allgemeine Zeitung GmbH, Frankfurt. Zur Verfügung gestellt vom Frankfurter Allgemeine Archiv".

Ulrich Trottenberg: *Prinzipiell wertneutral. Wer die Herrschaft der Algorithmen verteufelt, macht es sich zu einfach.*
Aus: Süddeutsche Zeitung vom 5. August 2014.

Heinrich August Winkler: *1914 und die Folgen. Was der Erste Weltkrieg für die Geschichte der deutschen Demokratie bedeutet*
Aus: Frankfurter Allgemeine Zeitung vom 2. Juni 2014. „© Alle Rechte vorbehalten. Frankfurter Allgemeine Zeitung GmbH, Frankfurt. Zur Verfügung gestellt vom Frankfurter Allgemeine Archiv".

Bei Fragen zur Produktsicherheit wenden Sie sich bitte an:
If you have any questions regarding product safety,
please contact:

Walter de Gruyter GmbH
Genthiner Straße 13
10785 Berlin
productsafety@degruyterbrill.com